O PAPA
DA TERNURA

Eva Fernández

O PAPA
DA TERNURA

Dados Internacionais de Catalogação na Publicação (CIP)
(Câmara Brasileira do Livro, SP, Brasil)

Fernández, Eva
O papa da ternura / Eva Fernández ; tradução de Jaime A. Clasen. – São Paulo : Paulinas, 2021.
320 p. (Recepção)

ISBN 978-85-356-4617-7
Título original: El papa de la ternura

1. Francisco, Papa, 1936- 2. Misericórdia 3. Caridade 4. Vida cristã I. Título II. Clasen, Jaime A. III. Série

20-2257   CDD 282

Índice para catálogo sistemático:

1. Igreja Católica : Papa Francisco 282

Angélica Ilacqua - Bibliotecária - CRB-8/7057

Título Original da Obra: El papa de la ternura
© Editorial Planeta S.A., Barcelona, 2019.

1ª edição – 2021

Direção-geral: *Flávia Reginatto*
Editores responsáveis: *Vera Ivanise Bombonatto e João Décio Passos*
Tradução: *Jaime A. Clasen*
Copidesque: *Ana Cecilia Mari*
Coordenação de revisão: *Marina Mendonça*
Revisão: *Sandra Sinzato*
Gerente de produção: *Felício Calegaro Neto*
Capa e projeto gráfico: *Tiago Filu*
Imagem de capa: *L'Osservatore Romano*

Nenhuma parte desta obra poderá ser reproduzida ou transmitida por qualquer forma e/ou quaisquer meios (eletrônico ou mecânico, incluindo fotocópia e gravação) ou arquivada em qualquer sistema ou banco de dados sem permissão escrita da Editora. Direitos reservados.

Paulinas
Rua Dona Inácia Uchoa, 62
04110-020 – São Paulo – SP (Brasil)
Tel.: (11) 2125-3500
http://www.paulinas.com.br – editora@paulinas.com.br
Telemarketing e SAC: 0800-7010081

© Pia Sociedade Filhas de São Paulo – São Paulo, 2021

A meus pais que me ensinaram
a soletrar a palavra "ternura".

No que consiste a ternura? No amor que se torna próximo e concreto. É um movimento que brota do coração e chega aos olhos, aos ouvidos e às mãos. A ternura consiste em usar os olhos para ver o próximo, em utilizar os ouvidos para ouvir o outro, para prestar ouvidos ao grito dos pequeninos, dos pobres, de quantos têm medo do futuro, para ouvir também o clamor silencioso da nossa casa comum, da terra contaminada e doente. A ternura consiste em utilizar as mãos e o coração para acariciar o próximo, para cuidar dele.

Papa Francisco
Videomensagem para a conferência TED 2017,
Vancouver, Canadá, 26 de abril de 2017.

AGRADECIMENTOS

Por este livro desfilam vidas marcadas pela ternura de Francisco, a minha entre elas. O primeiro agradecimento é para o papa, que passou por estas páginas de uma forma generosa e irrepetível.

Escrever um livro põe-no em dívida com aqueles que encontrou pelo caminho para torná-lo possível.

Na gênese de toda aventura editorial, há uma regra de três que nunca falha: seguirá adiante se encontrar profissionais entusiastas como os de que desfruto na Editora Planeta, Ángeles Aguilera, Lucía Álvarez e Paloma Fernández-Pacheco.

A primeira vez em que lhes mostrei um capítulo para que se assegurassem de não estar cometendo uma insensatez, disseram-me uma coisa apenas: "Não é preciso que cada vez que nomeia uma pessoa se detenha a agradecê-la. Seja sucinta. Depois, damos a você caminho livre para escrever as páginas que quiser nos agradecimentos".

Dito e feito. Aqui chega a minha revanche. Tomo a sua indicação ao pé da letra.

Se você é dos que antes de ler um livro primeiro olha esta seção, conta já com o meu reconhecimento. Significa que se sentiu atraído pela ternura de Francisco. Oxalá chegue a tocá-la nestas páginas. Terei conseguido alistá-lo nesta revolução que pode transformar o mundo.

Graças aos meus pais, que já não estão, mas sempre estiveram, e por isso continuam estando. Com eles aprendi a soletrar a palavra *ternura*.

Na intra-história destas páginas há pessoas imprescindíveis: Juan Vicente Boo e Paloma García Ovejero. Eles foram os primeiros a pensar neste livro. A ideia foi deles. A mim coube apenas levá-lo a termo. Obrigada por sua confiança. Foram as crônicas romanas de Paloma, quando era correspondente da Cadena COPE, que me ajudaram a dar-me conta de que a revolução empreendida por Francisco era muito séria.

Junto com eles, Cristina Cabrejas, Javier Martínez-Brocal, José Beltrán e Isidoro González tiveram a paciência de corrigir o texto, dando ideias que melhoraram substancialmente a sua qualidade. Obrigada por sua generosidade e talento.

Entre estas páginas encontram-se também muitas horas de conversação com os autores já mencionados de *El papa de la misericordia*, Javier Martínez-Brocal, e de *El papa de la alegría*, Juan Vicente Boo. Depois destes dois livros de referência, ficava pendente completar a trilogia com a ternura.

Se pude conhecer mais de perto Francisco foi por meu trabalho, uma aposta arriscada que fizeram os meus chefes da Cadena COPE, que continuam contando comigo apesar de tudo. Agradecimentos sinceros a Fernando Giménez Barriocanal, a José Luis Restán, a Javier Visiers e a José Luis Pérez, por seu apoio e sua confiança.

Aos companheiros da rádio, provavelmente os melhores: Maria José Navarro (mestra indiscutível), Jesus Garcia Ercilla, Carlos Gutiérrez, Cristina Blázquez, Macri Ortega, Sofia Gonzalo, Cristina López Schlichting e todos os outros, incluindo a minha equipe profissional técnica de COPE completa.

Nesta nova etapa, meu agradecimento especial à equipe de *El espejo*, com quem diariamente compartilho as "surpresas" de Francisco.

E como tenho toda a permissão editorial para espraiar-me, não quero que fique no tinteiro a sempre necessária infantaria anônima, o corpo de baile, os companheiros de elenco dos quais sempre me senti orgulhosa em fazer parte. Os desconhecidos imprescindíveis. Eles sabem quem são. Obrigada.

Obrigada também à magnífica redação do semanário *Alfa y Omega*. Alguns dos textos que aqui aparecem retomam reflexões vertidas em suas páginas.

Quando se dá um grande salto pessoal e profissional, deixando família, país e amigos, uma das maiores fortunas é encontrar-se com uma nova família; é o que sucedeu a mim em Roma, que me acolheu desde o primeiro dia. Junto deles compartilhei momentos irrepetíveis e necessários, incluindo bodas, nascimentos e conhecidos madrilenhos: Antonio Pelayo, referência indiscutível por esses lares; Rocío Lancho e Gjergj, Darío Menor e Noemí, Santiago Pérez de Camino e Leti, Cristina Cabrejas e Antonello, Elisabetta Piqué e Gerard O'Connell, Valentina Alazraki e Guido, Daniel Ibáñez e Álvaro de Juana.

Tenho a sorte de que a pessoa que me substitui durante as ausências de Roma supere com acréscimo a "titular". Ela é Ángeles Code, grande jornalista e amiga.

Recordo com imenso agradecimento a todos os companheiros que me prestaram ajuda nos primeiros passos na Sala Stampa e que continuam atendendo sempre de novo às perguntas básicas de uma estagiária em temas vaticanos.

Não posso esquecer esse cantinho de Espanha que se encontra em Roma, o Colégio Espanhol San José, que desde o primeiro momento abriu-me as suas portas. E as "vizinhas" da Casa Geral das Esculápias, sempre perto.

No suporte vital destas páginas também estiveram as minhas amigas de sempre: Dolores Martín, Concha Lozano, Almudena Domenech, Mercedes Asorey, Susana Boza e Belén Lamana.

Também os amigos do colégio tornam-se imprescindíveis, sobretudo se você encontra-se com eles durante anos.

Há pessoas que irrompem na sua vida sem serem convocadas e, no caso das Irmãs da Cruz, apareceram repentinamente para ficar para sempre.

Tinha ouvido falar delas, mas não as conhecia. Foi toda uma descoberta comprovar o que são capazes de conseguir sete freiras espanholas vestindo um espesso hábito de lã castanho, seja inverno ou verão, num pequeno e simples piso perto de Campo di Fiori. Desde que, há mais de cinquenta anos, se estabeleceram na Cidade Eterna, enquanto os outros dormem, essas Irmãs da Cruz velam enfermos que estão sós e desamparados, e que já ninguém mais quer. De dia acodem também às casas daqueles que necessitam de ajuda, e no pequeno abrigo recebem os que buscam alimento, consolo, roupa, ou os que não têm com que pagar o aluguel.

São sete grandes mulheres peritas em entrega, abnegação e alegria, que decidiram "adotar-me", quando as conheci em Roma, e que, com oração e empenho, provocaram este escrito. Considero-as coautoras indiscutíveis de *O Papa da ternura*. As Irmãs da Cruz são dessa classe de pessoas de que todos necessitamos ter sempre por perto.

Trabalhar perto de um papa, mais ainda tendo sido seu porta-voz, lhe permite assistir na primeira fila às demonstrações práticas da ternura de Francisco. É um privilégio que Greg Burke faça parte deste livro, concordando em escrever o seu prólogo.

Obrigada àqueles que o recomendarem nas redes sociais, aos que chegarem a pô-lo sobre a mesa, aos que decidirem dá-lo de presente e àqueles que, depois de o ler, se "engancharem" ao Papa Francisco. Talvez, entre todos, possamos contagiar a outros na faísca de sua ternura.

Ao longo destas páginas, aparecem pessoas que aceitaram compartir recordações pessoais e outras que conheci em viagens junto com Francisco, ou em encontros por motivo de meu trabalho como correspondente. Tentei reconstruir seus diálogos com a maior verossimilhança possível, mas ainda assim não podem ser considerados literais.

Isso significa que os erros e omissões deste livro têm apenas um culpado: a sua autora. Esperemos que não sejam muitos e que o leitor seja indulgente.

E, se me permitem, deixemos o texto "no alto" com um tuíte de Francisco: "A caridade, a paciência e a ternura são um grande tesouro. Quem o tem o compartilha com os outros".[1]

---

[1] Tuíte de @Pontifex, de 26 de junho de 2013, na seleção de quinhentos tuítes do papa que fez Juan Vicente Boo, *Pildoras para el alma*. Madrid: Espasa, 2017.

SUMÁRIO

Carta do papa 17

Prólogo 19

Um quadro de Caravaggio e uma chamada ao telefone 23

Vinício, o abraço que deu a volta ao mundo 39

Glyzelle, a menina que falava com suas lágrimas 57

O colete laranja de uma menina afogada 65

O pequeno Emanuel: "Meu pai, ateu, está no céu?" 81

O sonho destruído de Blessing 99

O papa dos rohingyas 113

Quando Janeth se encontrou com Francisco na prisão 123

Geneviève, a freira que repreendeu o Cardeal Bergoglio 149

Às sextas-feiras, encontros com as vítimas
de abusos sexuais 167

A senhora Lorenza, enfermeira improvisada do papa 191

Dom Conrado, os braços do papa 205
O ecumenismo da amizade 231
Ternura a trinta mil pés de altura 259
Epílogo 275
Por Òscar Camps 281
Anexos 285
Bibliografia 317

CARTA DO PAPA

Vaticano, 15 de agosto de 2018
À Sra. Eva Fernández
Prezada senhora,

Surpreendeu-me gratamente que a senhora esteja escrevendo um livro sobre a ternura, a revolução da ternura. Estou seguro de que fará muito bem.

A cultura de hoje tende a esquecer-se desta atitude tão evangélica. Já no Antigo Testamento, nosso Pai Deus se apresenta com gestos de amor e de ternura para com o seu povo, mostra-se pai e mãe e repete continuamente: "Não temas, eu estou contigo"; e ao dizer estas coisas o acaricia com muita ternura, como se fosse um bebê, e isto porque sabe que é o mais pequeno de todos os povos, o "vermezinho" de Israel.

E Jesus continua com os mesmos sentimentos e gestos, acentua-os mais e nos comove com eles: não lhe basta ressuscitar uma menina, mas acrescenta o conselho de que lhe deem de comer; não considera suficiente ressuscitar o filho único de uma viúva, mas, ao mesmo tempo, o devolve à sua mãe; não só assume a dor de uma família e ressuscita o amigo, mas também, antes, chora com eles.

Hoje, que nos acostumamos a "descartar" valores e pessoas, sãos e enfermos, jovens e velhos, a tal ponto que podemos mencionar a nossa civilização como "a cultura do descarte", é bom que nos seja recordado que Deus se manifesta também com gestos de ternura, gestos habituais em seu modo de agir.

Que bem nos fará recuperar a eficácia da carícia como no-la pedem as crianças e responder à cultura da prescindência e do descarte com a revolução da ternura! Obrigado por ter escolhido este tema.

Peço-lhe, por favor, que não se esqueça de rezar por mim.

Que Jesus a bendiga e a Virgem Santa a cuide.

Fraternalmente,
Francisco

PRÓLOGO

Uma vez eleito, o Papa Francisco não demorou a começar a falar da ternura e, o que é mais importante ainda, em seguida começou a demonstrá-la. Creio que o melhor exemplo disso, naqueles primeiros dias, vimos no domingo da ressurreição de 2013, quando Francisco abraçou e beijou um menino gravemente incapacitado, Dominic Gondreau, depois da missa na Praça de São Pedro.

Como tantos dos momentos mais impactantes e emocionantes do papa, este não estava na programação. De fato, segundo explicou depois o pai de Dominic, um professor universitário norte-americano, isso ocorreu por acaso. Ou foi providência? Ele tinha ido ao Vaticano com a sua mulher e seus cinco filhos, mas sem entradas; não parecia exatamente uma grande ocasião para estar cara a cara com o pontífice.

Nas palavras de Paul Gondreau, o abraço do papa a seu filho enviou uma mensagem ao mundo de que "os cristãos católicos necessitam chegar até as margens e servir os pobres, estender a mão até as periferias. O que vimos nesse abraço é o que ele queria dizer quando falava dos *pobres*... dos que têm uma incapacidade ou necessidades especiais, dos que estão sozinhos ou sofrem deterioração psicológica ou feridas emocionais". Gondreau explicou que o momento foi ainda mais insólito pela resposta de seu filho, que lançou seu braço em redor do papa num gesto de profundo afeto.

E essa resposta foi uma surpresa, porque Dominic não tem essa capacidade de ação motora rápida. Talvez essa tenha sido a reação a que o papa chama de *revolução da ternura*. Neste livro, Eva Fernández fez um trabalho extraordinário ao descrever momentos como este, belas batalhas no curso dessa revolução maravilhosa.

Inclusive antes de ser eleito pontífice, Francisco já desafiava os fiéis sobre como tratavam os que são parte da "cultura do descarte" – os mendigos, por exemplo –, ao perguntar-lhes se olhavam nos olhos e se tocavam suas mãos quando lhes davam uma moeda. É um desafio para nós também cada dia. "Não tenhais medo da ternura", Francisco gosta de repetir.

Porém, como Eva nos mostra, o que o papa faz, não o que diz, é o que ensina a lição. O seu abraço àquele homem severamente deformado, Vinício, deu-se de uma forma tão natural e espontânea que recordava São Francisco abraçando o leproso. Essa imagem, a do papa abraçando e beijando Vinício, alguém que se acostumara a ser tratado como um monstro, nos fala mais de como deveríamos comportar-nos como cristãos do que horas e horas de homilias.

O livro de Eva é o terceiro de uma espécie de trilogia espanhola. O primeiro foi *O Papa da misericórdia*, de Javier Martínez-Brocal, e o segundo *O Papa da alegria*, de Juan

Vicente Boo. *O Papa da ternura* completa o conjunto, e Eva consegue realmente captar a essência do Papa Francisco.

Quando estávamos juntos à frente da sala de imprensa vaticana, Paloma García Ovejero e eu falávamos com frequência do que consideramos a principal mensagem de Francisco: a misericórdia. E a mensagem é esta: "Deus te perdoa". Há, porém, dois corolários. Primeiro, que Deus ama você, e é aí que a alegria entra em jogo: ao saber que Deus ama você mais do que uma mãe ou um pai ama os seus filhos. O segundo é este: compartilhar o amor; e compartir o amor de Deus significa demonstrar ternura.

Se alguém deu vida à palavra *ternura*, foi o Papa Francisco: um gigante que se entrega pelos pequenos; um homem que se santifica fazendo-se um com os fracos; que não tem medo das lágrimas nem dos abraços. É apenas a sua ternura gestual que transborda de algo muito mais profundo; sob cada carícia, cada joelho fincado diante da carne de Cristo, há um Francisco que sabe amar como Jesus, que guia a Igreja com autenticidade e coragem.

E sua grandeza nasce de ter experimentado, como Charles de Foucauld, a ternura de Deus. Por isso sabe beijar a fragilidade. Por isso interpela a cada um de nós a ser ternos, sem exigir, apenas provocando o contágio.

Não há motivo para isso ocorrer em circunstâncias extraordinárias, como quando se conhece uma criança com paralisia severa ou se encontra com alguém terrivelmente desfigurado. Ocorre também nas situações mais cotidianas, quando mostramos um pouco de afeto, um gesto amável, um sorriso para alguém em apuros, sem esperar nada em troca.

E podemos ver isso em algo tão simples como no modo como o papa cumprimenta as pessoas. Para começar, quando chega a uma audiência e se empenha em dizer *olá* a cada um individualmente, como se não houvesse milhares de pessoas em volta. Faz isso inclusive se há centenas esperando. Cada pessoa é única para ele.

Se tivesse que escolher um só nome próprio, uma só ternura, não poderia deixar de mencionar a predileção do Papa Francisco por pessoas com síndrome de Down. Vi isso em primeira pessoa quando um grupo de colombianos veio dar-lhe boa-noite na Nunciatura Apostólica de Bogotá. Não fiquei impressionado naquele momento, mas dias depois ainda o recordava com especial admiração. Foi então – numa conversa informal no jardim – que lhe contei que levávamos meses tentando contratar uma pessoa com síndrome de Down para a Sala Stampa, que Paloma tinha percorrido toda a administração vaticana e não havia jeito, pois era uma novidade demasiado complicada. Ele apenas me respondeu: "Insista. Vá em frente". Pouco depois, as travas burocráticas desapareciam, e em questão de semanas começava a trabalhar conosco Alice, a companheira que ensinou todos nós a perdermos o medo da ternura. E isso foi possível graças a ele.

Numa era em que a maioria de nós perde grande parte do dia em olhar o telefone para revisar o correio, ou mandar um tuíte, ou fazer uma selfie, Francisco encontra tempo para escutar os outros. Para amar de tu a tu. E isso é uma revolução.

É a revolução da ternura.

Greg Burke, ex-porta-voz do Papa Francisco.
Roma, 10 de fevereiro de 2019.

UM QUADRO DE CARAVAGGIO E UMA CHAMADA AO TELEFONE

A vocação de São Mateus, por Caravaggio (1599-1600)

Na vida há momentos singulares e irrepetíveis. Ainda não acredito no que vivi naquela manhã de sábado, quando me encontrava frente ao computador, tentando escrever algum parágrafo com o qual começar este livro.

Nunca esquecerei a data. Era 28 de julho de 2019. Oficialmente, eu me encontrava de férias em Madri. Tinha me proposto a dar uma arrancada no texto e estava convencida de que nesse verão desfrutaria da praia apenas em sonhos. Estava bem consciente de que, uma vez de volta à vida normal em Roma, a voragem informativa me tornaria muito difícil avançar no projeto.

A única coisa de que tinha clareza é que o livro iniciaria com as visitas furtivas do então Cardeal Bergoglio à igreja romana de São Luís dos Franceses para contemplar um Caravaggio. Havia conseguido pôr em ordem as minhas ideias e até tinha encontrado um título: *O segredo de um quadro*. Não suspeitava que essa tela estava a ponto de entrar para sempre em minha própria história.

Estava eu nisso quando, às 9h45 da manhã, tocou o meu celular. Levava um bom tempo com o olhar fixo diante do computador em meio ao bloqueio de autor principiante. Deixei sobre a mesa a segunda xícara de café do dia, ao comprovar que a chamada vinha de um número desconhecido. Na tarde anterior, tinha recebido outra chamada semelhante que não consegui atender, então respondi rapidamente à chamada: "Alô". "Bom-dia, sou o Papa Francisco..."

Em alguns segundo, passei da incredulidade à emoção e aos nervos. Estava confirmado que o próprio Francisco telefonava sem utilizar intermediários.

Não sei como consegui continuar a conversação: "Que alegria, Santo Padre!".

Quando fico nervosa, o normal é que passe a falar sem parar. Menos mal que o papa tomou rapidamente as rédeas da conversação: "Quero pedir-lhe desculpas porque respondo só agora a uma carta que me escreveu no mês de junho, pois não pude dedicar-me a ela até este momento...".

O Papa Francisco, que recebe diariamente centenas de cartas, me pedia desculpas por uma simples missiva sobre a qual eu nem esperava resposta e que, depois de me armar de coragem, tinha entregue a seu secretário durante o voo que realizou a Genebra em 21 de junho de 2018, para participar do septuagésimo aniversário do Conselho Ecumênico das Igrejas.

Naquela carta lhe contava, de forma muito simples, até que ponto tinha mudado a minha vida desde que tinha chegado a Roma, entre outras causas, devido ao mestrado acelerado de formação que cursava, seguindo diariamente os seus passos e lendo os textos de suas mensagens.

Entrelinhas dizia-lhe que, depois de minhas intervenções na rádio falando dele, pudera comprovar que sua "revolução da ternura" comovia os ouvintes, e por isso pensava lançar-me a escrever um livro com tudo o que não "cabia" em minhas crônicas.

Se dependesse de mim, atrevia-me a solicitar-lhe que – "caso lhe parecesse bem e dispusesse de um tempo que não lhe sobra" – escrevesse algumas palavras para este livro.

A proposta era ousada, mas, assim, pelo menos não ficaria com remorso de não ter tentado.

Eu, porém, já me tinha esquecido disso quando recebi a chamada de Roma. Será porque trabalho na rádio, mas o silêncio do outro lado do telefone me inquieta. Por esse motivo, embora fosse o papa quem me tinha telefonado, sentia a necessidade de contar a ele o que fazia.

Como nesse momento a tela do computador tinha na minha frente o quadro "A vocação de Mateus" de Caravaggio, contei-lhe, simplesmente, que estava escrevendo sobre a relação que esse quadro tinha com ele. Francisco achou graça e rapidamente me perguntou: "E qual personagem pensa ser Mateus?".

Respondi, sem duvidar, que Mateus era o senhor mais velho, que apontava o dedo para si mesmo.

O papa acrescentou: "Olhe bem, porque, embora se trate de uma discussão velha e sobre o tema haja muitas teorias, o dedo de Jesus aponta realmente para o rapaz, que não faz muito caso, que nem sequer olha para ele e continua recolhendo as moedas...".

Encantou-me como se referia ao jovem que aparece na cabeceira da mesa e que poderia tratar-se, sem dúvida, do autêntico Mateus.

Francisco acrescentou que também tinha agora o quadro bem próximo dele, porque lhe tinham dado uma cópia de presente. Estávamos a olhar para o mesmo. De fato, dado que o papa não pôde voltar à igreja de São Luís dos Franceses, vizinha da populosa Praça Navona de Roma, ele tem uma cópia desse quadro na Casa Santa Marta. Foi um presente de um ateliê da cidade italiana de Perúgia. Para fazê-lo, utilizaram as mesmas técnicas e cores que na obra original.

"Se você prestar atenção", acrescentou o papa, "o dedo do senhor mais velho aponta realmente para o rapaz e a luz que entra na sala termina exatamente nele...".

Enquanto transcorria essa conversa, eu me beliscava para me assegurar de que era real. O Papa Francisco tinha telefonado para mim e estava me dando uma lição magistral sobre o quadro de Caravaggio.

"Pois não tinha ideia disso", Santo Padre. Sempre pensara que Mateus era o outro...

Nesse instante, voltou a lembrar-me de que se tratava de uma teoria. Creio que, no fundo – num gesto de delicadeza –, me deixava uma margem de liberdade para que o interpretasse segundo melhor me parecesse.

Instantes depois, ele abordou o tema que lhe tinha proposto em minha carta: "Olhe, gosto muito dos prólogos, mas poderia escrever-lhe uma carta para o livro".

"Naturalmente, Santo Padre, farei o que o senhor quiser. Muitíssimo obrigada", creio que atinei a dizer-lhe.

"Se lhe parecer bom", acrescentou Francisco, "envie-me alguns dados sobre o que conta no livro para que eu possa fazer uma ideia".

E, em seguida, preocupou-se de que escrevera corretamente o endereço do correio eletrônico para o qual tinha de enviar essa informação.

Escutar um papa repetindo um e-mail para assegurar-se de que o escrevera corretamente, não é algo que se viva todos os dias.

Chegava o momento de se despedir... Eu ficaria encantada em continuar, mas era feio abusar da paciência de Francisco e, além do mais, tinha consciência do pouco tempo de que ele dispõe. Porém, me atrevi a lhe fazer uma pergunta pessoal: "Está descansando um pouco em suas férias, Santo Padre?".

Respondeu-me com um tímido *sim*, pouco convicto. Acrescentei que muitos de nós desejávamos que pudesse descansar, porque tinha várias reuniões importantes em andamento, como o Encontro Mundial das Famílias em Dublin, a ser celebrado poucas semanas depois.

Despedimo-nos. Tornei a lhe agradecer pelo telefonema e lhe disse que tivesse um bom-dia.

"Até logo", acrescentou Francisco.

Assim, de uma forma tão simples como magistral, concluí o telefonema de um papa com a mesma familiaridade de um pai de alguém muito próximo.

E, enquanto olhava esse quadro de Caravaggio e escrevia – ainda sem conseguir acreditar – rápidos apontamentos da conversa, compreendi que Francisco acabava de presentear-me com uma lição de ternura em forma de telefonema. Entendi perfeitamente a que se refere, quando fala da "ciência das carícias". Não se conforma com gestos e discursos. Ensina a buscar a pessoa e, quando a encontra, mostra a sua proximidade. Tinha lido a minha carta, tinha se interessado pelo conteúdo e tinha se dado ao trabalho de marcar um número de telefone. Não só uma vez, mas insistiu, voltando a chamar no dia seguinte até que eu respondesse, com a delicadeza acrescentada de não mencionar em nenhum momento que já tinha feito uma primeira tentativa sem resposta de minha parte.

Além disso, supunha-se que no mês de julho desfrutasse desses escassos dias no ano, nos quais, sem sair do Vaticano, reduzia a sua agenda para poder descansar. Francisco tinha me desarmado.

O papa utiliza o telefone como um inusitado instrumento pastoral para chegar aonde, de outra maneira, seria impossível. É um costume de quando era arcebispo de Buenos Aires, que continua pondo em prática desde a Casa Santa Marta. Assim se sente como cura de paróquia:

> Quando alguém chama é porque tem vontade de falar, uma pergunta a fazer, um conselho a pedir. Quando era pároco em Buenos Aires, era mais fácil. Fiquei com esse costume. É um serviço. Sou assim. Mas é verdade que agora não é tão fácil fazer isso, dada a quantidade de gente que me escreve.[1]

Não se mede a ternura em porcentagens, estatísticas nem números, mas a sua marca tem sempre um rosto. Ficaríamos surpresos com todas as pessoas que receberam telefonemas do Papa Francisco. Muitas nunca chegaremos a conhecer. Mães como Rosalba, uma viúva de oitenta anos que perdera seu filho, que há cinco anos recebe cada mês a chamada do papa. Ou Anna, mãe solteira que decidiu seguir adiante com a sua gravidez, e que recebeu de Francisco oferta para batizar o seu filho. São inumeráveis as chamadas de Francisco a presos e a refugiados, a sacerdotes, monjas, jovens e inclusive crianças como Francesco Maria, que, do povoado italiano de Mendicino, lhe escrevera uma carta para que rezasse por sua tia enferma.

Concluída a chamada do papa, e enquanto tentava digerir o sucedido, detive-me de novo no quadro de Caravaggio para olhá-lo com os olhos de Francisco. Mateus estava absorto contando moedas, e era como se todos os outros

---

[1] Entrevista de Ferruccio Bortoli em *Corriere della Sera*, 5 de março de 2014.

intuíssem que ele logo responderia ao chamado do Mestre. O poder de um olhar, capaz de mudar a vida. Um olhar cheio de ternura que cura feridas e gera esperança. Percebo que a mão do que eu presumia que era Mateus não se dirige a si mesmo, mas para o jovem com a cabeça inclinada.

A partir de agora, cada vez que olhar este quadro, será inevitável que me recorde do Papa Francisco.

O segredo de um quadro

Jorge Mario Bergoglio ia contemplar essa tela toda vez que viajava a Roma para alguma gestão no Vaticano. Costumava hospedar-se numa simples residência para sacerdotes, situada na Via della Scrofa, a poucos minutos da igreja de São Luís dos Franceses, uma joia da arte barroca que aloja em seu interior três obras mestras de Caravaggio sobre o evangelista São Mateus.

Uma dessas pinturas, "A vocação de São Mateus", recolhe de forma magistral o momento em que Jesus irrompe no que poderia ser um escritório de impostos da época e aponta com o dedo Mateus, o arrecadador – um dos ofícios mais detestados pelo povo de Israel –, para que mude de negócio e se converta em seu discípulo. Um instante captado para a posteridade por Caravaggio, diante do qual Jorge Mario Bergoglio passou muito tempo de oração antes de ser papa: "Esse dedo de Jesus apontando assim para Mateus. Assim estou eu. Assim me sinto. Como Mateus".[2]

---

[2] Entrevista de Antonio Spadaro, de 19 de agosto de 2013, publicada simultaneamente em dezesseis revistas dirigidas pelos jesuítas.

Olhar esse quadro reconforta Francisco porque lhe recorda que o Senhor, quando chama, não busca currículos imaculados. Necessita apenas de pessoas que queiram deixar-se fazer, para que seja ele quem as utilize como instrumentos. Esta é uma das pedras angulares da ternura de Deus que tanto consola a Francisco: "Deus nunca se cansa de perdoar. Nunca. O problema é que nós nos cansamos de pedir perdão".[3]

Esse dedo com o qual Jesus chama Mateus encerra um grande poder de convocação, mas, nessa ocasião, o futuro apóstolo parece alheio ao chamado de Deus e continua curvado sobre as moedas: "O gesto de Mateus me impressiona. Aferra-se a seu dinheiro, como dizendo: 'Não, a mim não, este dinheiro é meu! Isto é o que eu sou: um pecador ao qual o Senhor dirigiu o seu olhar'".[4]

A tal ponto Francisco fez sua essa cena que a escolheu como lema de seu pontificado: *Miserando atque elegendo*, palavras latinas que traduzem com precisão o instante refletido por Caravaggio, e que para ele encerram um significado especial.

Descobriu isso numa homilia do monge e santo inglês Beda, o Venerável, que quatorze séculos antes também ficou fascinado pela forma com que Jesus chamou Mateus. São Beda o descreveu desta maneira: "Jesus viu um publicano, olhou-o com sentimento de amor e o escolheu. Disse-lhe: 'Segue-me'". E embora esta seja a tradução habitual da expressão latina, o papa confessou ao então vaticanista

---

[3] Ângelus de 17 de março de 2013.
[4] Ibid.

de *La Stampa*, Andrea Tornielli,[5] que preferia traduzir o termo *miserando* por um gerúndio que não existe, mas que no vocabulário de Francisco adquire um sentido avassalador: *misericordiando*, "regalando misericórdia". É assim que ele descreve o flechaço de sua própria vocação. Jesus escolheu Mateus e o futuro papa *misericordiando-os*. Foi um cruzamento de olhares. Tanto Bergoglio como o evangelista sentiram esse mesmo olhar de misericórdia.[6]

No fundo, uma das formas mais práticas de concretizar a revolução da ternura é conjugar o verbo *misericordiar* – "inventado" por Francisco – com os que temos perto.

Há palavras com um poder tão forte que, ao pronunciá-las, é como se lhe explodissem por dentro. Expressões que animam a sair de si mesmo. Talvez por isso façam parte do dicionário de Francisco.

O vínculo que existe entre Francisco e São Mateus é mais forte do que parece.

O dia em que a sua vida mudou para sempre, Jorge Mario Bergoglio estava a ponto de fazer dezessete anos. Naquele dia de 1953, celebrava-se na Argentina o Dia do Estudante e, antes de se dirigir a uma festa com seus amigos, passou por sua paróquia, a basílica de San José de Flores, em Buenos Aires. Sentiu a necessidade de confessar-se e o fez com o cura que se encontrava na igreja, o Padre Carlos Duarte Ibarra, a quem não conhecia:

---

[5] Em dezembro de 2018, Andrea Tornielli foi nomeado, pelo papa, diretor editorial do Dicastério para a Comunicação.

[6] Andrea Tornielli, *El nombre de Dios es misericordia*. Barcelona, Planeta, 2016.

Não sei o que aconteceu, não me lembro, não sei por que esse sacerdote estava ali e por que senti necessidade de confessar-me, mas a verdade é que me dei conta de que alguém estava a me esperar há tempo. Depois da confissão, experimentei que algo havia mudado. Eu não era o mesmo, tinha ouvido uma voz, um chamado. Convenci-me de que devia tornar-me sacerdote.[7]

Aquele dia era 21 de setembro, festividade de São Mateus.

Passaram-se mais de sessenta e cinco anos e Francisco recorda vivamente aquela "sacudida" de Deus. Para expressar isso, utiliza com frequência um termo muito pessoal:

> Deus é que te *primereia*: nessa confissão, eu diria que me surpreenderam com a guarda baixa. Foi o assombro, o estupor de um encontro. [...] Desde esse momento, para mim, é Deus que te *primereia*. A gente o está buscando, mas ele te busca primeiro. Ele nos encontra primeiro.[8]

Ele confessava isso a um grupo de jovens durante a visita pastoral que fez à cidade de Cagliari, na ilha Sardenha, os quais escutavam enlevados o relato do papa, cada vez mais íntimo. Acabava de celebrar precisamente o sexagésimo aniversário daquele dia da festividade de São Mateus, no qual, assim como no quadro de Caravaggio, sentiu o chamado de Deus.

---

[7] 18 de maio de 2013, durante a vigília de Pentecostes na Praça de São Pedro.
[8] Sergio Rubín; E. Ambrogetti, *El papa Francisco. Conversaciones con Jorge Bergoglio*. Barcelona, Ediciones B, 2013.

Desejo contar-vos uma experiência pessoal. Ontem completei sessenta anos desde o dia em que ouvi a voz de Jesus no meu coração. Nunca o esquecerei. O Senhor fez-me sentir fortemente que eu devia ir por aquele caminho. Sessenta anos pelo caminho do Senhor atrás dele, ao lado dele, sempre com ele. Digo-vos apenas isto: não me arrependi! Não me arrependi! Mas por quê? Porque me sinto como Tarzan, forte para ir em frente? Não, não me arrependi porque sempre, até nos momentos mais tenebrosos, nos momentos do pecado, nos momentos da fragilidade, nos momentos de fracasso, olhei para Jesus e confiei nele, e ele não me deixou sozinho. Confiai em Jesus: ele vai sempre caminhar conosco. Mas, ouvi, ele nunca desilude. Ele é fiel, é um companheiro fiel. Pensai, este é o meu testemunho: sinto-me feliz por estes sessenta anos com o Senhor.[9]

Francisco, Mateus e Caravaggio unidos pelo dedo de Deus.

Gestos como as chamadas de telefone ou as histórias que recopilei nestas páginas são mostras de ternura que configuram o retrato que melhor descreve Francisco: um homem que soube encontrar na misericórdia de Deus a sua chave-mestra para renovar a Igreja e as pessoas.

A importância que Francisco dá à ternura está enraizada no magistério de seus predecessores. Entra em diálogo com eles e converte o terreno já semeado numa colheita que abre espaços de solidariedade e tolerância a uma sociedade ávida de gestos. Bento XVI se referia à paternidade de Deus como "o amor infinito, a ternura que se inclina para nós, filhos fracos, necessitados de tudo",[10] e situava a Igreja

---

[9] Encontro com jovens na visita pastoral a Cagliari, Sardenha, em 22 de setembro de 2013.

[10] Bento XVI, Audiência Geral de 30 de janeiro de 2013.

como o lugar da misericórdia e da ternura de Deus para os homens. Na mesma linha, São João Paulo II assegurava que o maior consolo do ser humano é a ternura de Deus e que "em Cristo todo ser humano é envolvido pelo abraço terno e forte de um Pai".[11]

Talvez o Papa Francisco desconcerte pela maneira como formula as suas mensagens, transbordantes de palavras cheias de sentido comum. A ternura da qual fala encerra uma formação intelectual profunda. Exprimir-se com simplicidade não é indício de pensamento singelo. O papa escolheu um estilo de comunicação próprio, com a prioridade de fazer-se entender por todos. Para alguns, uma provocação.

Desde que estou em Roma, dediquei muitas horas a olhar e escutar o Papa Francisco. E ele ainda consegue surpreender-me. Cada uma de suas carícias a um bebê nos braços de sua mãe é única, embora as prodigalize às centenas. Cada bênção a um enfermo acompanhado de seus familiares, cada olhar a quem o saúda com um aperto de mãos. É impossível entender Francisco sem olhar para ele. Tão importante como lê-lo e escutá-lo.

A ternura do Papa Francisco está cheia de nomes próprios. Alguns aparecem nestas páginas: Vinício, Òscar, Emanuel, Geneviève, Glyzelle, Blessing... Francisco ensina que nomear é combater o esquecimento. Identificar os problemas. Devolver a dignidade perdida. Reconhecer a história dessas pessoas e seu sofrimento. O pior seria transformá-las em mero número.

---

[11] João Paulo II, Jubileu dos artesãos, 19 de março de 2000.

Francisco pratica a ternura sem edulcorantes: chora com a presa que vê seu filho crescer na prisão, com os pais aos quais foi comunicado que a doença de seu filho não tem cura, com o filho que perdeu sua família numa dura travessia do Mediterrâneo, com o sacerdote idoso que viveu anos de torturas encerrado em prisões por não renegar a sua fé, com a mulher vítima do tráfico de pessoas. Ternura que sabe pôr-se sempre no lugar do outro.

Essa ternura se agiganta quando tem como destino aqueles que não podem dar nada em troca. Ele chama isso de *periferias existenciais*, que costumam estar mais perto do que imaginamos. Francisco sabe que tudo seria mais fácil se aprendêssemos de quem não fala do que lhe falta, mas do que tem.

Em seu primeiro grande discurso, muito poucos dias depois de, no balcão da fachada da basílica de São Pedro, termos conhecido o sorriso tímido de um desconhecido Georgium Marium Bergoglio, o Papa Francisco já falou de ternura. Foi na homilia da missa de inauguração de seu pontificado, seu "lançamento" como papa: "Não devemos ter medo da bondade, mais ainda, nem sequer da ternura. Devemos guardar a criação, cada homem e cada mulher, com um olhar de ternura e de amor".[12]

Uma palavra, "ternura", que em italiano tem uma sonoridade muito marcada: *tenerezza*. Cada vez que Francisco a pronuncia é acentuando esse duplo z para remarcar a sua importância.

---

[12] Homilia de 19 de março de 2013.

Palavras. Talvez apenas palavras. Ou talvez não só. Após seis anos de pontificado, ficou patente que Francisco, mais que falar de ternura, prefere praticá-la sempre que tem ocasião.

Faz isso porque a ternura opera milagres. Transforma os desencantados, derrete os inflexíveis, interpela os que dizem que nada mudará, fustiga os neutros e afasta os agoureiros. Basta uma só pessoa que não tenha medo de comportar-se com ternura para desbancar indiferentes. A Igreja estava precisando de uma revolução, e Francisco optou pelo combate corpo a corpo, coração a coração, utilizando a arma dos gestos.

As obras de Francisco deixam sedimento. Falam de uma misericórdia que sai pelas costuras porque está confeccionada a partir da ternura. Da que cura a alma. Da que perdura. Da que contagia.

VINÍCIO, O ABRAÇO QUE DEU A VOLTA AO MUNDO

A tia Catarina, que cuida de Vinício e de sua irmã desde que, há vinte e oito anos, morreu a sua mãe, quis acompanhá-lo desde Vicenza até a Praça de São Pedro para assistir à audiência das quartas-feiras com o Papa Francisco. Era a primeira vez que Vinício viajava ao Vaticano. Como os tumores também deformaram os seus pés, foi à audiência em cadeira de rodas, empurrado pela tia Catarina.[1]

"Nunca pensamos que estaríamos tão perto do papa, mas um soldado da guarda suíça foi muito amável e nos colocou na primeira fila", diz sua tia com um sorriso cúmplice.

Sem a tia Catarina, a vida de Vinício e de sua irmã Morena, que sofre da mesma enfermidade, embora numa fase

---

[1] No dia 6 de novembro de 2013. Pode-se ver o caso de Vinício, inclusive com fotos, em: <https://www.missionariascatequistassc.org.br/mcsc25/index.php/publicacoes/noticias/128-historia-vinicius> (N.T.).

menos severa, seria muito mais difícil do que já é. A mãe deles lhes transmitiu o mal, embora não tivesse desenvolvido nenhum sintoma até que teve seus filhos. Morreu desse transtorno aos oitenta e um anos.

Naquela manhã fazia muito frio e Vinício começou a ficar nervoso. Não gostava nada de ter de ficar sentado numa cadeira de rodas. Além disso, tinham-no separado do resto do seu grupo, e começava a angustiá-lo a ideia de ficar sem palavras, quando visse o papa. Depois de muito pensar, decidiu que só ia contar-lhe que não tivesse medo de se aproximar porque a sua doença não é contagiosa.

O que ocorreu a seguir faz parte já dessas imagens únicas, difíceis de contemplar sem que nos abalem por dentro.

Naquele dia, como de costume, muitos enfermos se encontravam nas primeiras filas para poder saudar Francisco. O papa sente predileção por eles. Para comprovar isso, basta assistir, cada quarta-feira, o percurso habitual que realiza no papamóvel pela Praça de São Pedro, antes da Audiência Geral, e ver o modo como cumprimenta os da primeira fila.

Os primeiros sintomas apareceram em Vinício sem avisar, exatamente na idade em que costumam aparecer as espinhas, mas não eram como as de seus companheiros de escola. Tinha quinze anos quando, em consequência de uma desconcertante enfermidade genética, começaram a crescer protuberâncias por todo o seu corpo. A cabeça sofreu a pior parte. Dezenas de tumores deformaram o seu rosto, provocando-lhe constantes comichões e feridas.

Porém, o que mais doía a Vinício eram os efeitos secundários. A vergonha e a solidão pelo asco e o medo que despertava nos outros.

Há mais de oitocentos anos, era essa a sensação que sentiam os leprosos dos quais cuidou Giovanni di Pietro Bernardone, futuro São Francisco de Assis, cujo nome Jorge Bergoglio tomou ante a surpresa de todos. Suas vidas ficaram entrelaçadas para sempre na Capela Sistina. Nunca antes na história da Igreja um papa tinha escolhido esse nome.

Corria o ano de 1205, quando Francisco de Assis tropeçou com um leproso num caminho rural. A esse rapaz de família rica, faminto de glórias guerreiras, esses enfermos causavam grande repulsa, mas em seu coração ruminava já desejos de entrega. E dessa vez, em vez de fugir do enfermo, aproximou-se para falar e abraçá-lo, e beijou as suas feridas infectas. Esse gesto, que mudou a vida do futuro santo, converteu-se num estandarte da ternura de Francisco. Ele vê sempre nos enfermos "a carne de Cristo".

Foi precisamente em Assis, o berço da revolução franciscana, que Francisco mostrou pela primeira vez a alma do santo, a quem tanto se admira: "Jesus falou-lhe em silêncio na pessoa daquele leproso, e o fez entender que o que verdadeiramente vale na vida não são as riquezas, a força das armas ou a glória terrena, mas a humildade, a misericórdia, o perdão".[2]

E essa capacidade de assumir a dor dos outros estava "à espera" em seu encontro com Vinício.

---

[2] Em 4 de outubro de 2013, no encontro com crianças incapacitadas e enfermos internados no Instituto Seráfico de Assis.

"Meu pai nunca me abraçou"

Essa enfermidade genética que os médicos lhe anunciaram chama-se *neurofibromatose* e, por enquanto, não tem cura. No caso de Vinício, os tumores crescem descontrolados e são superlativos. Faz muito tempo que aprendeu a não se mirar no espelho. Poucos contavam com que chegasse vivo aos cinquenta e cinco anos, mas os superou.

"É muito difícil para as pessoas suportarem me olhar. Eu sei."

As pessoas têm medo de se aproximar dele. Com o seu pai, acontecia o mesmo. Nunca foi capaz de abraçá-lo. Não é fácil fazer amigos quando as pessoas mudam de calçada para não cruzar com você. Quando descobre olhares de espanto no que está em frente.

"Com uma enfermidade como esta, têm-se duas opções: ficar fechado em casa chorando ou sair." Vinício escolheu a segunda.

Ainda se lembra com dor daquela ocasião em que embarcou num ônibus na cidade italiana de Vicenza, onde mora. Antes que pudesse sentar-se, um dos passageiros das primeiras filas lhe disse com rudeza: "Saia daqui. Não se sente ao meu lado".

Ficou de pé durante todo o trajeto. Tremendo. Estava a ponto de lhe responder, mas se conteve. Sabe que custa entendê-lo quando fala, porque os tumores da garganta o impedem de articular as palavras com clareza. O ônibus estava lotado, e todos puderam escutar o passageiro da primeira fila, mas ninguém disse uma palavra.

***

Recém-chegada a Roma, o veterano correspondente do diário espanhol *ABC*, Juan Vicente Boo, me deu um grande conselho: "Se quiser conhecer a fundo o papa, dedique tempo a 'olhá-lo'. Fixe em como se relaciona com as pessoas nas andanças pelas ruas das cidades que visita. Olhe a sua ternura, quando acaricia as crianças ou os enfermos. E limite-se a contar o que vê".

Desde então, procuro não perder de vista cada um dos gestos do papa. E esse exercício diário tornou-se a melhor escola para entender o alcance da proposta revolucionária do pontificado de Francisco. Uma ternura que "explode" de forma incontível, quando se topa com a dor e a enfermidade.

O carinho do papa não fica diluído no grupo. Dirige-se sempre a um destinatário concreto, ao qual faz sentir-se único.

Uma mirada nos olhos

Aquela quarta-feira fria, 6 de novembro, no meio de todos os enfermos que ia cumprimentar, Francisco se fixou em Vinício e foi como uma flecha a seu encontro. A primeira coisa que fez foi olhar nos olhos dele. Um olhar intenso, não de compaixão, mas de profundo carinho.

Vinício não estava acostumado a que o olhassem sem franzir o cenho.

O papa pôs a mão na cabeça dele, sem medo dos caroços que tocava. Acariciou-o com ternura, sem pressa, como a um menino, e, como se não fosse suficiente, também aproximou os seus lábios e beijou as verrugas de seu rosto.

"Senti como se o meu coração saísse do meu corpo", explicava Vinício. "Senti-me no paraíso."

Nenhum dos presentes podia articular palavra. Não era preciso. Teria estragado esse instante único que ficou imortalizado pelos fotógrafos.

Toda uma vida de dor, sofrimento e rejeição redimida num só instante. Antes de se despedir, Francisco agarrou também a mão de Vinício e aproximou-a do coração. Não conseguia articular palavra. Nunca lhe tinha acontecido algo parecido.

Ainda faltava o abraço. Foi um abraço que pareceu interminável para Vinício e que, aos demais, nos comoveu por dentro como a melhor das homilias.

O papa desconhecia que os tumores de Vinício não eram contagiosos. Para ele, era indiferente. Só os pais são capazes de agir assim diante das feridas purulentas de um filho. Essa é a ternura da qual Francisco falava. Mais forte e poderosa que o medo e que o asco.

"Senti como se voltasse para casa dez anos mais jovem. É como se o papa me tivesse libertado de um peso", comentava Vinício aos que lhe perguntavam.

Agora trabalha como voluntário numa residência de idosos, onde realiza pequenos consertos. Sente-se muito cômodo junto dos mais velhos, porque o tratam como a um igual. Sua tia Catarina assegura que, a partir daquele abraço, é como se as pessoas, ao vê-lo, se assustassem menos que antes. Vinício também vê a vida de outra forma.

Naquela manhã, porém, tia Catarina ficou realmente preocupada com a pequena Noemi. Tinha-a visto nos braços de seus pais na zona reservada aos enfermos, enquanto esperavam para cumprimentar o papa.

Noemi e Didier

Naquele mesmo dia, duas horas antes de abraçar Vinício, antes que começasse a audiência, o papa tinha beijado Noemi, uma menina de apenas um ano e meio afetada por atrofia muscular espinhal. Os médicos tinham advertido seus pais, Andrea e Tahereh, de que viveria poucos meses.

Ao receber essa bordoada em forma de diagnóstico, escreveram uma carta ao papa em busca de consolo. Queriam que conhecesse a sua pequena, antes do desenlace final, e Francisco, profundamente comovido após aquele breve encontro, pediu orações por Noemi durante a Audiência Geral. Nessa quarta-feira de novembro, milhares de pessoas em todo o mundo rezaram em silêncio, junto com o papa, pedindo pela saúde de Noemi:

> E agora me permito pedir-vos um ato de caridade; podeis ficar tranquilos, que não se fará uma coleta. Antes de vir à praça, fui ver uma menina de um ano e meio com uma enfermidade gravíssima. Seu pai e sua mãe rezam e pedem, ao Senhor, saúde para esta bela menina. Chama-se Noemi. Sorria, pobrezinha. Façamos um ato de amor por ela e em silêncio peçamos que o Senhor a ajude neste momento e lhe conceda a saúde. E agora todos juntos rezemos à Virgem pela saúde de Noemi, Ave, Maria [...]. Obrigado por este ato de caridade.[3]

---

[3] Audiência Geral de 6 de novembro de 2016.

Nesses momentos, para a surpresa da comunidade médica e alegria de seus pais, Noemi fez já seis anos.

A ternura do papa adquire um efeito multiplicador quando, ademais, os enfermos são crianças. Com eles Francisco se transforma.

Pudemos comprová-lo num encontro na Praça de São Pedro, com oitenta mil pessoas vindas à peregrinação mundial das famílias, por ocasião do Ano da Fé. Didier, um menino vestido com uma brilhante camisa amarela, monopolizou o protagonismo da reunião, contando, isso sim, com a total cumplicidade do papa.[4]

Didier é colombiano, e nesse momento tinha sete anos. Seus pais não puderam cuidar dele, mas teve a sorte de encontrar um novo lar na Itália. Foi adotado, junto com o seu irmão, por uma família que reside na região dos Abruzos.

Era já noite fechada em Roma, e Francisco acabava de começar o seu discurso recordando às famílias que o mais difícil de eludir na vida é a falta de amor:

> Pesa não receber um sorriso, não ser benquisto. Pesam certos silêncios, às vezes mesmo em família, entre marido e esposa, entre pais e filhos, entre irmãos. Sem amor, a fadiga torna-se mais pesada, intolerável. Penso nos idosos sozinhos, nas famílias em dificuldade porque sem ajuda para sustentarem quem em casa precisa de especiais atenções e cuidados.

Nesse momento, Didier teve a coragem de subir o estrado e abraçar-se aos joelhos do papa. Entretanto, Francisco,

---

[4] 26 de outubro de 2013. Discurso às famílias por ocasião do Ano da Fé na Praça de São Pedro.

de pé e diante da estante, tentava continuar lendo o seu discurso. Com uma mão segurava os papéis e com a outra acariciava carinhosamente a cabeça do menino. Ninguém se atrevia a separá-lo do papa.

Didier é um menino especial. Seu olhar límpido não entende os mecanismos que regem as relações humanas. É autista. Um feliz menino autista, que não queria separar-se por nada do mundo daquele senhor vestido de branco.

Por mais que um responsável pela organização quisesse conquistá-lo com um caramelo e seus pais fizessem gestos para ele voltar, não houve ninguém que conseguisse afastar Didier de Francisco durante todo o encontro. Sentava-se na cadeira do papa, agarrava-o pela mão, puxava-lhe a batina para chamar a sua atenção, enquanto Francisco continuava o seu discurso. Inclusive trazia outras pessoas para que o papa as cumprimentasse.

O carinho de Didier conquistou o papa e os italianos, que inclusive fizeram um documentário sobre a sua história.

Anos depois, lembrei-me imediatamente desse pequeno colombiano quando, durante outra Audiência Geral das quartas-feiras, Wenzel subiu ao estrado da Aula Paulo VI e mudou tudo.

No princípio aguentou tranquilo, sentado muito formal, com sua luminosa camisa azul, nas primeiras filas com seus pais. Mas decidiu que a autêntica diversão estava acima, no estrado, junto do Papa Francisco e um soldado da guarda suíça, com roupa colorida. Num instante subiu os degraus e começou a correr para cá e para lá, alheio aos sorrisos que provocava em seu entorno.

Francisco não o perdia de vista. Sua mãe, Lídia, muito aflita ao ver que Wenzel brincava com a mão enluvada do impertérrito guarda suíço, tentou pegá-lo enquanto explicava ao papa que era autista, que não falava, e que a família procedia da Argentina, embora vivessem na Itália. Imediatamente, Francisco lhe disse: "Se quiser brincar por aqui, *dejalo*".

Pouco depois, enquanto continuavam as correrias de Wenzel, Francisco, cúmplice, aproximou-se do chefe da Casa Pontifícia, Georg Gänzwein, para sussurrar-lhe ao ouvido: "É argentino, é indisciplinado...".

Walkiria, a irmã menor, tampouco conseguiu convencê-lo a voltar ao seu lugar.

A essa altura, um menino autista de seis anos tinha se convertido em protagonista indiscutível da audiência. Francisco foi o primeiro a se dar conta, e comoveu os sete mil participantes que o escutavam, explicando: "Este menininho não pode falar, é mudo. Mas sabe se expressar, sabe comunicar-se. E me fez pensar se sou também livre diante de Deus".

Os peregrinos aplaudiam emocionados. Antes de concluir o seu discurso em espanhol, acrescentou o que todos pensavam: "Creio que este menino pregou hoje a todos. Peçamos a graça de que possa falar".[5]

Os pais de Wenzel levavam seis anos enfrentando um longo caminho, com muitas perguntas e poucas respostas. O papa acabava de dar-lhes uma: em sua singularidade, Wenzel era o mais livre.

---

[5] 28 de novembro de 2018.

A sintonia de Francisco com os "diferentes" é surpreendente. Age como um pai que ama de forma desigual os seus filhos desiguais. Na realidade, todos somos "raros". E, ao mesmo tempo, únicos. Essa é a raridade que tanto atrai a Deus.

Francisco nos regalou, durante aquela audiência, com duas palavras: *indisciplinado* e *livre*. Parece que elas não se encaixam no manual de estilo de uma sociedade na qual ainda hoje existe tanta ignorância para com esse transtorno fugidio e incatalogável.

Porém, fazem parte do dicionário do papa e de tantas pessoas que descobriram a lição de ternura que uma criança diferente pode dar. Essa é a escola de Francisco, a que nos ensina a desfrutar da liberdade dos filhos de Deus.

Gemma, Special Olympics

Uma das rotinas habituais dos jornalistas que seguem o papa diariamente é ler, enquanto se publica, a homilia matutina da missa que ele celebra na Casa Santa Marta, o lugar onde reside dentro do Vaticano.

Quase sempre, Francisco surpreende com palavras que correm o risco de terminar escondidas sob o resto dos discursos do dia, mas, em muitas ocasiões, são carregadas de profundidade. Lembrei-me do carinho com que o papa tratou Didier ou Noemi quando, numa dessas homilias, deteve-se a explicar como é a ternura de Deus com os homens: "Parece como se nosso Deus quisesse cantar-nos uma canção de ninar. Ele é capaz disso. A sua ternura é assim: é pai e mãe. Muitas vezes diz: 'Se uma mãe se esquece do filho, eu não te esquecerei'. Ele nos leva em suas entranhas".[6]

O vértice exato, o ponto de inflexão no qual Francisco situa sempre a ternura de Deus, é precisamente nas chagas e nas feridas da vida. Tanto faz que sejam físicas ou espirituais. É um mistério; mas essas feridas são também origem de paz, ternura e alegria. E Francisco é consciente de que curar essas cicatrizes é a missão mais importante de sua vida.

Se tivesse que escolher uma das cenas que melhor resumem a sintonia tão especial entre o papa e as crianças, a minha preferida é, sem dúvida, a do dia em que Gemma conquistou Francisco.

Estava pouco tempo em Roma, quando a jornalista ítalo-argentina Elisabetta Piqué, correspondente do jornal *La Nación*, me fez perceber que não custava nenhum esforço a Francisco lidar com um público tão difícil como o das crianças.

Elisabetta conhecera Jorge Bergoglio em fevereiro de 2001, quando chegou a Roma para se tornar cardeal, por meio de João Paulo II. Então, embora não costumasse dar entrevistas, o arcebispo de Buenos Aires fez uma exceção e concordou em responder às suas perguntas: "Imediatamente me pareceu alguém distinto", explicou Elisabetta. "Formulou as suas respostas de forma clara e direta e com grande simplicidade. O mais surpreendente é que três ou

---

[6] Homilia na Casa Santa Marta de 14 de dezembro de 2017.

quatro dias depois telefonou à minha casa, em Roma, para agradecer-me a entrevista."[7]

Elisabetta, que já experimentara a delicadeza do papa com os mais velhos, também tinha razão com respeito aos pequenos. Francisco sintoniza rapidamente com as crianças. Cada vez que vejo a fotografia da audiência na qual Gemma conquistou Francisco, não posso deixar de sorrir.

Naquele dia, Gemma exibia um simpático rabicho de um lado da cabeça. Sobre a sua camisa azul se via o emblema de Special Olympics, uma entidade desportiva internacional dedicada a fomentar o esporte entre pessoas com incapacidade intelectual, que organiza Olimpíadas especiais. Francisco recebia a equipe de futebol que competia nas Olimpíadas representando a Itália. Gemma estava feliz porque seria a encarregada de dar ao papa um par de chuteiras vermelhas em nome de todos.[8]

Estava tão entusiasmada com essa tarefa que, no momento em que devia voltar ao seu assento, decidiu que preferia ficar com o papa. Ante o chamado insistente de seus pais, ela se voltou para Francisco pedindo-lhe auxílio com sua linguagem arrevesada. "Paaapa, paaaapa!"

Francisco, muito admirado com a desenvoltura da menina, lhe disse para sentar-se a seu lado, e ali ficou Gemma pelo resto da audiência, distribuindo sorrisos para todo

---

[7] Elisabetta Piqué é a autora de uma das biografias mais completas do papa: *Francisco, vida e revolución*, Madrid, La Esfera de los Libros, 2014. O livro inspirou o filme *Francisco: el padre Jorge* (Beda Docampo Feijóo, 2015).

[8] Em 13 de outubro de 2017. Audiência aos atletas Special Olympics, participantes do troféu Unified Football.

mundo. Gemma é uma menina perfeita, com síndrome de Down, que no momento desse encontro tinha cinco anos. É supérfluo dizer que se tornou a estrela da equipe de futebol e do Papa Francisco.

Naquela audiência não havia ninguém mais importante para o papa do que Gemma. A ternura do momento transpassava a foto instantânea. Em seus olhos, o mesmo brilho de luz que se descobre no olhar dos pais para seus filhos. E mais ainda se essa filha não é igual aos outros.

Temos muito que aprender de pessoas tão extraordinárias como Gemma.

Em Assis, primeiro os enfermos

A predileção que o papa sente pelos enfermos ficou confirmada em Assis.

Era a primeira visita que Francisco realizava como pontífice a essa cidade italiana. A primeira coisa que fez, antes de mais nada, foi ir ao encontro dos enfermos e incapacitados graves do Instituto Seráfico, uma organização fundada por outro franciscano, São Ludovico da Casoria, como lar de acolhida para enfermos que requerem uma atenção contínua.

No ambiente se intuía que a visita desse dia era especial, embora apenas pudessem manifestar isso de suas cadeiras de rodas ou das macas nas quais o esperavam. Os voluntários que os acompanhavam também pressentiam que estavam a ponto de viver momentos inesquecíveis.

Francisco mudou instantaneamente a sua ordem de prioridades. Decidiu que cumprimentar esses enfermos era o mais importante que tinha a fazer em Assis, e por isso dedicou a maior parte do tempo previsto à visita. Um a um foi acariciando rictus decompostos por doenças nervosas e membros deformados por enfermidades degenerativas. Muitos deles só podiam produzir gemidos de agradecimento. A maioria saudava o papa tão somente com seus olhos.

Francisco lhes falava, embora não dessem mostras de escutá-lo ou de entendê-lo. De um pegava as mãos; a outro beijava a testa ou fazia o sinal da cruz; a outra abençoava uma foto amarrotada de sua família. Olhava-os com infinito carinho e respeito. A eles e aos cuidadores e voluntários que estavam ao seu lado e que mal podiam conter os soluços. Nenhum dos presentes ficou sem uma carícia de Francisco.

Durante aquela visita não houve aplausos. Era como se ninguém quisesse interromper esse esbanjamento de ternura que estavam presenciando. Uma banda formada pelo borbulhar das máquinas de oxigênio, os gemidos de emoção do pessoal da saúde e as perguntas do próprio Papa Francisco interessando-se pelo estado de saúde dos que nem sequer abriam os olhos.

A responsável pelo Instituto Seráfico, Francesca di Maolo, falou sobre o que ocorria: "Trabalhar aqui é uma decisão de amor. Precisamos que nos olhem com olhos novos. Está em jogo a dignidade e a vida do homem. Todos somos responsáveis. Todos somos guardiões dos outros. Não podemos ser indiferentes", disse emocionada diante de Francisco.[9]

---

[9] Em 4 de outubro de 2013. Encontro com as crianças enfermas internadas no Instituto Seráfico de Assis.

Embora o papa tivesse levado um discurso escrito, decidiu deixar as folhas de lado e falou – como tantas outras vezes – a partir do coração:

> Como os discípulos de Emaús, temos que saber reconhecer Jesus. No altar adoramos a carne de Jesus, nestas pessoas encontramos as chagas de Jesus. Jesus oculto na eucaristia e Jesus oculto nestas chagas. [...]
> Servir com amor e ternura as pessoas que precisam de tanta ajuda faz-nos crescer em humanidade, porque elas são verdadeiros recursos de humanidade. São Francisco era um jovem rico, tinha ideais de glória, mas Jesus, na pessoa daquele leproso, falou-lhe em silêncio, e transformou-o, fez-lhe compreender o que tem deveras valor na vida: não as riquezas, a força das armas, a glória terrena, mas a humildade, a misericórdia, o perdão.[10]

Enquanto Francisco improvisava suas palavras, olhava os enfermos e os seus cuidadores que a duras penas aguentavam a emoção. O papa sabe que nas mãos do pessoal da saúde, dos voluntários e de seus familiares se encontra parte da medicina necessária para a sua cura. Por isso, em numerosas ocasiões lhes recordou que o seu trabalho é insubstituível e que a ternura é a chave para entender os pacientes. Uma ternura que passa do coração para as mãos, cada vez que cuidam das feridas dos enfermos com respeito e amor:

> Estando com os doentes, recordai-vos de como Jesus tocou o leproso: de modo não distraído, indiferente ou incomodado, mas atento e terno, fazendo-o sentir respeitado e cuidado.

---

[10] Ibid.

Deste modo, o contato que se estabelece com os doentes dá-lhes uma espécie de reverberação da proximidade de Deus Pai, da sua ternura por cada um dos seus filhos. Precisamente a ternura é a chave para compreender o doente, e é também um remédio precioso para a sua cura.[11]

Quando o papa fala em "tocar a Cristo" nas chagas dos enfermos, dos pobres, dos anciãos, dos presos, não o diz em sentido metafórico. Basta ver a delicadeza, o tempo e a ternura que prodigaliza, quando se encontra com eles. Igual ao Santo de Assis quando beijou as chagas de um leproso. Igual a tantos missionários em distintas partes do mundo que colocam sem medo as suas mãos em feridas de enfermos que cheiram à morte, porque sabem que se trata das chagas de Deus. Francisco tem muito claro que é aí que Deus está presente. E essa é a trincheira à qual sempre regressa, quando suas obrigações institucionais como pontífice lhe permitem.

Tanto no abraço a Vinício como em Assis, o papa nos fez compreender que a ternura leva dentro de si sementes capazes de destruir a indiferença. Uma ternura apta apenas para corajosos, com poder suficiente para mudar o mundo.

---

[11] Discurso do papa aos membros da Federação Italiana das Ordens das Profissões de Enfermagem, em 3 de março de 2018 na Sala Paulo VI.

GLYZELLE, A MENINA QUE FALAVA COM SUAS LÁGRIMAS

> Ver crianças sofrer faz mal à alma porque as crianças são os prediletos de Jesus. Não podemos aceitar que sejam maltratados, que lhes seja impedido o direito a viver a sua infância com serenidade e alegria, que lhes seja negado um futuro de esperança.[1]

Naquela manhã em Manila, perdemos o medo de chorar.

Terminava a viagem a Filipinas e Francisco foi pela manhã ao encontro com os jovens na Universidade Santo Tomás, nessa mesma cidade.[2] Entre os trinta mil estudantes que escutavam o papa no campus se encontravam os futuros empresários, políticos e artistas que mudarão o país.

---

[1] Em 9 de setembro de 2017 no Hogar San José de Medellín.
[2] 18 de maio de 2015.

No princípio, parecia que a reunião seria como tantas outras do papa com os jovens. Francisco, cada vez que tem oportunidade, gosta de dialogar com eles. Escuta com atenção as perguntas que lhe fazem e toma nota para que não se esqueça de nada do que quer dizer-lhes.

Sobretudo, porém, gosta de desafiá-los. A eles dirigiu o seu primeiro "façam barulho" quando, na Jornada Mundial da Juventude no Rio de Janeiro, num encontro surpresa com mais de quarenta mil jovens argentinos, os pôs "em movimento": "Espero barulho. Quero barulho nas dioceses, quero que saiam para fora. Quero que a Igreja, as paróquias, os colégios, saiam para a rua. As igrejas devem sair; se não saem, se convertem numa Ong. E a Igreja não é uma Ong".[3]

Não é só "fazer barulho" que o papa pede aos jovens. Convoca-os para serem "revolucionários" utilizando as armas da ternura. Quer provocá-los para que não percam a capacidade de comover-se, para que sejam portadores de esperança e deem esperança, que é o que realmente o mundo necessita: "Deixem-se encher com a ternura do Pai, para difundi-la em redor de vocês".[4]

Quando Glyzelle irrompeu diante de um auditório de trinta mil estudantes, mudou tudo. De repente, apareceu uma menina de doze anos, com roupa e penteado de domingo, com imensos olhos negros, muito pouco acostumados a que alguém se fixasse neles.

---

[3] 25 de julho de 2013. Encontro com jovens argentinos na catedral de São Sebastião do Rio de Janeiro.

[4] Ângelus de 29 de março de 2015.

Era uma menina da rua. Dessa legião de invisíveis que pululam pelas calçadas de Manila e de tantas cidades do mundo. Estão, mas ninguém os vê. Glyzelle Palomar se apresentou perante o papa seguido de Jun Chura, outro garoto de quatorze anos que também cresceu na rua.

Francisco não deixava de olhar para eles. Sabia que estavam nervosos e queria reconfortá-los com o seu sorriso. Naquela universidade, nesse dia, a lição magistral foi dada por duas crianças.

Fez-se um grande silêncio. Era como se todos os presentes intuíssem que o que iam escutar não deixaria ninguém indiferente. Primeiro Jun, um tanto inquieto, lê diante do papa o comovente relato do que tinha sido a sua vida até o momento: procurava comida no lixo. Colocava-se à porta dos restaurantes para conseguir as melhores sobras. Pedia esmola aos turistas. Batia nas portas para que lhe dessem algo. Mas nem sequer olhavam para ele. Crianças como Jun são o avesso do tapete dos que não toleramos que desbaratem nossa civilização requintada. Esquecemos que não se está na intempérie por gosto. Não ter lar é a máxima tragédia para o ser humano.

Com o seu testemunho, Jun Chura se tornou porta-voz de todos os pequenos que sobrevivem diariamente nas ruas levando em suas costas histórias de abandono e de abusos. Um itinerário que os conduz invariavelmente a refugiar-se nas drogas e encontrar na prostituição uma forma de sustento.

Francisco olhava para ele com ternura e pena. "Vi coisas terríveis, Santo Padre", contou Jun. "Ensinaram meus companheiros a roubar, a assassinar, a usar drogas. Enganaram alguns e lhes ofereciam dinheiro, comida, ou a oportunidade de estudar e estar numa casa. Mas só queriam usá-los para que limpassem casas ou para abusar deles."

Depois do relato de Jun, foi a vez de Glyzelle, a quem a vaticanista da agência EFE, Cristina Cabrejas, não perdia de vista. Tem um talento privilegiado para descobrir a notícia e tinha intuído, antes que qualquer um, que essa menina ia conseguir rachar a nossa consciência. E que faria mudar o discurso do Papa Francisco, como assim foi.

Pondo-se quase na ponta dos pés para se aproximar do microfone, Glyzelle soltou a pergunta que nos deixou sem respiração. Foi quase um desafio ao papa: "Há muitas crianças abandonadas por seus próprios pais, muitas vítimas de muitas coisas terríveis, como as drogas ou a prostituição. Por que Deus permite essas coisas, embora não seja culpa das crianças? E por que tão pouca gente nos ajuda?".

Enquanto falava, faltou-lhe voz. Mas foi corajosa e terminou a sua pergunta entre soluços.

Glyzelle chorava, e com ela todos. Algo se quebrou nesse instante, não só a voz de Glyzelle, também o ânimo do papa, porque o testemunho desses dois pequenos serviu-lhe de inspiração para abrir o seu coração, tentar confortá-los e, de passagem, dar uma lição aos mais velhos.

Francisco ficou de pé e se aproximou deles. Beijou a testa de Glyzelle, ainda entre lágrimas. Ela se abraçou a ele sem temor. O papa fez o sinal da cruz na testa dela, enquanto os que assistiam à cena tentavam desfazer o nó na garganta.

O papa pediu licença para improvisar em espanhol e disse, apontando para Glyzelle: "Ela fez hoje a única pergunta que não tem resposta, e não encontrou as palavras e teve que dizer por meio de lágrimas. Quando nos fazem a pergunta por que as crianças sofrem [...], que nossa resposta seja ou o silêncio ou as palavras que nascem das lágrimas".

No campus da Universidade Santo Tomás escutavam-no nesse momento cerca de trinta mil moças e rapazes, mas milhões viam as imagens por televisão. Glyzelle lhes tinha posto uma prova da qual era difícil sair-se bem. E o papa acabava de dar um conselho de pai. Não era necessário recorrer à exegese bíblica nem ao magistério da Igreja para resolver uma das perguntas mais difíceis que se pode fazer a um pontífice. E o pastor da Igreja Católica lhes tinha respondido algo tão simples como terapêutico: não ter medo do choro.

Presenciei essa história a 11.649 quilômetros de distância, em Madri, mas lembro de Glyzelle com nitidez pelo relato que Paloma García Ovejero contava diretamente para o programa *Fim de semana* da Rede COPE. Era como se estivéssemos em Manila. Num momento de sua narração, fruto da emoção e da intensidade do momento, faltou-lhe a voz e não pôde continuar. Fez-se um silêncio, que na rádio sublinhava ainda mais tudo o que a jornalista estava vivendo naquela viagem de Francisco: "Perdoe-me, não posso continuar" é a única coisa que a correspondente atinou a dizer.

A diretora do programa, Cristina López Schlichting, encarregando-se da situação, retomou rapidamente o programa transladando diante dos microfones o que todos pensávamos: Paloma nos fizera "ver" Glyzelle com sua crônica. Estávamos acostumados à paixão habitual com a qual relatava as viagens papais, mas era a primeira vez que lhe ocorria algo semelhante. Era preciso apenas fechar os olhos para imaginar perfeitamente a cena. E, através de sua comovedora crônica, quase pudemos sentir o mesmo tato da solidão e do horror que experimentam os que vivem na rua.

O choro de Glyzelle nos impactou, mas, graças a essa menina de doze anos, descobrimos que era preciso aprender a chorar, tal como continuou pensando alto o Papa Francisco: "Ao mundo de hoje falta chorar. Choram por marginalizados, choram pelos que são deixados de lado, choram pelos desprezados, mas por aqueles que levam uma vida mais ou menos, sem necessidades, não sabemos chorar [...]. Certas realidades da vida só se veem com olhos limpos pelas lágrimas".

O papa finalizou suas palavras improvisadas pedindo perdão por não ter lido o discurso, mas justificou-se afirmando que "a realidade que me apresentaram foi superior ao que tinha preparado".

A história de salvação de Jun e de Glyzelle é das que terminam bem, porque encontraram refúgio e um lar na associação Tulay Kabataan, uma Ong que gerencia uma casa de acolhida para as crianças que recupera da rua e que o papa quis visitar durante essa viagem. O desejo de Jun é formar-se para poder resgatar no futuro outros meninos da rua.

Aquele abraço a Glyzelle converteu o horror em filigrana de vida. É um dos superpoderes de Francisco. Transformar gestos em encíclicas. Conseguir que o foco internacional se situe em duas crianças da rua para mover os políticos e instituições a tomar decisões que possam mudar o seu futuro.

O Papa Francisco concluiu a sua viagem a Filipinas com uma missa no Rizal Park de Manila. Apesar do frio, do vento e da chuva incessante que empapava roupas, mochilas e equipamento, naquele parque se reuniram entre seis e sete milhões de pessoas. Converteu-se no encontro mais numeroso da história das viagens dos papas.

Provavelmente, porém, esse recorde mundial ficará no esquecimento. Ninguém se lembrará daquela multidão que esperou o papa durante horas ameaçada pelo tufão Amang, que tinha transformado o recinto num lamaçal. Francisco, enfronhado no mesmo impermeável amarelo que se deu aos assistentes, percorreu duas vezes o imenso parque no papamóvel e viu, comovido, como dezenas de milhares de fiéis o saudavam felizes à sua passagem, rezavam em silêncio e levantavam no alto imagens para que as benzesse, embora se encontrassem totalmente empapados.

Mas na cabeça e no coração do papa – e nos de todos – ficarão sempre latentes Glyzelle e suas perguntas. O próprio Francisco o confirmou na habitual coletiva de imprensa durante o voo de regresso a Roma.

Embora os papas não tenham nem a obrigação nem o costume de oferecer coletivas de imprensa aos jornalistas que os acompanham em suas viagens a bordo do avião, elas ficaram institucionalizadas.

Poucos sabem que, como muitas coisas importantes, surgiu de uma forma improvisada, com João Paulo II, fruto da pergunta indiscreta de um jornalista norte-americano. Queria saber se visitaria os Estados Unidos. João Paulo II lhe respondeu que certamente visitaria o país, mas antes seria preciso concretizar as melhores datas.

Aquela primeira pergunta abriu o caminho e nos sucessivos voos, quando o papa irrompia na parte traseira do avião, a zona reservada aos jornalistas, via-se rodeado de microfones e de gravadores, com profissionais de todo o mundo perguntando ao mesmo tempo no corredor de um avião de maneira improvisada e desordenada. Era preciso tomar alguma medida, e por isso o então porta-voz, Joaquín Navarro Valls, decidiu organizar as coletivas de imprensa. Na época de Bento XVI, os jornalistas enviavam as suas perguntas ao porta-voz, o padre Federico Lombardi, que as selecionava para que o papa divergisse sobre todos os temas.

Pouco a pouco o formato ia mudando, até chegar ao sistema atual que continua com Francisco. Esse costume, que agora parece normal, segue sendo uma exceção. Prova disso é que, até o momento, muito poucos líderes políticos se atreveram a imitar essa experiência.

Naquele voo de regresso das Filipinas, o papa disse aos jornalistas, pensando em Glyzelle: "Dostoievski também se fazia a mesma pergunta, e não conseguiu encontrar uma resposta".

Lembro-me da impressão que a mim também causou aquela pergunta de Ivã em *Os irmãos Karamazov*: "Como posso crer em Deus, quando permite a morte de uma criança inocente?".

Pensei que o sofrimento dos inocentes nos levantasse sempre muitas perguntas, mas, com a permissão de Dostoievski, aquele abraço do papa a Glyzelle era já uma resposta.

O COLETE LARANJA DE UMA MENINA AFOGADA

Amanhecia numa das muitas jornadas de resgate no Mediterrâneo. Como cada dia, a equipe da Ong espanhola Proactiva Open Arms tentava cumprir a sua missão: salvar vidas. Fazia muito tempo desde aquele dia em que Òscar Camps deixou a segurança de Badalona pelo risco das costas do Egeu. Uma decisão que mudou a sua vida e a de milhares de pessoas.

O Mediterrâneo tornou-se a mais perigosa das rotas utilizadas pelos que fogem das guerras e da fome em seu desejo de chegar à Europa. Nos últimos cinco anos, os mortos contabilizados superam os dezesseis mil. As máfias lançam as pessoas na água em autênticas cascas de noz, em frágeis embarcações de plástico ou em desengonçadas chalupas nas quais viajam amontoadas. A sua única proteção era um colete salva-vidas mal ajustado.

De sua primeira viagem a Lesbos, Òscar Camps acumulava centenas de imagens das que machucam, envergonham. Conhecia bem o seu ofício. Era socorrista e tinha uma empresa que se dedicava a isso, mas ao se deparar com o horror de ver morrer centenas de pessoas que arriscavam a sua vida diariamente em viagens sem retorno, decidiu gastar sua poupança fundando uma Ong que, com ajuda de outros voluntários, se dedicasse a cobrir as vergonhas de uma Europa desalmada.

Mas o que se encontrou superava os limites.

O naufrágio daquele 28 de outubro de 2015 foi o mais dramático dos que até o momento tinham vivido Òscar e sua equipe. No meio da confusão de braços que pediam auxílio semiafundados no mar e de mães que tentavam fazer seus filhos boiarem partilhando um único colete que mal podia protegê-los, distinguiram uma menina já sem forças para continuar aguentando. Uma das mãos dos voluntários conseguiu a duras penas tirá-la da água. Ela já tinha perdido a consciência. Estava muito pálida, mas ainda respirava. Não tinha mais de seis anos. Tentaram durante horas salvar a sua vida, mas não conseguiram. A menina de colete salva-vidas laranja morreu afogada a poucos minutos da costa da ilha de Lesbos, junto com o resto de sua família, enquanto tentavam fugir da morte na guerra da Síria.

A cor laranja daquele colete salva-vidas queimava nas mãos de Òscar Camps como um calafrio de luz no meio da infâmia.

Um dos aspectos pelos quais o pontificado de Francisco passará para a história é por sua atitude ante a crise de refugiados. Seus apelos para que o mundo não lhes dê as costas foram contínuos desde que, apenas alguns meses depois de sua eleição, na véspera da Jornada Mundial do Refugiado, recordou a todos com clareza que "estamos convidados a considerar as situações das famílias refugiadas, obrigadas muitas vezes a abandonar às pressas a sua casa e a sua pátria e perder qualquer bem e segurança para fugir de violências, perseguições ou graves discriminações por motivos religiosos, étnicos ou ideias políticas".[1]

Nessa matéria, Francisco tornou-se um alto-falante de consciências para que nos conscientizemos de que existem outros e que nossa vida mudaria de forma radical se olhássemos os demais com outros olhos, se decidíssemos de uma vez enredar a nossa vida: "Os refugiados não são números, mas pessoas com rostos, nomes e histórias, e devem ser tratados como tais", escrevia o papa em um de seus tuítes.[2]

A conta do Twitter de Francisco é como se estivesse cheia de rachaduras pelas quais escapam golpes diretos ao coração.

Pouco depois de ter sido eleito papa, e dois anos antes desse terrível naufrágio em Lesbos, no qual morreram duzentas e oitenta pessoas, Francisco recebeu uma carta do pároco da ilha de Lampedusa, Stefano Nastasi, que lhe relatava o sofrimento de todos os que tinham chegado à ilha nos últimos anos: estavam amontoados em recintos de

---

[1] 10 de junho de 2013. Audiência Geral, véspera da Jornada Mundial do Refugiado.
[2] Tuíte de @pontifex de 15 de abril de 2016.

emergência junto às praias, não tinham nada para fazer durante o dia, e nem as autoridades nem os voluntários eram suficientes para atendê-los: "Papa Francisco, puseram-se em marcha movidos pela busca de um destino melhor para eles e para seus filhos, escapando de uma perseguição que humilha suas almas antes que seus corpos e que anula a liberdade do coração".

A prefeita de Lampedusa, Giusi Nicolini, fazia o que podia. Jamais imaginou que a ilha onde tinha nascido, o último rincão de território italiano antes da costa africana – cobiçado destino turístico e fronteira entre dois mundos –, acabaria convertendo-se no mais parecido com uma prisão a céu aberto. Lampedusa era um imenso campo de refugiados. Depois de tantos dias na intempérie e após ter sobrevivido a uma travessia em balsas abarrotadas, alguns eram pouco mais que uma esquírola de pessoa, sem esperança e força para contar inclusive a sua própria história.

Quando encontram energia para falar ou alguém que queira escutá-los, deixam claro que não abandonaram a sua casa por prazer. Quando se sabe que um obus pode acabar com sua família a qualquer momento, quando o fere cada dia a fome de seus filhos numa cidade desabastecida, quando você vê morrer seus amigos degolados ou queimados vivos, se entende que tente fugir desesperadamente para pôr os seus a salvo. Viver ou morrer. É isso que teria feito a você ou a mim se lançar ao mar. É o que levou a embarcar numa balsa aqueles que estavam em Lampedusa. É o que se viram obrigados a enfrentar os pais da menina de colete laranja: uma travessia que converteu o

Mediterrâneo num cemitério sem lápides. É o que dá sentido à vida de Òscar Camps e à do resto dos voluntários que desde o Open Arms, o Golfo Azzurro, o Mar Jônio e o Aquarius, entre outros navios, trabalham diariamente resgatando pessoas.

Aquela carta de Stefano, o pároco de Lampedusa, chegou no momento certo. Francisco acabava de ver na imprensa italiana as imagens de um naufrágio cruel em águas de Lampedusa. O papa levou um impacto ao se informar de que, no meio da indiferença geral, uma dezena de imigrantes morreram afogados, depois de tentarem se salvar agarrando-se à rede de um viveiro de atuns. Por isso decidiu que a sua primeira viagem como papa seria precisamente à Lampedusa.

O discurso que ali escutamos resultou demolidor para os que tentavam manter a consciência limpa, agindo como se o problema não fosse com eles:

> Quem de nós chorou pela morte destes irmãos e irmãs, de todos aqueles que viajavam nas barcas, pelas jovens mães que levavam seus filhos, por estes homens que buscavam qualquer coisa para manter suas famílias? [...] Neste mundo da globalização, caímos na globalização da indiferença. Nós nos acostumamos ao sofrimento do outro, não tem a ver conosco, não nos importa, não nos concerne![3]

Meses depois dessa viagem, quando nos telejornais já nos havíamos acostumado a ver cadáveres, uma barcaça

---

[3] 8 de julho de 2013. Homilia no campo desportivo Arena em Salina, Lampedusa.

com uns quinhentos imigrantes a bordo – entre eles, muitas crianças e mulheres grávidas – começara a afundar a meia milha de Lampedusa. Ao estar tão perto da costa, decidiram acender fogo para chamar a atenção de outros navios. Não se deram conta de que o fundo da barca estava cheio de gasolina e, em poucos segundos, ficou envolta em chamas. Muitos se lançaram na água gritando, enquanto o barco virava. Só cento e cinquenta conseguiram salvar-se. Foram recuperados duzentos cadáveres, e o pior é que alguns sobreviventes contaram depois que pelo menos três barcos de pesca passaram perto sem parar para lhes oferecer auxílio.

Diante dessa tragédia, Francisco não pôde mais se calar, e o mundo inteiro o escutou pronunciar a palavra *vergonha* com uma força e uma dor que ainda hoje – quando se escuta – não deixam ninguém indiferente: "Só me vem à cabeça a palavra *vergonha*, é uma vergonha".[4]

Há muito tempo Òscar Camps vinha sentindo o mesmo que o papa. Por isso decidiu recolher o colete laranja daquela menina afogada junto com sua família. Queria que fosse entregue ao papa.

Numa das habituais audiências das quartas-feiras, mostrou a Francisco o colete da menina síria de seis anos que não puderam resgatar com vida.[5] Ele o escutava sério e comovido.

Faltou voz para Òscar, fruto de tantas jornadas de salvamento vividas, e só conseguia repetir ao papa: "Não pude, não cheguei, não pude...".

---

[4] 3 de outubro de 2013. Audiência aos participantes de um congresso dedicado à encíclica *Pacem in terris*.

[5] Em 25 de maio de 2016.

Nunca se esqueceu daquele primeiro encontro, ao qual se seguiram outros muitos.

"Nos minutos que estive com ele, dei-me conta de quão consciente estava da situação, de que o assunto lhe importava e que, ademais, estava disposto a ajudar no que fosse possível".

Francisco agarrou com força o colete e lhe assegurou que não ia ficar guardado num armário. E cumpriu a sua promessa.

Efetivamente, apenas alguns dias depois, apresentou-se diante de alguns pequenos vindos da Calábria com o colete laranja nas mãos.[6] A meninada estava fazendo uma coleta para as crianças refugiadas de Lesbos e queriam entregá-la pessoalmente ao papa.

O encontro foi comovente. Com o colete salva-vidas laranja na mão, Francisco lhes contou que lhe fora dado por um socorrista dos que se atiram à água para salvar muitas crianças, como a que tinha usado esse colete. Mas ela já estava no céu, e com certeza agora os estaria olhando com agradecimento pela coleta.

O papa lhes falava sem soltar o colete. Via-se que estava muito emocionado. De repente, se pôs de pé Osayande, um menino da Nigéria: "Bom-dia, papa, quero pedir-lhe que reze por minha família, que foi para o céu, e por meus amigos, também por todos os que morreram na água".

Osayande é um dos meninos que ficaram sozinhos na Itália. Sua família morrera afogada no Mediterrâneo,

---

[6] Em 28 de maio de 2016.

fugindo da pobreza. Francisco consolou-o com um forte abraço. Perto dele estava o seu amigo Giuseppe, que levantava com insistência a mão, como na escola, porque queria mostrar ao papa o seu desenho.

"É um mar com ondas que se movem. Ondas que podem fazer a gente morrer", explicou.

As crianças seguiam as palavras do papa com grande atenção, assentindo com uma maturidade admirável. O papa quis deixar-lhes algo muito claro: "Sabeis de uma coisa? Os refugiados não são um perigo, mas estão em perigo".[7]

Quando Francisco se despediu dos pequenos, continuava agarrando com força o colete salva-vidas laranja. Durante muito tempo, o manteve perto de si, em seu local de trabalho, até que decidiu que se tornasse o símbolo de um novo departamento do Vaticano que se ocuparia precisamente de atender os migrantes e refugiados.

No primeiro dia que se reuniu com duas das pessoas que lhe ajudam nessa "oficina" vaticana, os sacerdotes Fabio Baggio e Michael Czerny, o papa apareceu com o colete salva-vidas laranja na mão. Enquanto o mostrava, lhes disse: "É preciso salvar vidas, porque, se as pessoas morrem, de que política estamos falando? Que podemos fazer se as pessoas já não existem?".

Desde então, o colete laranja está colocado à vista de todos, num lugar muito destacado, como lembrança daquela menina sem nome.

---

[7] Em 28 de maio de 2016, no Vaticano, a um grupo de crianças da Calábria da iniciativa "O Trem das Crianças".

Coincidindo com o quinto aniversário de sua visita a Lampedusa, o papa quis ter um momento de agradecimento especial com os socorristas espanhóis.

Mal começara o mês de julho de 2018 e Francisco tinha iniciado a única época do ano na qual durante umas três semanas reduz parte de seu ritmo de trabalho habitual para poder dedicar mais tempo à leitura ou para preparar os próximos documentos, sem sair do Vaticano.

Trata-se de umas férias um tanto peculiares, porque continua no quarto onde vive o resto do ano, o 201 da Casa Santa Marta, apesar do extraordinário calor que faz em Roma durante o verão. Em sua agenda estival, nunca falha a seu encontro com os peregrinos que acodem a rezar o Ângelus no domingo.

Antes de ser papa, Jorge Mario Bergoglio tampouco tirava férias. Em Buenos Aires, quando se dedicava à formação de jesuítas, preferia ficar no Colégio Máximo para que sempre houvesse algum membro da direção nas mudanças de turno. Como arcebispo da cidade, manteve esse costume: "A última vez que tirei férias fora de casa foi em 1975... Desde então as tiro – de verdade! – em meu hábitat. Mudo de ritmo, durmo um pouco mais, leio coisas que me descansam, escuto um pouco de música, rezo mais... E tudo isso me descansa". Assim o explicava ele mesmo, durante uma de suas conversas com jornalistas ao voltar de sua viagem à Coreia do Sul.[8]

---

[8] 18 de agosto de 2014.

Naquele verão de 2018, a situação tinha se complicado para quem se dedicava a salvar seres humanos no Mediterrâneo. O governo italiano tinha decidido fechar os portos para as organizações humanitárias. A Espanha acabava de permitir o desembarque em Valência de três embarcações com 629 pessoas a bordo, encabeçadas pelo Aquarius, fretado por duas Ongs (SOS Méditerranée e Médicos Sem Fronteiras), às quais acompanhavam outros dois barcos facilitados pelo Governo da Itália.

Francisco tinha iniciado suas férias, mas, como se aproximasse o quinto aniversário de sua visita à Lampedusa, convocou uma missa em São Pedro para um grupo muito reduzido de socorristas, pessoas resgatadas no mar, refugiados e algumas entidades que trabalhavam para atendê-los e ajudá-los a integrar-se. Por suposto, havia uma representação da Ong espanhola Open Arms, junto com seu fundador, Òscar Camps.

Ao concluir a homilia em italiano, num gesto pouco habitual, Francisco mudou de língua para dirigir-se expressamente aos socorristas espanhóis: "Obrigado por encarnar a parábola do bom samaritano. Ele se deteve para salvar a vida do pobre homem golpeado pelos bandidos sem perguntar-lhe qual era a sua procedência, suas razões de viagem ou se tinha documentos regulares. Simplesmente decidiu encarregar-se dele e salvar a sua vida".

O papa foi mirando um a um os resgatados que se encontravam presentes, entre eles um grupo de cerca de quarenta refugiados marfinenses, nigerianos, iraquianos e somalis. São atendidos em Roma pelo centro Astalli, sob a responsabilidade dos jesuítas. Ao olhá-los, Francisco fazia seu o sofrimento deles, após ter fugido da guerra e das perseguições e ter tido que enfrentar uma longa viagem através do deserto e do mar nas mãos dos traficantes de seres humanos:

> Envio-lhes a minha solidariedade e alento e lhes peço que continuem sendo testemunhas da esperança num mundo cada dia mais preocupado com o seu presente, com muita pouca visão de futuro e avesso a compartilhar. E que, com seu respeito pela cultura e pelas leis do país que os acolhe, elaboram conjuntamente o caminho da integração.[9]

Um dia, conversando nos arredores da Praça de São Pedro, Òscar Camps me recordava a história do colete laranja: "Naquele dia que levei o colete salva-vidas ao papa, também quis devolver-lhe a visita que ele fez à ilha de Lesbos. Ali fizemos todo o possível para nos aproximar, mas não conseguimos. Nunca esquecerei os naufrágios que presenciei nessa ilha. O que mais me afetou não foram os cadáveres, porque por meu trabalho de socorrista já os tinha visto. Dói ver como morrem. A gente os vê morrer em câmara lenta. A gente se lança até eles. Está ali entre eles, e eles agarram a gente e temos que decidir a quem salvar. São situações que me acompanharão por toda a vida".

De fato, a visita de Francisco a Lesbos, além de ser um símbolo, foi uma bofetada para a Europa.

---

[9] Em 6 de julho de 2018.

Ilha de Lesbos, Grécia

O campo de refugiados de Moria também se transformara numa imensa prisão. Três mil pessoas estavam a meses encerradas num recinto planejado para acolher apenas duas mil e quinhentas pessoas durante duas noites. A Europa firmara já um acordo com a Turquia para fechar a rota de acesso por essa via, e os Estados punham cada vez mais travas para impedir a entrada de refugiados e imigrantes.

A situação naquele lugar chamado eufemisticamente *centro de acolhida* era insustentável. Mais uma vez o papa quis viajar até ali com um único motivo.

"Queria dizer-vos que não estais sozinhos."

Diante de um mar transformado em cemitério, Francisco, líder espiritual mundial para milhões de pessoas, não olhava para o lado e se comprometia por eles: "Infelizmente, alguns, entre eles muitas crianças, não conseguiram nem sequer chegar: perderam a vida no mar, vítimas de uma viagem desumana e submetidos a vexações de verdugos infames".[10]

Curiosamente, durante algumas horas, aquele campo de concentração de refugiados estava se transformando em símbolo de esperança. Lágrimas de alegria e agradecimento corriam pelas faces das pessoas com as quais Francisco se detinha. Saudava-as uma por uma. Acompanhavam-no o patriarca ecumênico de Constantinopla, Bartolomeu I, líder da Igreja ortodoxa, e o arcebispo ortodoxo de Atenas, Ieronymos.

---

[10] 10 de abril de 2016. Encontro com a população de Lesbos no posto da Guarda Costeira.

Cada vez que o Papa Francisco se refere aos imigrantes ou está em contato com eles, vejo-o tornar efetiva a revolução da ternura. Ele ensina que estender a mão a quem tanto sofreu nos ajuda a crescer em humanidade. Age como lhe dita o coração. Suas ações não nascem de uma campanha de marketing pensada para captar adeptos. Quer mudar os corações e o faz com demonstrações concretas, não apenas com palavras. Por esse motivo, o melhor daquela viagem de apenas algumas horas à ilha de Lesbos estava por vir.

Para surpresa geral, o papa se organizou para trazer em seu avião de regresso a Roma três famílias de refugiados sírios. No total, doze pessoas, incluídos seis menores de idade. Eram de religião muçulmana e tinham sofrido o bombardeio e a destruição de suas casas. O Vaticano custearia todas as suas despesas em Roma e a Comunidade de Santo Egídio, que tinha coordenado as gestões, se encarregaria de ajudá-los em sua integração. Não foi apenas um gesto, um ficar bem diante dos olhos do mundo. Francisco mostrava à Europa qual era o caminho para mudar as vidas dessas pessoas. E continua interessando-se ainda hoje pessoalmente por cada um deles. Visita-os, recebe-os e atende às suas necessidades.

O papa também não quis ir embora de Lesbos sem elogiar e aplaudir a generosidade dos voluntários e das organizações humanitárias que estavam deixando ali a própria pele.

Òscar Camps se reuniu em várias ocasiões com Francisco. Numa delas, o papa o recebeu em seu escritório na Casa Santa Marta. "Queria explicar-lhe a situação que se vive no mar, comunicar-lhe os relatos dos imigrantes que resgatamos e, ao mesmo tempo, pedir-lhe ajuda, porque para os líderes políticos, em muitas ocasiões, os imigrantes são apenas *números*."

Camps, e com ele centenas de voluntários de dezenas de Ongs, como tantas outras pessoas que lutam para salvar vidas no Mediterrâneo, já digeriu muita tristeza. O pior que nos poderia acontecer é nos tornarmos insensíveis diante dessa contabilidade diária. No dia que nos cansarmos de ouvir falar de imigrantes e refugiados, pode ser que, como dizia G. K. Chesterton, já não tenhamos mais consciência para carregar.

Com os refugiados e as pessoas resgatadas do mar, porém, não há só más notícias. No tempo que estou em Roma, tive a oportunidade de conhecer muitos dos refugiados que chegaram à Itália através de "corredores humanitários" promovidos pela Comunidade de Santo Egídio. Trata-se de uma iniciativa combinada com os governos, que facilita transporte em avião direto e proporciona ajuda para sua integração na cidade que os recebe. A ideia funciona com êxito em muitos países.

No aeroporto de Fiumicino, assistia a abraços intermináveis entre famílias que conseguiram reunir-se em Roma, como a de Rami al-Shakavji, cuja vida mudou por completo depois que se encontrou com o papa em Lesbos. Ele era um dos refugiados sírios que Francisco trouxe consigo em seu avião de volta. Com sorte pôde vir com sua família: sua mulher e seus três filhos, que já falam um italiano invejável.

Quando o conheci, ele só repetia a modo de mantra: "Passei do inferno ao paraíso".

Ele protagonizou o abraço que provavelmente mais me comoveu até o momento. Aconteceu na minha frente. Sua irmã Messra acabava de aterrissar num avião que a trazia do Líbano, junto com seus dois filhos. Fazia seis anos que Rami não os via. Na guerra tinha perdido marido, família e casa. Não lhe restava mais que seus filhos, Sulaf e Rami, os quais queria salvar do horror. Sem ver mais nada, os quatro juntos se fundiram num intenso abraço. Choravam eles, e nós fazíamos o possível para conter a emoção. Levavam tanto tempo sonhando com o reencontro que não lhes importava sentir-se rodeados por desconhecidos.

Por pudor, deixei de olhar o abraço entre esses dois irmãos e minha vista voltou-se para uma menina de cinco anos que não deixava de sorrir para mim. Chamava-se Mina.

Teria gostado de dar-lhe de tudo como presente de boas-vindas, mas rebusquei em minha bolsa e só consegui encontrar uma caixinha de chicletes de morango, da mesma cor de sua camisa. Ela pegou só um chiclete e me devolveu a caixa. Vinha de Alepo, estava a um ano escondida numa cidade, sem balas nem balanços. E só ficou com um dos chicletes da caixinha.

Agora essa caixinha de chicletes está colocada diante de minha mesa de trabalho para lembrar-me de quem são os que realmente têm o nível da dignidade acima do nível do medo.

Uma caixinha de chicletes cor-de-rosa e um colete salva-vidas laranja convertidos em luz no meio das trevas.

Desde que vivo na Itália, procuro seguir de perto a parte angustiosa e fria de afogados e resgatados nas águas do Mediterrâneo. Doem as somas, mas muito mais as subtrações.

    Por mais que às vezes queiramos desligar a tela do televisor, com o controle remoto, o colete laranja continua ali. A Europa não é insolidária e impassível.

O PEQUENO EMANUEL: "MEU PAI, ATEU, ESTÁ NO CÉU?"

"Não consigo fazer a pergunta, não consigo...", repetia soluçando um menino de dez anos, a quem os nervos e a emoção do momento impediam de aproximar-se do microfone para formular a pergunta que tanto desejava fazer ao papa.

Tudo ocorria na paróquia romana de São Paulo da Cruz, diante de umas cem pessoas que não sabiam como reagir diante do mau momento que o pequeno estava passando.

No bairro operário de Corviale, nos arredores de Roma, a crise deixara muitas famílias em situação de desamparo. Ali se encontra São Paulo da Cruz. Seu pároco, Roberto Cassano, ajuda como pode a pagar as contas dos que mais necessitam.

Naquele dia, estava completamente cheio o local. Esperavam o Papa Francisco que, seguindo a tradição de seus antecessores, de vez em quando visitava as paróquias de Roma.

Entre os títulos de um papa, pode-se dizer que o de bispo de Roma é o mais importante. Assim se sublinha a sua vinculação a um território e a um povo concreto. O próprio Francisco quis deixar muito claro que tinha vindo para servir, quando em suas primeiras palavras como pontífice se referiu concretamente ao seu papel como bispo de Roma:

> Irmãos e irmãs, boa-noite! Vós sabeis que o dever do conclave era dar um bispo a Roma. Parece que os meus irmãos cardeais foram buscá-lo quase ao fim do mundo [...]. Antes de mais nada, quero fazer uma oração pelo nosso bispo emérito, Bento XVI. Rezemos por ele, para que o Senhor o abençoe e Nossa Senhora o guarde [...]. E agora iniciamos este caminho, bispo e povo. Este caminho da Igreja de Roma, que é aquela que preside a todas as igrejas na caridade. Um caminho de fraternidade, de amor, de confiança entre nós [...]. E agora quero dar a bênção, mas, antes, peço-vos um favor: antes de o bispo abençoar o povo, peço-vos que rezeis ao Senhor para que abençoe a mim.[1]

Dois meses depois de eleito, Francisco fez a sua primeira visita a uma paróquia de Roma, a dos santos Isabel e Zacarias. Ali descobrimos um papa que se entusiasma em sentir-se pároco e que se transforma no contato com as pessoas: aperta mãos sem parar, aceita fazer dezenas de *selfies*, abençoa as crianças, agradece doces caseiros, faz gracejos com os recém-casados, cumprimenta os idosos, dedica tempo em confessar e conclui a visita celebrando a santa missa.

---

[1] Primeira saudação de Francisco do balcão central da basílica vaticana, 13 de março de 2013.

"Venho até aqui porque das periferias se vê melhor a realidade. [...] O papa ficou no Vaticano, e à paróquia acudiu o bispo", dizia brincando aos moradores do bairro.[2]

De entre todas as visitas do Papa Francisco a paróquias romanas, a daquele bairro operário de Corviale será sempre lembrada pela pergunta que o pequeno Emanuel fez.

Como dentro da igreja não havia espaço suficiente, improvisou-se fora um pequeno cenário, desde o qual responderia às perguntas de algumas crianças que vinham ali para a catequese. Emanuel era um deles e esperava a sua vez movendo nervosamente as pernas em sua cadeira.[3]

Quando por fim chegou o momento, aproximou-se do microfone, mas não saíam as palavras. Faltou-lhe voz.

"Não consigo, não posso fazer a pergunta."

Francisco se deu conta rapidamente do mau momento que estava passando o pequeno e, com infinita ternura, o convidou a aproximar-se: "Vem comigo, Emanuel, vem e me contas ao ouvido. Dize-me ao ouvido".

Enquanto lhe falava ao ouvido entre soluços, Francisco acariciava a sua cabeça com grande ternura. Os paroquianos presenciaram a cena com um nó na garganta. Era como se assistissem ao entranhável abraço de um neto a seu avô em busca de consolo.

No princípio parecia que o pequeno apenas sentia vergonha de fazer a pergunta, mas logo pudemos comprovar que o que o angustiava era de envergadura.

---

[2] Visita à paróquia romana de Santa Isabel e São Zacarias, 26 de maio de 2013.
[3] Visita à paróquia de São Paulo da Cruz, 15 de abril de 2018.

Emanuel voltou ao seu assento secando as suas lágrimas. Notava-se que Francisco também estava emocionado. O resto continha a respiração: "Pedi-lhe permissão para expor em público a pergunta e ele me disse que sim. Faz pouco tempo que seu pai faleceu. Era ateu, mas batizou seus quatro filhos. Era um homem bom. Emanuel me perguntou: 'Meu pai está no céu?'".

Nas primeiras filas as pessoas tiravam o lenço, enquanto Francisco continuava:

> Oxalá todos pudéssemos chorar como Emanuel, quando temos uma dor como tem ele no coração. Que lindo que um filho diga que seu pai era "um bom homem". Esse homem não tinha o dom da fé, não era crente, mas fez batizar seus quatro filhos. Tinha um coração bom. Quem decide quem vai para o céu é Deus.

O papa iniciou, a seguir, um diálogo cordial com os fiéis da paróquia: "Como é o coração de Deus diante de um pai assim?", ninguém se atrevia a responder. "Como é? O que vocês acham? Um coração de pais. E diante de um pai, não crente, que foi capaz de batizar os seus filhos... Vocês pensam que Deus seria capaz de deixá-lo longe dele? Vocês pensam isso?"

"Nããão", responderam em coro os fiéis.

"Deus abandona os seus filhos? Deus abandona os seus filhos, quando são bons?"

"Nããão", responderam de novo os fiéis, cada vez com mais força. E, olhando fixamente o pequeno, cada vez mais calmo, Francisco lhe disse: "Vês, Emanuel, esta é a resposta.

Deus certamente estava orgulhoso de teu pai, porque é mais fácil batizar os filhos sendo crente do que batizá-los sem o ser. Certamente Deus gostou disso. Fale com teu pai, reze por teu pai. Obrigado, Emanuel, por tua coragem".

O papa acabava de dar a todos uma lição de grande valor teológico, graças à pergunta de um menino de dez anos.

Naquela mesma tarde, pouco depois de Francisco ter voltado ao Vaticano e o vídeo de Emanuel começar a tornar-se viral, encontrei-me, pelas ruas do bairro romano do Borgo, com o correspondente de Rádio Televisão Espanhola, Lorenzo Milá, que tem uma espécie de radar especial para selecionar as imagens que "contam" suas crônicas.

"Essa história tem tanta força que se vende por si só. Simplesmente narrar o ocorrido basta", disse.

E assim foi. Nessa mesma noite, Emanuel e seu pai ateu viraram manchete em meio mundo.

O papa acabava de abrir-nos os olhos esbanjando ternura com um menino. Mais um exemplo dessa sintonia profunda, vigorosa, afetuosa e intensa com a pessoa que sofre.

Doutrina com gestos ao estilo de Francisco.

A ternura do sorriso

Uma semana antes de conhecer Emanuel, Francisco publicara o quinto grande documento de seu pontificado, uma carta extensa dirigida aos católicos como "exortação apostólica". Intitulava-se *Gaudete et exultate* (Alegrai-vos e regozijai-vos), e nela se aborda o chamado à santidade no mundo contemporâneo para os cristãos comuns do século XXI.

Cada vez que se publica um documento, os jornalistas acreditados no Vaticano recebem o texto umas horas antes "sob embargo", com a obrigação de não publicá-lo, para poder lê-lo em profundidade e preparar as crônicas e análises. Quando naquele dia cheguei à sala de imprensa da Santa Sé, conhecida como Sala Stampa Vaticana, Ary Waldir, da agência Aleteia, me resumiu em poucas palavras a sua visão da carta: "Dá uma ótima notícia".

E tinha toda a razão.

Francisco tinha escrito uma carta dedicada à "classe média da santidade": "Para sermos santos", dizia, "não é necessário ser bispos, sacerdotes, religiosas ou religiosos. Todos estamos chamados a ser santos, vivendo com amor e oferecendo o próprio testemunho nas ocupações de cada dia, ali onde cada um, se encontra".

No texto lembra a católicos e não católicos que na "porta ao lado" há mais pessoas dignas de aparecer no santoral do que imaginamos: os pais que madrugaram para deixar a comida feita e levar o filho à escola, antes de ir trabalhar; o pedreiro que resiste a fazer trabalho malfeito, embora ninguém fique sabendo; o jovem que visita a sua vizinha idosa para que se sinta um pouco menos só. Santos de casa. Meus vizinhos. A santidade ao alcance de todos.

Francisco mostra nessa carta que a rota segura e infalível para ser santos é pôr em prática as bem-aventuranças: "Tive fome e me destes de comer, tive sede e me destes de beber, fui forasteiro e me hospedastes, estive nu e me vestistes, enfermo e me visitastes, na prisão e viestes ver-me".

Trata-se, de certa forma, do protocolo da ternura: uma onda expansiva que contagia, seduz e deslumbra.

O curioso é que a ternura no papa está estreitamente unida à alegria e ao sentido do humor, porque, no "manual de estilo" de Francisco, um santo nada tem a ver com espíritos amargurados, tristonhos, melancólicos ou faltos de energia. Em seu código interno, o bom humor se torna a virtude humana mais próxima da caridade e da graça divina.

O papa desborda um senso de humor fresco, de resposta imediata, capaz de limar tensões e asperezas. Ele mesmo experimentou ao longo de sua vida que as coisas ir-nos-iam muito melhor se fôssemos capazes de enfrentá-las com menos dramatismo: "O santo é capaz de viver com alegria e senso de humor. Sem perder o realismo, ilumina os demais com um espírito positivo e esperançado".[4]

Levar a vida com senso de humor foi também o conselho que deu aos dirigentes da Rede COPE, que, em 2018, foram a Roma para realizar a sua convenção anual: "Transmiti a alegria do Evangelho com coragem e bom humor, construindo pontes de fraternidade e solidariedade entre as pessoas e os povos", disse-lhes.[5]

No livro-entrevista *Deus é jovem*,[6] o papa lembra que, para não correr o risco de levar as coisas demais a sério, faz quarenta anos que reza a "oração do bom humor" composta por São Tomás Moro.

---

[4] Exortação apostólica *Gaudete et exultate*, 122.
[5] Mensagem à Rede COPE, 5 de junho de 2018.
[6] Livro-entrevista com o jornalista italiano Thomas Leoncini. Barcelona, Planeta, 2018.

Trata-se de uma oração em que o santo britânico pede, entre outras coisas, a graça de entender os gracejos para que sua vida se encha de alegria e, além disso, possa comunicá-la aos outros. Essa oração ajuda a tal ponto o papa que ele quis incluí-la como nota de rodapé em seu documento *Gaudete et exultate* (nota 101).

Sem dúvida, esse é outro dos aspectos que tornam a figura do papa tão popular. A ternura do sorriso e do bom humor. Outra provocação a mais de Francisco.

À multidão que o escutava num dos centros internacionais do movimento católico dos Focolares, na cidade italiana de Loppiano, aconselhou precisamente que pedissem a Deus "a graça do humorismo". "Pedi a graça do humorismo. Inclusive nas situações mais difíceis. É a atitude humana que mais se aproxima da graça de Deus: o bom humor."[7]

É que a ternura tem muito a ver com o sentido do humor que Francisco desenvolve. Perguntei sobre essa combinação peculiar ao jesuíta argentino Diego Fares, escritor habitual de *La Civiltà Cattolica* e amigo pessoal de Jorge Mario Bergoglio há muitos anos: "Tem a ver com o humor angélico de Leopoldo Marechal, um dos autores argentinos mais importantes do século XX; com a cortesia, que, para São Francisco, é a expressão cotidiana da caridade; e, com Santo Tomás, para o qual a alegria é coroa da caridade".

Humor angélico, cortesia e caridade. Confesso que o coquetel me resultou explosivo e me pus a aprofundar. Descubro que o escritor Leopoldo Marechal definiu o humor

---

[7] 10 de maio de 2018.

angélico como "o sorriso com o qual os anjos olham a loucura dos homens".[8] Se a um escritor argentino unir dois dos santos que o papa mais cita, o de Assis e o de Aquino, irá entender um pouco mais como Francisco é capaz de manter uma alegria de fundo, serena, inclusive nos momentos mais complicados.

O papa também ri de si mesmo e, se for preciso, de sua sombra. Na entrevista que concedeu à jornalista mexicana Valentina Alazraki, da rede Televisa, gracejou sobre a forma de ser dos argentinos e se pôs a contar um chiste sobre a autoestima que lhes é atribuída: "Você sabe como se suicida um argentino? Ele sobe em cima do seu ego e se atira dali para baixo".[9]

Durante uma conversação com Rafael Correa, presidente do Equador, o papa gracejou, mais uma vez, com essa característica de alguns argentinos. O pontífice lhe garantiu que, com respeito à eleição de seu nome, em seu país de origem teriam esperado que se pusesse *Jesus II*.[10]

A anedota foi relatada pelo próprio chefe do Estado equatoriano, em sua conta do Twitter. Armou-se um tal reboliço por conta disso, que se viu obrigado a escrever um segundo tuíte enviando "um abraço a todos os argentinos", garantindo que o chiste era do papa.

"Você é o alto-falante do sínodo", saudou Francisco em voz alta a Maria Luísa Berzosa, no *hall* da Sala Paulo VI, assim que a reconheceu. Acabara de ver uma foto dela na

---

[8] Leopoldo Marechal, *Adán Buenosayres*, Barcelona, Seix Barral, 2018.
[9] Entrevista à rede Televisa de 13 de março de 2015.
[10] Audiência ao presidente do Equador, Rafael Correa, 28 de abril de 2015.

capa da revista espanhola *Vida Nueva*, junto com um jovem que levava um megafone. A revista a tinha escolhido para sua capa do sínodo dos bispos, dedicado à juventude, que ocorreu em outubro de 2018.

Instantes depois dessa saudação, Maria Luísa achou que devia apresentar-se "oficialmente" ao papa, já que até o momento não surgira a ocasião, e lhe disse: "Santo Padre, sou Maria Luísa, Filha de Jesus". Este é o nome da congregação à qual pertence, sendo suas adeptas conhecidas popularmente como *jesuitinas*.

E Francisco, divertido, lhe respondeu: "Mas Jesus teve filhas? Não tínhamos acertado que Jesus era célibe?".

Na porta do seu quarto, o 201 da Casa Santa Marta, está pendurado um cartaz no qual se pode ler de longe: "Proibido queixar-se". Uma advertência simpática para todos os que entram para despachar diariamente com ele nesse quarto de trabalho, junto ao seu dormitório. O cartaz inclui, em "letra pequena", uma lista de indicações: "Os transgressores estão sujeitos a uma síndrome de vitimismo com a consequente perda de senso de humor e a capacidade de resolver os problemas. As sanções se duplicam quando a infração é cometida na presença das crianças".

Foi-lhe dado de presente, durante uma Audiência Geral, por um psicólogo italiano chamado Salvo Noè, autor de manuais de autoajuda. Ao recebê-lo, o papa tinha dito a ele: "Vou pô-lo na porta do meu escritório, onde recebo as pessoas".

Um cartaz colocado a modo de advertência e declaração de intenções. Uma aposta pela alegria, a pedra filosofal do pontificado de Francisco, assim como ficou expresso em seu documento programático *Evangelii gaudium* (A alegria do Evangelho). O cristão não pode ser um "profeta de desgraças" e, por isso, não pode deixar-se levar pelo desânimo ou pela queixa, nem tampouco ter "cara de vinagre", encolher os ombros ou cruzar os braços.

Desse senso de humor e, sobretudo, da ternura de Francisco, foi também testemunha a jornalista espanhola Irene Villa.

"És muito forte e muito corajosa"

"Estou grávida!" Poucas semanas antes de conhecer o papa, o teste de gravidez confirmava a Irene Villa e Juan Pablo Lauro que iam ser pais pela terceira vez. Era a melhor das notícias. Um sonho realizado.

Puderam comparti-lo com Francisco em Roma, ao assistirem à apresentação dos resultados do primeiro encontro de Scholas Cidadania Europa, um projeto pessoal de educação em valores através da arte, do esporte e da solidariedade, impulsionado pelo papa.

Francisco não conhecia a sua história e ficou muito comovido quando Irene lhe relatou em poucas palavras os sucessos que tinham marcado a sua vida para sempre.

Em 1991, tinha doze anos. Naquele 17 de outubro, uma bomba-lapa colocada debaixo do assento do carro que sua mãe conduzia arrancou suas pernas e lhe seccionou três dedos da mão esquerda. A sua mãe, María Jesús González, perdeu também uma perna e um braço. Era outro atentado do grupo terrorista ETA, numa das etapas mais sangrentas de sua história. Nesse mesmo dia assassinaram quatro pessoas.

Naquela manhã, o relógio marcava cinco minutos para as nove. Era quinta-feira e ia para a ginástica. Finalmente a tinham selecionado para jogar como pivô em sua equipe de basquete, Las Vikingas. Como toda manhã, sua mãe conduzia o carro que pouco depois estacionaria junto à delegacia de polícia onde trabalhava. Essa foi a sua condenação.

Minutos antes, enquanto tomavam o café da manhã, puderam escutar a explosão da primeira bomba que tingiu de sangue, estilhaço e dor aquela quinta-feira de outono em Madri.

Muito perto do seu bairro, às 8h da manhã em ponto, o tenente Francisco Carballar Muñoz, de quarenta e sete anos, subia ao seu Peugeot 309 para dirigir-se à Academia de Artilharia. Por sorte, nesse dia, não o acompanhavam Alicia, de dezesseis anos, nem Juanchi, de dezessete, dois de seus cinco filhos que costumava levar ao instituto. A bomba de pêndulo acionou ao deixar o estacionamento. Vicente, seu filho mais velho, desceu as escadas de sua casa gritando "papai, papai". Quando chegou ao carro, só pôde abraçar o seu cadáver.

Instantes depois de escutar o barulho da bomba, Irene perguntou intuitivamente à sua mãe: "Ninguém quer fazer mal a nós, não é verdade?". "Claro que não, querida", respondeu a mãe, "isso só acontece com gente importante, e nós não somos importantes".

A seguir, chegou o horror da segunda explosão. Dessa vez em seu próprio carro. O primeiro médico que atendeu

Irene no hospital não atinava encontrar vida entre a massa informe de "carne e ossos" que via na maca. E aí, na sala de cirurgia de um hospital madrileno, ocorreu um de tantos milagres que arrancaram de uma morte em vida a Irene Villa.

Os cirurgiões tiveram o sangue frio e a perícia de tentar salvar um de seus joelhos. O fácil teria sido cortar as duas pernas destroçadas, mas, graças a esse joelho, Irene não só voltou a andar, mas também, aos dezoito anos, tirou a carteira de motorista, percorreu meio mundo, praticou esportes de risco, pendurou com orgulho em sua casa as medalhas conseguidas esquiando, entrou de braço dado com seu pai na igreja onde se casou. Agora é a mãe feliz de três filhos.

O coma de Irene durou três dias e, ao despertar, rezou. Estava viva. A sua mãe disse algo decisivo para contornar a situação na qual se encontrava: "Irene, temos duas opções. A primeira é viver sempre amarguradas, sofrendo, maldizendo aqueles que nos fizeram isto e nos fecharmos. A segunda é olhar adiante, com otimismo, para recuperar nossas vidas".

Escolheu a segunda. A partir desse momento, tudo foi diferente. Ninguém conseguiria fazê-las odiar. Escolheram perdoar. Irene garante que, se não houvesse perdoado os terroristas, continuaria ligada a eles por toda a vida.[11]

Francisco escutava em silêncio o seu relato. Ao terminar, muito impressionado, lhe respondeu: "És muito forte e muito corajosa".

---

[11] Essa história pode ser lida no livro de Irene Villa, *Saber que se puede: veinte años después*, Madrid, Martínez Roca, 2011.

Irene queria abraçá-lo e, sem pensar duas vezes, foi o que fez. "Papa Francisco, tenho muito a agradecer a Deus, porque, depois de ter passado muito mal, tive muitas recompensas, entre elas a de poder ser mãe... e ter um marido argentino!".

O papa, rápido como sempre, respondeu sorrindo, provocando o riso do casal: "Pois que Deus te dê paciência".

Foi então que comunicaram ao papa que iam ser pais pela terceira vez, e Francisco abençoou o bebê. Foram apenas uns minutos de conversação, mas a recordarão por toda a vida.

"A força e o carinho que nos deu o papa, seguiremos transmitindo e contagiando outras pessoas que tenham diferentes necessidades, porque, sem dúvida, é preciso remar em sua mesma direção, para a paz, à margem de ideologias e religiões", deixou escrito nas redes sociais.

Agora Irene dedica grande parte de seu tempo a um projeto muito especial: sua fundação, criada para impulsionar a integração de pessoas com incapacidade mediante a formação ou o esporte.[12]

Tempo depois, ao recordar junto com Irene esse encontro com Francisco, pensava em outra das constantes da personalidade do papa, tão relacionada com a ternura: a humanidade que desprende de muitos de seus gestos.

A todos nos aconteceu encontrar-nos com pessoas cujo simples contato nos impele a ser melhores.

Somente se estivermos na mesma frequência que Deus, podemos encontrar uma resposta rápida que dê consolo a

---

[12] Toda a informação em: <fundacionirenevilla.org>.

uma criança de dez anos que perdeu seu pai ateu, ou que transforme com um chiste uma situação tensa, ou que faça com que as pessoas se sintam "únicas" apenas com um aperto de mãos.

Talvez parte do "segredo" de Francisco esteja na proposta que lançou num hospital pediátrico do México. A sua fórmula deu a volta ao mundo.

Carinhoterapia: a receita de Francisco

Quando entrou no departamento de oncologia do Hospital Infantil Federico Gómez do México, viu-se rodeado de pequenos sorridentes com pijamas coloridos que o abraçavam e não o queriam soltar, de crianças em cadeiras de rodas, de pais emocionados e do pessoal da saúde tentando que nenhum de seus pacientes pegasse friagem em meio à agitação.

Francisco vinha acompanhado da primeira-dama do país, Angélica Rivera, e dedicou cerca de uma hora a percorrer as diferentes zonas do hospital. Não deixou de saudar um a um os trinta e oito pacientes infantis. Para todos tinha um sorriso, uma carícia e uma palavra de carinho.

Alguns lhe entregavam presentes ou desenhos, outros o beijavam e quase todos se "enroscavam" a seu pescoço. Estavam felizes. Diego, de apenas três anos, ofereceu-lhe um rosário, e o papa, enquanto se agachava para ficar à altura dele, fez um trato com ele: "Eu abençoo o teu rosário, mas nomeio-te meu custódio para que rezes por mim. Trato feito?".

Diante da insistência de Rodrigo, um menino de seis anos, o próprio Francisco se encarregou de lhe ministrar a vacina contra a pólio, depositando umas gotas sobre a sua língua. Como prêmio, Rodrigo o rodeou com seus braços, enquanto a primeira-dama, ao seu lado, tentava dissimuladamente conter as lágrimas.

Imediatamente os olhares se dirigiram para Alexia, uma esperta adolescente de quinze anos com leucemia. Cobria a cabeça com um alegre turbante azul de flores e pediu permissão ao papa para cantar-lhe a Ave-Maria de Schubert. Ela tentou ficar de pé, mas Francisco lhe indicou que continuasse em sua cadeira de rodas.

A voz de Alexia ressoava entre aqueles corredores brancos do hospital como no melhor dos teatros de ópera do mundo. Impossível não se comover.

Notava-se que Francisco rezava, enquanto a escutava cantar. Ao concluir, depois de abençoá-la e dar-lhe um forte abraço, prometeu a ela que ia rezar para que se curasse.

Instantes depois tocou o sino que marcava uma vitória. Cada vez que um dos pacientes recebia alta e deixava o hospital, o som desse sino provocava os aplausos de todos os que estavam internados. Com sorte, os próximos talvez sejam eles. Naquele dia, Francisco não o fez soar debalde. Um dos pequenos que brincava a seu redor conseguira ganhar a batalha do câncer e saía do hospital.

Foi então que pronunciou pela primeira vez a palavra mágica: "Que Deus bendiga a todas as pessoas que, não só com medicamentos, mas também com a *carinhoterapia* ajudam para que este tempo no hospital seja vivido com mais alegria. A *carinhoterapia* é muito importante. Às vezes, uma carícia ajuda tanto para se recuperar!".[13]

Francisco o demonstrara com o seu exemplo.

Nesse dia, a "receita" de Francisco deu a volta ao mundo. Uma terapia válida para todo tipo de pessoas e circunstâncias, cujos "efeitos secundários" são sempre benéficos. O papa sabe disso e procura pô-la em prática sempre que pode. Uma fórmula magistral "secreta", com um ingrediente ao alcance de todos: o carinho.

Francisco não se propõe ser próximo. Sai de dentro dele. E, sem ser consciente, consegue que seu interlocutor encontre esse "algo" que nos torna mais humanos e que tanto bem faz às pessoas com as quais nos encontramos.

Impressionou-me muito a ternura centrada na mensagem que dedicou aos participantes de um dos congressos tecnológicos mais importantes do mundo, as conhecidas conferências TED (sigla de Technology Entertainment Design), que têm como finalidade potenciar o poder das ideias para mudar o mundo:

> No que consiste a ternura? No amor que se torna próximo e concreto. É um movimento que brota do coração e chega aos olhos, aos ouvidos e às mãos. A ternura consiste em usar os olhos para ver o próximo, em utilizar ou ouvidos para ouvir o outro, para prestar ouvidos ao grito dos pequeninos, dos pobres, de quantos têm medo do futuro, para ouvir também o clamor silencioso da nossa casa comum, da terra contaminada e doente. A ternura consiste em utilizar as mãos e o coração para

---

[13] 15 de fevereiro de 2016.

acariciar o próximo, para cuidar dele. [...] O futuro da humanidade não está unicamente nas mãos dos políticos, dos grandes líderes e das grandes empresas. Sim, a sua responsabilidade é enorme. No entanto, o futuro está sobretudo nas mãos das pessoas que reconhecem o outro como um *tu* e a si mesmos como parte de um *nós*.[14]

Diante de um público acostumado a escutar prêmios Nobel, políticos, cineastas, grandes empresários e todo aquele que tiver uma "ideia digna de difundir", o Papa Francisco transmitia uma carga de profundidade, apta apenas para pessoas capazes de entender a profundeza da mensagem: a ternura é o único instrumento capaz de mudar as pessoas. É o único mecanismo para mudar o mundo.

---

[14] Videomensagem para a conferência TED 2017, Vancouver, Canadá, 26 de abril de 2017.

O SONHO DESTRUÍDO DE BLESSING

Se atrever-se a sustentar durante alguns segundos o seu olhar, poderá sentir uma certeza de liberdade que assusta. O sorriso de Blessing é dos que só conta o justo. Dor em preto e branco.

Antes de tudo acontecer, Blessing Okoedion tinha vinte e seis anos e residia numa pequena cidade no norte da Nigéria. Tinha estudado informática e ganhava a vida reparando computadores. Ali conheceu uma mulher que lhe propôs realizar o seu sonho. Poderia viajar para a Europa, conhecer um novo idioma, trabalhar em sua especialidade e, sobretudo, mudar de vida. Confiou nela, aceitou a proposta e fez as malas. Mas encontrou-se com o inferno.

Se há um problema que nunca deixa o papa indiferente, é o do tráfico de pessoas. Ano após ano, no dia mundial que desde 2013 a ONU dedica às vítimas de exploração sexual e laboral, Francisco se faz ouvir e denuncia com indignação o que é um "crime vergonhoso contra a humanidade", pelo qual nós todos somos responsáveis, embora estejamos a nos acostumar a considerá-lo coisa normal:

> Trata-se de uma praga que reduz à escravidão muitos homens, mulheres e crianças com a finalidade da exploração laboral e sexual, do comércio de órgãos, da mendicidade e da delinquência forçada [...]. As rotas migratórias também são utilizadas com frequência pelos traficantes e exploradores para recrutar novas vítimas do tráfico.[1]

Segundo a Organização Mundial do Trabalho, quase vinte e um milhões de pessoas no mundo são vítimas de tráfico e, portanto, exploradas tanto sexual como laboralmente. Há muito tempo o papa combate esses abusos. Já na Argentina denunciava sem rodeios o trabalho escravo dos imigrantes sem documentos.

Talvez por esse motivo, desde o começo do seu pontificado, tenha promovido a cooperação policial e judicial contra o tráfico. As primeiras cimeiras mundiais sobre esse drama foram celebradas precisamente no Vaticano. Em 2014, chefes da polícia de vinte países assinaram um importante pacto contra o tráfico de seres humanos e a escravidão.[2]

Quando Blessing descobriu que se tinha tornado vítima do tráfico, era tarde demais. Não soube o que fazer nem a quem pedir ajuda, encontrou-se isolada.

A oferta daquela suposta amiga de Blessing na Nigéria resultava tentadora: um belo trabalho na Espanha, onde se

---

[1] Ângelus de 29 de agosto de 2018.
[2] Em 10 de abril de 2014.

encarregaria de uma loja dedicada a reposições de informática. Quando aterrissou em Valencia, começaram as complicações. O emprego prometido já não era na Espanha, mas na Itália.

"Não tinha motivos para desconfiar. Tudo parecia muito bem organizado e, além do mais, estava, enfim, na Europa, graças a uma mulher na qual confiava." Assim Blessing começa sempre o relato de sua história a quem lhe pergunta.

Ao chegar à Itália, colocaram-na numa casa com outras quatro nigerianas. Começou o primeiro capítulo do seu pesadelo. Disseram-lhe que tinha de saldar uma dívida de 65 mil euros com seus transportadores e que o trabalho realmente consistia em ser prostituta no acostamento de uma estrada secundária.

Maman Faith, sua cafetina – nigeriana também, como ela –, colocou-lhe uns apliques vermelhos no cabelo e, para chamar de algum modo atenção, lhe forneceu roupa "de trabalho". O manual de instruções era muito básico: não podia rejeitar nenhum cliente e o preço da indignidade ficava marcado quase "a peso", entre dez e trinta euros, segundo os serviços.

Sem documentação, sem falar o idioma, sem o seu celular, Blessing se transformara em escrava, e o medo do que fariam com ela se não trabalhasse a deixou paralisada.

"Logo você se acostuma", diziam-lhe as outras moças.

A única coisa que importava ali era o dinheiro. Entretanto, o seu corpo era usado como um trapo. Blessing deixou de sentir-se pessoa. Seus donos a tratavam como dejeto humano. Escombro. O que ocorria no acostamento da estrada, nas proximidades de Caserta, ela preferiu lançar no sumidouro de sua memória.

Não aguentou muito. Quando se armou de coragem e foi a uma delegacia, chegou a sua salvação. Um agente acompanhou-a à Casa Rut, uma associação que se dedica a acolher mulheres vítimas do tráfico. Dirigem a casa algumas freiras católicas, que são insuficientes para resgatar as tantas mulheres que caem nas redes dos traficantes de seres humanos na Itália.

O tempo foi varrendo tudo aquilo. Agora Blessing colabora na mesma associação como mediadora cultural e teve forças para contar a sua história num livro:[3] "Tive a oportunidade de fugir, como deveriam poder fazer as demais. Por isso optei por denunciar, porque, se se fica com a boca fechada, por medo ou por vergonha, não há escapatória".

Conheci Blessing durante umas jornadas de preparação do importante sínodo dos bispos, dedicado aos jovens, que foi celebrado em outubro de 2018, em Roma.[4]

O papa tinha convocado, no Vaticano, uns trezentos jovens de todo o mundo, tanto crentes como não crentes, para escutar as suas opiniões, preocupações e seus pontos de vista. Os resultados desses encontros foram entregues posteriormente aos bispos como instrumento de trabalho de uma reunião que marcará a participação dos jovens no devir da Igreja nos próximos anos.

---

[3] Blessing Okoedion; Anna Pozzi, *Il coraggio della libertà: una donna uscita dall'inferno della trata*, Roma, Paoline Editoriale, 2017.

[4] Inauguração do pré-sínodo, 19 de março de 2018.

Francisco tinha pedido a eles que falassem com coragem, e Blessing não pensou duas vezes. Há muito tempo estava com uma dúvida que a inquietava e, depois de relatar ao papa como tinham conseguido aniquilar a sua dignidade, soltou à queima-roupa a sua pergunta: "Por que a maioria dos clientes que solicitam o serviço de prostitutas são católicos?".

Francisco a escutava em silêncio e assentia com a cabeça. Enquanto encarava pensativo o seu olhar, talvez fossem amontoando-se em sua memória as atrozes histórias de torturas que lhe tinham relatado outras mulheres vítimas do tráfico.

"A pergunta é sem anestesia, mas é a realidade", respondeu Francisco.

Pesava ao papa a vergonha por tudo o que Blessing contava.

Pesava-lhe o sofrimento, que se torna abismal quando se comprova que não importa nada a ninguém. Via-se que Francisco participava da mesma dor dela e, em seguida, lembrou o encontro que manteve com um grupo de mulheres que tinham conseguido sair da prostituição. Conheceu-as numa de suas escapadas das chamadas *sextas-feiras da misericórdia*. As suas histórias atrozes deixaram marca em seu coração: "Uma delas foi sequestrada em Moldávia e a colocaram num porta-malas amarrada, até chegar a Roma. Ameaçaram matar os seus pais, se não lhes obedecesse. Outra contou que um dia em que não levou o dinheiro combinado, cortaram-lhe uma orelha. De outra quebraram os dedos. Esta é a escravidão de hoje", acrescentou Francisco.

Numa entrevista à televisão italiana TV 2000, o papa se referiu também a esse encontro com mulheres vítimas do tráfico que tanta marca havia deixado nele:

> Uma delas me contou: "Padre, dei à luz no inverno no meio da rua e sozinha. Sozinha! E agora minha filha está morta...". E eu pensava não só nos exploradores, mas também nos que pagam as moças: por caso não sabem que, com esse dinheiro para buscar uma satisfação sexual, estão contribuindo para a exploração dessas moças?[5]

Com essas recordações na alma, Francisco continuou falando aos jovens, que o escutavam sem piscar: "É muito provável que, tal como diz Blessing, 90% dos clientes sejam católicos", continuou o papa. "Penso no asco que devem sentir essas moças, quando esses homens as obrigam a fazer essas coisas... É um crime contra a humanidade, e provém de uma mentalidade doentia."

Além da dureza que a pergunta de Blessing encerrava, o papa sabia que naqueles que o escutavam está a semente capaz de mudar atitudes. Por isso havia de lhes falar com clareza.

Os trezentos assistentes do encontro olhavam-no com uma atenção inusitada. Apesar de os separarem mais de sessenta anos de idade, a conexão era surpreendente. Francisco tinha consciente de que a dignidade de muitas mulheres estava em jogo, e foi decididamente ao ponto central do que pensava: "Por favor, se um jovem tem esse hábito, que o corte! É um crime. Quem faz isso é um criminoso".

---

[5] Entrevista ao papa em TV 2000-InBlu Rádio, 20 de novembro de 2016.

Um silêncio tomou conta do lugar. Alguns baixavam a cabeça e outros olhavam para o papa sem pestanejar. Para que não reste a menor dúvida a ninguém, Francisco acrescentou: "'Mas, padre, não se pode fazer amor?'. Isso não é fazer amor. Isso é torturar uma mulher. Não confundamos os termos. Isso é um crime".

Na força de suas palavras, Francisco tinha presente todas as vítimas desse tipo de escravidão contemporânea, visível em tantas ruas e estradas de todo o mundo. Tantas mulheres que nem sequer aparecem nos registros, que carecem de identidade, que não contam para ninguém. Que não existem. Que não valem nada.

Por isso, antes de agradecer a Blessing a coragem que demonstrara, o papa quis pedir perdão: "Quero aproveitar este momento [...] para pedir perdão a vós e à sociedade por todos os católicos que cometem este crime".

O seu gesto foi completado com um forte abraço. Mais uma vez, o papa utiliza a linguagem universal do carinho. Sabe que nada arrasta tanto como o exemplo. Por isso não lhe custa pedir perdão. Faz isso habitualmente por ações que ele não cometeu.

Atualmente, Blessing Okoedion trabalha aconselhando outras mulheres que enfrentam situações semelhantes à sua. Conseguiu sair do inferno, e seu sonho de encontrar um emprego na Europa se tornou realidade.

***

No pontificado de Francisco, mulheres como Blessing e tantas outras desempenharam um papel protagonista e essencial. Desde a sua eleição como papa, telefonou e escreveu cartas a centenas delas que o tinham feito partícipe de seus problemas.

É muito comum que Francisco, em suas catequeses, faça referência a mulheres excepcionais; por exemplo, Teresa de Calcutá. Declarou-a santa em São Pedro, diante de mais de cento e vinte mil peregrinos, entre eles umas quinhentas pessoas sem teto, as quais posteriormente convidou para comer. Também às mulheres do Evangelho: à samaritana da vida "relaxada", à viúva pobre que deu como esmola a única moeda que lhe restava, à profetisa Ana, à Maria Madalena...

Por isso ele se preocupa que em tantos setores da sociedade continue mantida uma mentalidade machista, da qual tampouco escapa a Igreja.

Referiu-se a essa mentalidade machista em sua carta à professora Maria Teresa Compte, publicada no livro *Dez coisas que o Papa Francisco propõe às mulheres*:

> Preocupa-me que continue existindo certa mentalidade machista, inclusive nas sociedades mais avançadas, nas quais se consumam atos de violência contra a mulher, transformando-a em objeto de maus-tratos, de tráfico e de lucro, assim como de exploração na publicidade e na indústria do consumo e da diversão. Preocupa-me igualmente que, na própria Igreja, o papel de serviço ao qual todo cristão está chamado deslize, no caso da mulher, algumas vezes, para papéis mais de servidão do que de verdadeiro serviço.[6]

---

[6] Maria Teresa Compte, *Diez cosas que el papa Francisco propone a las mujeres*, Madrid, Publicaciones Claretianas, 2018. Compte dirige o mestrado de Doutrina Social da Igreja na Universidade Pontifícia de Salamanca.

Francisco não tem nenhum problema em dialogar com os feminismos. Em distintas ocasiões, destacou a contribuição histórica desse movimento para a emancipação da mulher, embora também tenha sido claro na hora de denunciar as suas discrepâncias com alguns de seus postulados: "A igualdade e a diferença, da mulher ou do homem, se percebem melhor na perspectiva do *com* do que do *contra*".[7]

Reconhece que as mulheres devem ter mais voz dentro da Igreja, porque participam ainda de forma muito fraca nos processos de decisão, e está convencido de que o verdadeiro problema "não é o feminismo, mas o clericalismo".[8]

A chave para superar o que denomina *cultura patriarcal* está numa relação de igualdade entre gêneros que respeite as diferenças biológicas, mas que em nenhum caso relegue a mulher a uma posição secundária. Por isso procurou que haja mais mulheres nos cargos de responsabilidade nas paróquias, nas dioceses e no próprio Vaticano.

Ele gosta de lembrar que "a Igreja é feminina: é esposa, é mãe" e que na Igreja está por se fazer uma profunda teologia da mulher.[9]

A ternura e a coragem, próprias da mulher, entram de cheio nesse papel insubstituível, porém não único, que, nas palavras de Francisco, supõe uma das maiores contribuições que a mulher pode fazer à Igreja. É ela que dá harmonia e sentido ao mundo:

---

[7] Discurso ao Pontifício Conselho de Cultura de 7 de fevereiro de 2015.
[8] O papa às superioras gerais, 13 de março de 2016.
[9] Entrevista coletiva no avião papal de 29 de julho de 2013.

Enquanto o homem frequentemente abstrai, afirma e impõe ideias, a mulher, a mãe, sabe custodiar, unir no coração, vivificar. [...] Por isso, para que a fé não se reduza só a uma ideia ou doutrina, todos necessitamos de um coração de mãe, que saiba guardar a ternura de Deus e escutar as palpitações dos homens.[10]

No voo de volta de sua viagem ao México, comentava aos jornalistas: "Quando peço um conselho, gosto de ouvir a opinião das mulheres, que te enriquecem muitíssimo, porque olham as coisas de outro modo".[11]

O papa falava com conhecimento de causa. Referia-se a uma experiência que tinha vivido antes em Buenos Aires. Tinha que resolver um problema complicado e consultou em primeiro lugar um conselho de sacerdotes para que lhe oferecesse soluções. Depois, porém, decidiu discutir essa mesma questão com um grupo misto, e o resultado foi muito melhor: "As mulheres têm a capacidade de compreender as coisas a partir de outra visão".[12]

No que se refere ao Vaticano, Francisco foi em frente, dando pequenos passos, que numa instituição com dois mil anos de história poderiam ser considerados passos de gigante. Apesar de tudo, a tarefa de atribuição de responsabilidades é muito lenta. Ainda é necessária uma mudança de organização e de atitude em todos os níveis, que coloque bons profissionais nos postos-chave, sem que o fato de ser homem ou mulher determine a maior ou menor eficácia para exercer a função.

---

[10] Homilia em São Pedro de 1 de janeiro de 2018.
[11] Coletiva de imprensa no avião papal de 18 de fevereiro de 2016.
[12] Entrevista a Reuters de 20 de junho de 2018.

Na entrevista que concedeu à Agência Reuters, o correspondente Philip Pullella lhe perguntava se as mulheres deveriam ter mais postos de responsabilidade na Cúria: "Estou de acordo de que deveriam ter mais... De fato, para pôr uma mulher na vice-direção de uma sala de imprensa do Vaticano, tive que lutar muito".

Francisco se referia à nomeação da jornalista espanhola Paloma García Ovejero, a primeira mulher na história da Igreja que assumia um cargo dessa responsabilidade. Uma aposta pioneira por parte de Francisco, que quis renovar o escritório de imprensa do Vaticano com dois jornalistas muito experientes: o estadunidense Greg Burke, antigo correspondente da revista *Time* e do canal televisivo Fox News, e Paloma, que desenvolveu o seu trabalho profissional na Rede COPE em Madri, até se transferir como correspondente para Roma, a fim de substituir outra grande mulher, pioneira da televisão espanhola e na informação sobre os papas, a inesquecível Paloma Gómez Borrero.

A nova equipe conseguiu logo o respeito dos colegas, enfrentou várias "crises" e multiplicou o alcance da comunicação vaticana, modernizando e facilitando o trabalho dos jornalistas, na esteira de seus predecessores, o Padre Federico Lombardi e Joaquín Navarro Valls.[13]

Francisco é o pontífice que mais incorporou mulheres em postos-chave da Cúria vaticana. Pela primeira vez nomeou duas mães de família como subsecretárias do

---

[13] Greg Burke e Paloma García Ovejero desempenharam essas tarefas durante dois anos e meio, até 31 de dezembro de 2018, quando apresentaram a sua renúncia.

Dicastério para os Leigos, a Família e a Vida: a professora Gabriella Gambiono e a juíza canônica Linda Ghisoni. Também colocou num posto-chave uma religiosa, irmã Carmen Ros, como subsecretária da Congregação para os Institutos de Vida Consagrada e as Sociedades de Vida Apostólica. Não faltam mulheres na Comissão Teológica Internacional, nas academias pontifícias, no Conselho Pontifício Justiça e Paz, nas comissões que investigaram as finanças vaticanas e na Comissão Pontifícia para a Proteção de Menores.

Dentro do novo Dicastério para a Comunicação, o papa nomeou, como diretora do Departamento Teológico Pastoral, uma teóloga, a eslovena Natasa Govekar, perita em missionologia e comunicação da fé através de imagens. De seu departamento dependem também as contas de redes sociais do Papa Francisco. E também, pela primeira vez na história, uma mulher, Bárbara Jatta, foi posta à frente dos museus vaticanos.

A família é o lugar da ternura

Corria o ano de 1979. Mariano Romiti era comandante da polícia italiana. Naquela fria manhã de dezembro, a sua mulher Maria Bitti assomou à janela, como fazia cada dia, para lhe dar adeus com a mão. Foi a última vez que o viu com vida.

Dois terroristas das Brigadas Vermelhas abriram fogo à queima-roupa e o policial ficou gravissimamente ferido no chão. Os atacantes fugiram e, pouco depois, o agente morreu de hemorragia.

Trinta e nove anos depois, Maria, sua viúva, ainda recordava vivamente o seu marido diante de várias centenas de policiais italianos, enquanto esperavam a chegada do papa na Sala Paulo VI: "Era amável. Tanto assim que, depois de ter falecido, vieram dois senhores à minha casa dar-me os pêsames. Disseram-me: 'Seu marido nos prendeu, mas nos dava bons conselhos. Que não fizéssemos mais nada daquilo, que estávamos arruinando a nossa vida'".

Quando Maria terminou o seu relato, recebeu um aplauso cerrado de todos os que foram companheiros do seu marido. Uma grande família, tal como o chefe da polícia os apresentou ao papa.

Muitas vezes me perguntei qual é o mecanismo que leva o papa a prescindir do texto que preparou e deixá-lo de lado para improvisar, falando do que lhe sai do coração e afastando-se, em muitas ocasiões, da mensagem prevista.

Naquele dia, diante dos agentes da ordem pública, Francisco improvisou um de seus discursos mais sentidos sobre a família. Enquanto se escutava do fundo o choro e os gritos de alguns bebês já cansados e aborrecidos pela espera, o papa garantia que a família é o lugar onde se aprende o que é o amor, o lugar onde se busca refúgio e onde se repõem forças para enfrentar as dificuldades da vida. Lembrava, definitivamente, que através da ternura da família se pode chegar a Deus: "A família é o lugar da ternura. Por favor, nunca percais a ternura. Nesta época falta ternura. É necessário encontrá-la, e a família nos pode ajudar nisso".[14]

---

[14] Em 25 de maio de 2018.

O papa olhava para uma multidão, em muitos casos, ferida pelo terrorismo e pela delinquência. Tinha diante de si milhares de vidas sacrificadas no cumprimento do dever. Por isso agradeceu aos policiais a vigilância e entrega à segurança e proteção dos fiéis e dos peregrinos que visitam o Vaticano, e lhes garantiu que "a Igreja, guiada pelo Espírito Santo, quer permanecer perto das famílias como companheira de viagem, especialmente para aqueles que passam por alguma crise ou experimentam alguma dor".

Ao terminar o encontro, enquanto o papa saía, Maria Bitti e muitas outras esposas de agentes italianos se despediram dele cantando a pleno pulmão o hino da polícia. O hino que aprenderam com seus maridos, o hino de sua família: "Seremos bons policiais. Serviremos a nação com a lei e a razão. Com orgulho e com honra...".

E enquanto o ouvia, eu percebia que Francisco está concretizando sua revolução da ternura ajustando a dose ao público que o escuta em cada momento. E no "plano" de Francisco, a família se converte num "lugar privilegiado no qual se experimenta a alegria do perdão, porque se tem a certeza de ser compreendidos e apoiados apesar dos erros".[15]

O papa sabe que a família é a melhor das escolas para pôr em prática a ternura. É o manancial de equilíbrio de que tanto necessita o mundo contemporâneo.

---

[15] Homilia na Festa da Sagrada Família, 27 de dezembro de 2015.

O PAPA DOS ROHINGYAS

Imagina apenas por um momento que, em vez de ter despertado hoje em sua casa, tivesse despertado em Kutupalong, o assentamento improvisado de refugiados rohingyas que se encontra em Bangladesh, ou em algum campo de refugiados que mancham o mundo. Talvez agora estivesse esperando numa fila imensa para poder receber uma vasilha com água e algumas medidas de arroz e óleo com que alimentar sua família, se é que ficou alguém vivo depois das matanças perpetradas friamente na Birmânia.

A primeira vez em que escutei o Papa Francisco falar dos rohingyas fiquei perplexa. Era o ano de 2015. Não imaginava então que um dia acabaria em Roma. Trabalhava em Madri, na equipe de Carlos Herrera, o conhecido jornalista da Rede COPE. Na reunião costumeira de redação, comentei com meus companheiros o impacto que tinham causado em mim as imagens de um barco de aparência miserável carregado de famílias aterrorizadas e famintas, sem forças sequer para pedir comida. Eram trezentas e cinquenta pessoas e estavam a dois meses navegando sem que nenhum país quisesse socorrê-las, nem sequer levar-lhes água e comida.

Chegavam a portos onde não as deixavam atracar. Numa tentativa de levar algo à boca, mastigavam até as cordas do barco. Por falta de água, bebiam a própria urina. Conforme passavam os dias, atiravam mais cadáveres pela borda do barco. Afinal, uns simples pescadores da ilha de Sumatra tiveram piedade deles e os levaram à terra firme em suas embarcações.

Por mais ênfase que pusesse ao narrar a tragédia dos rohingyas, vagando sem rumo pelo golfo de Bengala, a proposta de abordar o tema no programa não teve muito êxito naquele dia. Havia competição demais com outros assuntos de "interesse nacional". Por isso fiquei surpresa ao ler que o papa tinha se referido a eles nessa mesma manhã durante a missa matutina celebrada em Santa Marta: "Pensemos nos pobres rohingyas. Fogem de sua pátria para escapar da perseguição e não têm para onde ir. Expulsam-nos de todos os lugares. Uma tragédia que está sucedendo hoje diante dos olhos de todos".[1]

A partir daquela primeira homilia na Casa Santa Marta, os rohingyas, sem o saber, tinham um defensor no Vaticano. Alguém que os olhava com ternura de longe e aproveitava qualquer ocasião para lhes mostrar a sua proximidade. Esta é outra das qualidades de Francisco: enviar "telegramas de afeto" a quem ele acha que precisa dele, até que, por

---

[1] Em 19 de maio de 2015.

fim, possa esbanjá-lo cara a cara, embora seja em viagens esgotantes para uma pessoa de mais de oitenta anos.

A sua autoridade moral se agiganta quando se sente a coerência entre o que diz e o que faz.

Vive a ternura que prega, e com uma radicalidade das que exigem complicar a sua vida. Não se detém em simples gestos. Propôs-se a lutar contra a indiferença com a qual o mundo tratava os rohingyas e, de certa forma, o conseguiu.

A ternura de Francisco tem raízes evangélicas. Encarna a figura do Bom Pastor. Desvela-se pela ovelha que está ferida, perdida e enferma. E faz isso através de uma arma secreta que ele mesmo denominou "a ciência das carícias". É muito mais fácil do que parece.

> Ternura! O Senhor nos ama com ternura. O Senhor conhece esta bela ciência das carícias, esta ternura de Deus. Não nos ama com as palavras. Ele se aproxima (proximidade) e nos dá esse amor com ternura. Proximidade e ternura! Estas duas maneiras do amor do Senhor que se faz próximo e nos dá todo o seu amor, inclusive com as mínimas coisas: com a ternura. E este é um amor forte, porque a proximidade e a ternura nos fazem ver a fortaleza do amor de Deus.[2]

Dificilmente ouvimos Francisco aconselhar ou pedir algo que não tenha vivido ou posto em prática pessoalmente. Por isso começou a mexer "os paus" que considerou necessários para ajudar de uma forma eficaz os rohingyas. E a notícia chegou até eles, até Bazar de Cox, a sete mil e seiscentos quilômetros de Roma.

---

[2] Homilia na Casa Santa Marta, em 7 de junho de 2013.

Quando o dia se articula entre plásticos, juncos e lixo, o importante é chegar ao dia seguinte. Cerca de um milhão de pessoas vive agora mesmo amontoadas no campo de refugiados maior do mundo, em Bazar de Cox, em Bangladesh. Ali perambulam na miséria mais de setecentos mil rohingyas, uma minoria muçulmana da qual os militares que controlam Birmânia tiraram a nacionalidade em 1982 e, depois, começaram a eliminar paulatinamente, apropriando-se de suas terras, queimando as suas casas e matando muitos diante do resto da aldeia.

No meio desses assentamentos, construídos às costas do mundo, os rohingyas tentam lançar raízes numa terra que não é sua e em terrenos não aptos para a vida humana. Constituem a maior comunidade apátrida do mundo. As crianças rohingyas sabem bem o que significa fugir sem olhar para trás, embora corram sozinhas porque mataram seus pais. Há também centenas de pais órfãos de filhos, porque só os mais fortes sobrevivem no nada. A vida não parece melhorar para os que viram morte demais.

Francisco já tinha feito seu esse sofrimento. Desde aquela primeira vez que apareceu no balcão da fachada central da basílica de São Pedro, o enfoque do seu olhar estava dirigido para as periferias. Uma proposta em si revolucionária, com um único sentido: mostrar ao mundo – em primeiro lugar aos católicos – que, ao nos ocuparmos com os descartados, enfermos, desempregados, presos, refugiados, idosos ou as pessoas sem lar, encontraríamos resposta para nossa própria existência.

Em Roma tenho a sorte de me encontrar com grandes companheiros, correspondentes de outros meios de comunicação, acostumados a trabalhar em equipe, em cujos esquemas mentais não entra esconder informação para que a concorrência não fique sabendo.

O jornalista Dario Manor foi o primeiro que me avisou, já em Roma, que o papa iria até onde pudesse para fazer algo pelos rohingyas. Graças ao olho clínico desse *freelancer* versátil, aprendi a descobrir histórias por trás de simples manchetes, e sua ajuda foi decisiva em Bangladesh.

No final de três anos, o papa das periferias tornara-se o único líder mundial empenhado em defender uma minoria de religião muçulmana: os rohingyas. Depois de vários apelos sem resposta desde a janela do Vaticano, em seus Ângelus dos domingos, decidiu que devia passar das palavras aos gestos.

Ele sabia que, ao ir ao foco do problema, enfrentava uma de suas viagens mais complicadas, mas não podia tolerar o silêncio da comunidade internacional diante de uma crise humanitária que clamava ao céu. Buscava precisamente isso, que o mundo se conscientizasse do terrível abuso que estava sendo cometido contra eles, e, além disso, ia fazê-lo ao "estilo Francisco": de frente, reunindo-se com os envolvidos com a limpeza étnica.

E em 26 de novembro de 2017 tomou um avião rumo à Birmânia.

Assim que aterrissou em Rangum, o papa aceitou receber o comandante chefe das Forças Armadas birmanesas, o general Min Aung Hlaing. Era uma estranha reunião:

Francisco e um chefe militar. Esse general, porém, exercia o controle sobre o país e, portanto, era o responsável pelo massacre contra os rohingyas.

Fomos informados mais tarde, pelo próprio Papa Francisco, o que ocorreu naquela conversa: "A mensagem que eu queria dar, eu dei, e sei que chegou...".

Como não queria deixar nenhum fio solto, transferiu-se para a capital Naipyidaw para falar com o presidente da República e com a conselheira de Estado e ministra do Exterior, Aung San Suu Kyi. Basta dar uma olhada nas entrevistas que manteve na Birmânia para comprovar que bateu em todas as portas possíveis. Faz parte da estratégia vaticana e da diplomacia pessoal de Francisco: não recriminar em público, mas falar com clareza privadamente.

A segunda etapa daquela viagem era Bangladesh, o país que acolhia os rohingyas fugidos. Quase se notava que o papa queria chegar o quanto antes a Daca. Necessitava encontrar-se por fim com esses refugiados e denunciar já abertamente perante a comunidade internacional o que tinha recriminado privadamente aos responsáveis pelo genocídio: "Nenhum de nós pode ignorar a gravidade da situação, nem o fato de que a maioria das vítimas da violência, da expulsão e do êxodo em massa de umas seiscentas mil pessoas nos últimos meses, são mulheres e crianças amontoadas nos campos de refugiados".[3]

Finalmente chegou o momento mais esperado pelo papa e por todos os jornalistas. Antes de começar a viagem,

---

[3] Discurso perante as autoridades em Bangladesh, 30 de novembro de 2017.

os católicos da Birmânia o tinham aconselhado a não pronunciar a palavra *rohingya* – que tem matiz político – para não levantar suspeitas e gerar ainda mais problemas para essa minoria étnica. Mas ninguém pode controlar Francisco.

No final de um encontro com líderes muçulmanos e leigos de Bangladesh, Francisco pôde saudar dezesseis refugiados, membros de três famílias fugidas da Birmânia, que sobreviviam no campo de refugiados de Bazar de Cox.

Era quase impossível conter as lágrimas à medida que um intérprete traduzia ao papa as atrocidades que tinham sofrido em suas aldeias, antes de conseguir escapar. Iam apresentando-se um a um com timidez. O papa não soltava as suas mãos. Em seus rostos parecia sentir-se a dor e até se via que estavam assustados. Estavam vestidos com roupa emprestada. Notava-se que não era do seu tamanho.

Creio que é o único encontro dos vividos com o papa no qual ninguém sorria.

Esperando na fila encontrava-se Mohamed Ayud, com trinta e dois anos que pareciam cinquenta.

Ajudado pelo tradutor, contou ao papa que os militares birmaneses assassinaram o seu filho de três anos jogando-o ao fogo, sem que pudesse fazer nada para impedir. Atrás dele vinha a pequena Shawat Ara, de nove anos. Diante dos seus olhos tinham matado seus pais, dois irmãos e dois tios. Salvou-se graças à ajuda de outro tio seu, Jafar Alam, que, apesar de caminhar ferido por um disparo, conseguiu deixá-la a salvo em Bazar de Cox.

Uma das mulheres desse grupo fez um gesto muito importante. Instantes antes de aproximar-se do papa tirou o *niqab*, o véu que cobria por completo o seu rosto. Era uma forma de dizer-lhe que, como muçulmana, sabia que estava na frente de um homem santo.

Eles falavam, apesar de terem sido advertidos a se limitarem unicamente a cumprimentar o papa. Quando se deu conta de que não estavam permitindo que eles agissem com liberdade e que os queriam retirar logo do cenário, doído por essa atitude mesquinha, Francisco dirigiu-se a um dos organizadores para dizer que fossem tratados com respeito.

Depois de escutar a todos, um a um, o papa – segundo confessou na viagem de volta – achou que não podia ir embora daí sem lhes dizer nada, por isso pediu o microfone e se deixou levar pelo que seu coração lhe dizia: "Em nome daqueles que vos perseguiram, vos peço perdão".

O líder espiritual mais importante do mundo acabava de pedir-lhes perdão por crueldades que ele não tinha cometido. Insólito. Ninguém o tinha feito até o momento.

Ainda não nos tínhamos refeito do impacto dessas palavras quando o papa acrescentou: "Não fechemos o nosso coração. Não olhemos para outro lado. A presença de Deus hoje se chama rohingya".

Nesse momento desatou o caos no centro de imprensa de Daca, de onde a maioria dos jornalistas seguia sem pestanejar o encontro, tentando não perder nada.

"Ele disse, ele disse... Vocês escutaram", perguntavam uns.

"Não disse. Estou certo", respondia outro semeando ainda mais dúvidas.

Assistíamos ao instante mais importante em nível informativo. Era vital assegurar-se.

"Claro que não. Disse uma palavra que soava parecida", mas nada de *rohingya* insistia um jornalista estadunidense.

Ficávamos cada vez mais nervosos.

"Pois eu vou arriscar. Estou quase certo", concluía outro no desespero.

Pedimos ajuda aos jornalistas que se encontravam junto ao papa naquele momento. Sagrario Ruiz de Apodaca, correspondente da Rádio Nacional de Espanha (RNE), fazia parte do *pool*, como se chama o grupo reduzido de jornalistas que vão em representação do resto nos encontros com o papa, nos quais é impossível acomodar a todos. Através de um sistema de informação interno, organizado pela sala de imprensa vaticana para os jornalistas que voam com o pontífice, Sagrario insistia de modo terminante que Francisco tinha citado os rohingyas. Foi providencial que gravasse aquelas palavras improvisadas pelo papa. Uma vez verificado, as principais agências de todo o mundo soltaram essa manchete urgente que estavam desejando emitir: "O papa pronunciou a palavra *rohingya*".

Nesse exato momento eu tivera que sair do centro de imprensa para buscar um lugar com boa cobertura para entrar ao vivo na rádio. Estava a ponto de fazê-lo, quando vi vir correndo como um raio Dario Menor, para dar-me esse dado tão importante. Foi um detalhe de companheirismo que nunca esquecerei. Antes de ele mesmo contar a informação, preferiu avisar-me. Não é preciso dizer que aquele dado se tornou a manchete da viagem.

Fake news também é criar expectativas e que o êxito da viagem dependa delas. É curioso que alguns grandes meios internacionais de comunicação tenham posto como critério do "triunfo" desse esgotante périplo de Francisco que pronunciasse as oito letras da palavra *rohingya* durante sua estadia na Birmânia e Bangladesh. Não importava a quantidade de vezes que o tinha feito terminantemente desde Roma nos últimos anos.

Não foi a pressão dos meios que conseguiu que o papa desse o passo. No voo de volta, Francisco abriu o seu coração aos jornalistas, ao relatar o seu encontro com essas pessoas. "Comecei a sentir algo por dentro. Eu chorava. Procurava que não se visse. Eles também choravam."

Pessoalmente, posso dizer que foi, sem dúvida, a entrevista coletiva na qual vi o papa mais comovido. Tinha percorrido dezessete mil quilômetros para tentar resgatar milhares de pessoas da violência. O rohingyas precisavam de que Francisco sacudisse a nossa indiferença.

A mesma indiferença que nos leva a seguirmos comodamente onde estamos, com o que temos. E eles a permanecer onde estão, com o que não têm. Em Bazar de Cox, para mais informações.

QUANDO JANETH SE ENCONTROU COM FRANCISCO NA PRISÃO

Poucos sons são tão brutais como o das portas de uma prisão fechando-se às suas costas. Um interminável e áspero chiado o recorda que existem duas formas de viver neste mundo. Dentro ou fora. Entre a rotina de um horário inflexível – interrompido apenas por recontagens e registros pontuais – e a liberdade.

Francisco tem uma querença especial pelos presos. Conhece muito de perto o que ocorre atrás dos muros de uma prisão. Ali, num cárcere, se concentram as novas formas de cativeiro que tanto comovem o papa: violência, solidão, delinquência, marginalização, drogas, sofrimento, famílias destruídas e todo tipo de necessidades humanas e afetivas. Ali onde não há liberdade, Francisco quer estar presente. E, por uns instantes, consegue que, atrás da grade metálica, pessoas condenadas por muitos motivos diferentes descubram que a pior das prisões é um coração fechado e sem esperança. Quando conseguem abri-lo, sentem-se um pouco mais livres.

Cada vez que Francisco entra num cárcere, faz-se sempre as mesmas perguntas: "Por que eles estão presos e eu não? Tenho mais méritos que eles para não estar ali? Por que eles caíram e eu não? É um mistério que me aproxima dos que estão nas prisões".

Suas perguntas são sinceras. Coloca-se no lugar de quem está privado de liberdade. Uma ternura intensa que não pode ser considerada sinal de fraqueza. Só os fortes são capazes de mostrá-la sem medo.

Alguns dos presos que visita nos cárceres cumprem condenação por fatos graves, inclusive detestáveis. Pagam uma pena por erros cometidos, mas continuam sendo pessoas. Essa é a razão que o leva a visitar cárceres sempre que pode. "O Senhor não fica fora dos cárceres. Está dentro de suas celas", recordava Francisco aos capelães das prisões italianas.[1] Por esse motivo, em muitas de suas viagens internacionais reserva um tempo para se aproximar de uma prisão.

O padrão pelo qual se rege Francisco, cada vez que entra num cárcere ou vai em busca dos que a sociedade considera descartados, é sempre o mesmo: que quem sofre se sinta acompanhado, querido, compreendido e consolado pelo papa.

---

[1] Audiência aos participantes do Congresso Nacional de capelães das prisões italianas, 23 de outubro de 2013.

Pouco tempo depois de chegar a Roma, Javier Martínez-Brocal, diretor da agência televisiva Rome Reports, surpreendeu-me com um comentário: "Ao que ainda não consegui acostumar-me, é com as visitas do papa às prisões. Continuo comovendo-me cada vez que vejo as imagens para preparar minhas crônicas".[2]

Esse jornalista é uma referência em Roma e sempre acerta, por isso me propus a estar presente em alguns destes encontros do papa. Bem cedo comprovei a dificuldade do intento, porque Francisco quer que suas visitas aos centros penitenciários sejam à porta fechada. Sem câmaras nem jornalistas. Que nada possa romper a intimidade de sua conversa com os presos.

O seu costume de visitar as prisões não é novo. Na realidade, Francisco leva meia vida pondo-o em prática. Fazia isso em Buenos Aires e continua escrevendo a muitos presos. Sabemos que está em contato com algum condenado à morte. Para manter a relação com eles, aos domingos costuma telefonar aos reclusos do centro penitenciário de Ezeiza, o maior da Argentina. A maioria dos internados desse cárcere está ali por delitos de drogas, contra a propriedade ou contra as pessoas.

Um dos módulos dessa prisão alberga um grupo de detidos que tentam aprender uma profissão. Quando chegaram a ele notícias sobre o êxito que estava tendo uma oficina de música, não duvidou em lhes enviar uma videomensagem para felicitá-los:

---

[2] Javier Martínez-Brocal é autor de *El papa de la misericordia*, Barcelona, Planeta, 2015, e *El Vaticano como nunca te lo habían contado*, Barcelona, Planeta, 2018.

E a vida – vocês sabem – é um presente, mas um presente que se há de conquistar cada dia. É-nos dado, mas temos que conquistá-lo cada dia [...]. Ânimo cada dia. Dificuldades aos montões, todos as temos, mas deste presente cuidamos e o fazemos progredir, cuidamos dele e o fazemos florescer.

Não lhe escapa que muitos dos presos cumprem penas grandes por delitos pequenos, e que o dia a dia costuma estar cheio de violência e de corrupção. Por isso os convida à esperança. Para que, enquanto cumprem a condenação, ponham a sua meta em projetos futuros em liberdade, para que sua passagem pelo cárcere tenha sentido:

> Os internos estão pagando uma pena, uma pena por um erro cometido. Mas não nos esqueçamos de que, para que a pena seja fecunda, deve ter um horizonte de esperança, do contrário, fica encerrada em si mesma e é somente um instrumento de tortura, não é fecunda.[3]

Viver em Roma e aparecer cada dia na Praça de São Pedro o permite conhecer grandes histórias entre os turistas e peregrinos que deambulam por esse lugar, rodeados por essa colunata quase hipnótica de Bernini. Durante meu tempo livre, gosto de perder-me entre eles como se fosse uma turista a mais, observando as suas reações, escutando os comentários que fazem em voz alta e adivinhando os motivos que os trouxeram até Roma.

Uma das imagens que tenho gravada tem como protagonista Tomasz Komenda, um polonês de quarenta e um

---

[3] Videomensagem ao Centro de Estudantes Universitários do Conjunto Penitenciário Federal de Ezeiza, 24 de agosto de 2017.

anos que tinha passado quase vinte anos de sua vida no cárcere, apesar de ser inocente.

Conheci-o junto com seus pais num desses "passeios" pela Praça de São Pedro em busca de histórias. Aquele dia era quarta-feira e tinha notado que, ao terminar a Audiência Geral, Francisco se deteve mais do que o habitual com um rapaz ruivo, pouco expressivo, acompanhado pelos que poderiam ser seus pais. Eles sorriam encantados ao papa, mas havia algo que "não encaixava" na contração dos músculos do rosto sério do jovem. Mais tarde compreendi perfeitamente o motivo.

Tinha sido acusado de violação e assassinato de uma menina de quinze anos. A frágil prova do delito se baseava no fato de o corpo da vítima apresentar alguns sinais que poderiam corresponder aos dentes de Tomasz. Uma revisão do caso em 2017 demonstrou que não cometeu o crime do qual era acusado. Entrementes, porém, teve que passar quase meia vida entre grades até sua inocência ser reconhecida. Seus pais sempre acreditaram nele e nunca o deixaram só na batalha perante os tribunais. Agora estão à espera de que o governo polonês admita o erro judicial e lhe conceda um ressarcimento econômico.

Tomasz nunca poderá esquecer o que viveu na prisão. É bem conhecido o tratamento que o resto dos presos inflige a quem acreditam ser culpado de um delito de violação e assassinato de uma mulher.

"Durante os últimos vinte anos estive me perguntando: que mal fiz para que minha vida se convertesse num inferno?" São palavras que Tomasz repete para si mesmo, a modo de mantra, desde que recuperou sua liberdade.

Fazia apenas dois meses que estava livre, mas, um dos primeiros desejos que quis cumprir, junto com os seus idosos pais, foi viajar a Roma para se ajoelhar diante dos restos de São João Paulo II, o papa polonês a quem tanto tinham rezado.

Francisco ficou sabendo da história de Tomasz através do seu esmoler, o cardeal polonês Konrad Krajewski – a pessoa que se encarrega de fazer obras de caridade em nome do papa –, e quis saudar tanto Tomasz como a seus pais ao terminar a Audiência Geral das quartas-feiras.

Naquela manhã de junho, o calor era muito forte em Roma e o sol era ofuscante, mas, quando Francisco viu Tomasz, foi com energia dar-lhe um forte abraço. Os olhos do inocente condenado tinham tão recente o horror vivido, que mal pareciam manifestar qualquer emoção. Entendiam-se graças à tradução do Cardeal Krajewski. Não falavam o mesmo idioma, apenas podiam comunicar-se, mas, como costuma suceder nesses casos, a linguagem do carinho rompe barreiras. O duro Tomasz também não pôde resistir aos abraços de Francisco. O abraço de um pai é sempre grande e afetuoso, esférico!

Notei que o papa estava muito comovido. Os pais de Tomasz também. Tomasz ia reagindo às mostras de afeto do papa. Depois de lhes dar uns rosários, chamou-me a atenção que o próprio Francisco insistia – algo pouco habitual nele, pois as fotografias não o entusiasmam – que todos juntos tirassem algumas fotos de recordação.[4]

---

[4] Em 13 de junho de 2018.

Para celebrar o acontecido, naquele dia Tomasz e seus pais comeram na casa de Dom Conrado, como o chamam em Roma os que recebem ajuda do cardeal esmoler. No comando da cozinha estava Enzo, um ex-detento que, depois de cumprir uma longa condenação na prisão, colabora com a Esmolaria Apostólica preparando comida para levar às pessoas sem teto que vivem nas estações de Roma. Quando lhe contaram a história de Tomasz, Enzo quis dar a ele um presente com o que melhor sabia fazer: cozinhar uma *amatriciana*.

Parece fácil, mas, na realidade, os espaguetes à *amatriciana* põem à prova os melhores cozinheiros. A tal ponto se leva a sério essa receita, que a Itália pediu à Unesco que a considere patrimônio cultural da humanidade. Trata-se de um molho à base de tomate com um pouco de tempero picante, com pedacinhos de *guanciale* (papada – muito típica na Itália). Enzo meteu-se na cozinha com a concentração dos melhores chefes.

"Sei o que significa estar na prisão por esses delitos e sei o que é servido para comer no cárcere. Por isso vou preparar-lhe um almoço único, como nunca teve atrás das grades."

Quando pela tarde cruzei com Tomasz e seus pais na Praça de São Pedro, comprovei aliviada que já sorria abertamente e pensei no poder do carinho, que derrete anos de dor.

***

A primeira prisão na qual entrei foi a de El Acebuche de Almería, anos antes de transferir-me para trabalhar em

Roma. Durante dois dias, estive convivendo com os presos para preparar um programa de rádio da Cadeia COPE, chamado "Fim de semana", dirigido pela jornalista Cristina López Schlichting.

Ainda hoje me lembro com precisão dos rostos curtidos de muitas pessoas que cumpriam pena. Mas, sobretudo, me deixaram gravadas as sensações que experimentei aí dentro, ao caminhar pelas galerias, pelo pátio do centro penitenciário ou pelas celas. Ali sentia falta de ar.

Em El Acebuche descobri também que atrás dos muros de todas as prisões há nomes próprios. Ali estavam Yara e seu quilo e meio de bolas de coca que quase a levaram à morte, quando uma rebentou ao chegar ao aeroporto de Barajas. Ou Alexis, crescido num orfanato de Romênia e tarimbado na delinquência espanhola, que sonhava em abrir um colégio em seu país para ajudar as crianças com problemas. Tinha acabado de terminar na prisão a carreira de magistério com louvor e exibia um sorriso aberto. Estava também Samuel. Em seu pescoço ainda eram visíveis suas três tentativas de suicídio. A traqueostomia urgente que tiveram que fazer nele, não o impedia de seguir falando cinco idiomas, nos quais renegava as drogas do álcool que o levaram ao roubo com violência. Apesar de tudo, estava convencido de que fora da prisão há pessoas mais infelizes do que ele.

Em suas viagens internacionais, Francisco visitou alguns dos cárceres mais perigosos do mundo. Esteve no de Palmasola, na Bolívia, uma espécie de cidade-prisão onde convivem quatro mil detentos por delitos graves. Um lugar onde são frequentes tanto os motins que terminam de forma sangrenta como as rixas entre bandos de presos que disputam o poder no presídio. Um dia antes que o papa visitasse o cárcere da Ciudad Juárez no México, em outra prisão próxima, a de Topo Chico, cinquenta e dois presos perderam a vida numa rixa multitudinária.

Cada vez que o papa entra numa prisão, é como se não tivesse que fazer outra coisa mais importante no mundo. Alheio à comitiva que o companha, o que realmente lhe importa é apertar a mão que lhe estende um, abençoar os objetos religiosos que lhe mostra outro e conhecer os familiares que lhe indicam numa fotografia.

Durante a sua viagem a Milão, o papa dedicou nada menos que três horas de sua intensa agenda a visitar a gigantesca prisão de San Vittore. Esteve conversando com os presos comuns, mas também visitou uma galeria de proteção especial que guarda presos que são policiais, transexuais e pedófilos, para protegê-los das agressões de outros internos. O motivo de ir vê-los – confessou-lhes Francisco – era seguir o conselho de Jesus, quando disse: "Estava no cárcere e viestes visitar-me. Para mim vós sois Jesus, sois meus irmãos. O Senhor vos ama tanto como a mim. Somos irmãos pecadores".

Como se entreteve mais do que o previsto a falar com os detidos, pediu com toda simplicidade para utilizar o quarto que o capelão tem na prisão a fim de poder descansar uns minutos antes de reiniciar o programa da tarde.[5]

Outro dia, na prisão de Nápoles, ficou para comer com cento e vinte reclusos. O menu era simples, mas preparado

---

[5] Em 25 de março de 2017.

com esmero pelos próprios internos: massa ao forno e bife com brócolis. De sobremesa, um típico doce napolitano, *sfogliatelle*, e, como exceção, meio copo de vinho para cada um em honra do papa. Naquela comida compartida se misturavam incredulidade, admiração e agradecimento por parte dos detidos, os quais não conseguiam acreditar que estavam compartilhando o alimento diário com o papa. Antes de almoçar, Francisco quis dizer-lhes algo muito claro: "Embora tenhamos errado, o Senhor não se cansa de nos indicar o caminho de volta e do encontro com ele. Nada poderá jamais nos separar do amor de Deus. Nem sequer as barras de uma prisão".[6]

Palavras de Francisco. Ternura vital aplicável a todos. Também quando se cumpre condenação.

Na viagem internacional que Francisco fez ao Chile, em janeiro de 2018, dois anos depois de minha chegada a Roma, consegui, por fim, acompanhá-lo em sua visita a uma prisão.

Tive a sorte de fazer parte do reduzido grupo de jornalistas que, em representação dos demais, esteve presente na primeira visita de um papa a um presídio de mulheres.

Tinha o pressentimento de que ia assistir a um dos momentos mais emotivos daquela viagem. E não só para nós. De fato, durante o voo de volta, o próprio Francisco confirmou que dificilmente esqueceria as mulheres com as quais conversou naquele cárcere chileno.

Para entrar no presídio, tivemos de passar por até três controles de segurança. Éramos apenas doze jornalistas,

---

[6] Em 21 de março de 2015.

entre redatores, câmaras e fotógrafos, mas o registro exaustivo alongou-se além do previsto. Os ruídos das grades abrindo-se e fechando-se à nossa passagem me recordavam a prisão de El Acebuche, embora me parecesse tudo mais escuro e sinistro. Pensei que, ao menos para mim, as portas não eram só de entrada.

Ali, na prisão San José, em Santiago de Chile, pude conhecer Janeth.

À entrada do presídio, esperava Francisco uma dúzia de reclusas com crianças pequenas. Uma delas estava grávida, e o papa a abençoou com especial carinho.

Quando Francisco pôs o pé no cárcere, lançaram oitenta e um balões brancos ao céu. Cada um com o nome de um dos internos que morreram no incêndio do cárcere chileno de San Miguel. Uma tragédia ocorrida em 2010 e que marcou um antes e um depois na história penitenciária do país.

A visita durou apenas quarenta e cinco minutos. Tempo suficiente para que o papa conseguisse mudar a forma de ver passar a vida de mais de seiscentas reclusas, em sua maioria jovens. Fazia um calor intenso e as internas se abanavam com o folheto que continha a letra das canções que iam cantar ao papa.

Ao entrar, vi que muitas das detentas eram mães e levavam seus filhos nos braços. Quando as crianças cumprem dois anos, têm de separar-se delas, porque não podem continuar no cárcere. Uma ruptura que as enche de angústia e aumenta a dor de sua estadia na prisão. Pediram-nos que, por respeito, não tirássemos fotos.

A prisão inteira estava decorada com flores de papel e tiras coloridas com frases de Francisco sobre os presos. Numa delas se lia, por exemplo: "Reclusão não é o mesmo que exclusão".

O encontro com o papa teve lugar no ginásio. Receberam-no cantando a plenos pulmões a copla que tinham inventado para a ocasião:

> Soy un ave enjaulada,
> con un dolor escondido
> y con mis alas quebradas,
> te recibo, papa mío.[7]

Uma das que cantava com todas as suas forças era Janeth Zurita. As próprias presas a elegeram para saudar o papa em nome de todas. Cumpria condenação de quinze anos de prisão por tráfico de drogas.

Chamou-me a atenção que das paredes do ginásio pendiam centenas de gruas feitas de papel branco. Perguntei por seu significado a Diana, que se tinha vestido de vermelho intenso para receber o papa e que trazia na cabeça dezenas de tranças enfeitadas com fitas coloridas. Contou-me que as estava fazendo há semanas.

Parece que, após o bombardeio de Hiroshima, uma menina foi afetada pela radiação da bomba. Havia uma lenda popular que garantia a quem fizesse mil gruas de papel que lhe seria concedido um desejo, e a menina pensou que se as fizesse poderia melhorar. A menina morreu sem poder

---

[7] Sou uma ave engaiolada, com uma dor escondida, e com minhas asas quebradas, te recebo, papa meu.

acabá-las todas, mas seus amigos as terminaram por ela e desde então o grou é símbolo de esperança e de paz.

Justo antes que chegasse o papa, numa esquina do ginásio, Janeth esperava nervosa o momento de ler a sua mensagem em nome de suas companheiras. Para aliviar as tensões, contou-me a sua história: "Minha vida inteira foi puro cárcere. Quando pequena, ia todas as semanas ver o meu pai, que estava preso. Quando ele saiu à rua, assassinaram-no com um disparo na cabeça, num ajuste de contas".

Disse-me isso sem pestanejar, como quem já o assumiu, reconciliada com sua dor. E seguiu acrescentando detalhes, enquanto eu tentava digerir o que estava a me contar.

Depois da morte de seu pai, Janeth se tornou a cabeça da família e se pôs à frente de uma loja de móveis que as levou à ruína. No final, desesperada, abraçou uma oportunidade para obter dinheiro fácil e se tornou traficante de droga. Conseguiu dar de comer à sua família e até pôde comprar uma casa. Quando, em 2008, aos vinte e cinco anos, nasceu o seu filho, não lhe faltava nada. Tinha se acostumado à vida cômoda. Essa vida rompeu-se em mil pedaços no dia em que a pegaram distribuindo droga e acabou na prisão. Mas, entre aqueles barrotes e junto com outras mulheres na mesma situação, a sua vida deu outro giro. Onde menos se esperava, encontrou-se com Deus. E por isso se ofereceu para encabeçar os preparativos para a recepção do papa.

Estava me contando isso, quando Francisco entrou no ginásio e agitou a festa. As internas das primeiras filas levantavam seus filhos ao alto para que ultrapassassem as grades de segurança e o papa pudesse tocá-los. Entretanto, o resto das companheiras aplaudia entre lágrimas desde as arquibancadas superiores.

Sem mais preâmbulos, Janeth falou ao papa e o cumprimentou em seu nome e no de todas as reclusas do Chile:

> Papa amigo, nossos filhos são os que mais sofrem por nossos erros. Com a nossa privação de liberdade, os seus sonhos são trucados e esta é uma dor profunda para nós. Peço que diga a Deus que tenha misericórdia de nossos filhos, já que eles também cumprem condenação, sendo inocentes. Que Deusinho tenha misericórdia também de nós e que nos dê seu amor e graça para suportar tanta dor e para que nunca nossa fé se apague.

Francisco a escutava em silêncio, sem deixar de olhar nos olhos. Suas companheiras assentiam, enquanto passavam umas às outras pacotes de lenços de papel. O ginásio tinha uma cobertura de chapa, e por isso o calor era sufocante, mas ninguém parecia importar-se com isso. Era preciso abanar-se com o que se tivesse à mão. Janeth terminou o seu discurso elevando a voz e voltando-se para o papa, para que todos pudessem escutá-la bem: "Nós erramos, causamos dano e hoje, publicamente diante do senhor, Papa Francisco, pedimos perdão a todos os que prejudicamos com nosso delito. Sabemos que Deus nos perdoa, mas pedimos que a sociedade também nos perdoe".

Depois de fundir-se num abraço com a "marca Francisco", o papa recordou a Janeth e ao resto do mundo que ser privado de liberdade não é o mesmo que estar privado de dignidade:

Quanto temos a aprender dessa atitude tua cheia de coragem e humildade! Todos nós temos que pedir perdão, eu o primeiro. Todos. E, por certo, ser privado da liberdade não é o mesmo que estar privado da dignidade. Queridas irmãs, não. Não dá tudo no mesmo. Cada esforço que se fizer para lutar por um amanhã melhor, embora muitas vezes pareça cair num saco furado, sempre dará o seu fruto e se verá recompensado. A dignidade se contagia mais do que a gripe. A dignidade gera dignidade.

O ginásio parecia vir abaixo com os aplausos. Os funcionários do presídio se olhavam surpresos... e sorrindo. Em sua vida, nunca tinham visto uma festa tão alegre nesse lugar.

Ao despedir-me, Janeth repetia com decisão, para que não me restasse dúvida alguma, que iria lutar por seu filho, cumpriria sua condenação e viajaria a Roma para que Francisco a visse em liberdade. Ficamos de ver-nos em Roma. Prometi a ela uma celebração com toda a pompa.

O papa saiu da prisão com uma caixa de madeira debaixo do braço, um presente das reclusas que continha um livro com cartas de internas de todo o país.[8]

A história de Janeth tem por ora final feliz. Descobriu que toda prisão tem uma janela da qual aparecer.

***

Em várias ocasiões Francisco escolheu uma prisão para celebrar os ofícios de Quinta-feira Santa, como fazia já em seu tempo de arcebispo de Buenos Aires.

---

[8] 16 de janeiro de 2018.

Assim que foi eleito, o papa foi à prisão para jovens de Casal del Marmo, em Roma, onde lavou os pés de doze rapazes e moças, incluindo uma jovem muçulmana. Em 2015, foi para o enorme complexo penitenciário de Rebibbia, nos arredores de Roma, onde cumprem condenação cerca de dois mil e quinhentas pessoas entre homens e mulheres.

Nessa prisão, Francisco se ajoelhou para lavar os pés de uma reclusa nigeriana e de seu filho pequeno de três anos, que observava com olhos surpresos, o que um ancião vestido de branco fazia com os pés de sua mãe. Depois de secá-los, beijou-os com infinito cuidado, como se se tratasse de um objeto de grande valor. Ainda estava ajoelhado diante dela, quando levantou a cabeça e dirigiu aos dois um amplo sorriso. Foi só um instante, mas encerrava tanta ternura que o resto dos homenzarrões rudes e tatuados que esperavam a sua vez com dificuldade puderam conter as lágrimas.[9]

Alguns desses presos nunca tinham sequer recebido um gesto de carinho na vida e, agora, se encontravam com um papa que lhes beijava os pés e lhes dizia que "Jesus nunca se cansa de amar a ninguém".

Anos mais tarde, em 2018, foi celebrar o ato central da Quinta-feira Santa no histórico cárcere romano situado no Transtevere. Regina Coeli é o nome de um antigo convento de carmelitas dedicado à Virgem que havia nesse lugar. Quando chegou à penitenciária, dirigiu-se, em primeiro lugar, à enfermaria, onde esteve visitando os detidos internados. Depois, na cerimônia, Francisco lavou os pés de outros doze presos, incluídos dois muçulmanos, um ortodoxo e um budista.

---

[9] Em 2 de abril de 2015.

Ali Bahaze é um dos presos muçulmanos cujos pés o papa lavou naquela Quinta-feira Santa. Tinha fugido da Argélia quando era adolescente e as más companhias fizeram o resto, mas a prisão ajudou-o a mudar. Agora trabalha na enfermaria e, quando conseguir a liberdade, gostaria de dedicar-se ao cuidado de pessoas mais velhas. No momento da lavação dos pés, ele não conhecia o ritual e o papa percebeu, por isso se pôs a explicar-lhe que Jesus, na última ceia, lavou os pés de seus discípulos e que, se ele quisesse, gostaria de fazer o mesmo com os presos do cárcere.

"Eu não podia acreditar, mas, quando se aproximou de mim, comecei a chorar... Todos somos humanos e todos cometemos erros. Mas se me derem outra oportunidade, não falharei. Aqui não volto mais. Para mim foi como uma carícia de Deus", conta Ali ao se lembrar disso.

Ao concluir a celebração, Francisco foi saudar alguns reclusos em regime de isolamento e de proteção especial por terem cometido graves delitos de violência sexual.

Nessa visita o papa se mostrou muito contundente em rejeitar a pena de morte: "Toda pena deve estar aberta ao horizonte da esperança, por isso não é nem humana nem cristã a pena de morte, porque não conduz nem à esperança nem à reinserção".[10]

Há meses o Papa Francisco preparava o terreno para uma reforma do *Catecismo da Igreja Católica* que excluísse por completo a pena de morte.

---

[10] Em 29 de março de 2018.

Meses antes, num discurso por ocasião do vigésimo quinto aniversário do Catecismo, Francisco – seguindo o rumo marcado por João Paulo II e Bento XVI – declarava com absoluta clareza que a pena de morte era "inadmissível" em qualquer circunstância. Naquela ocasião, acrescentou que o texto devia ser modificado para excluir essa condenação em todos os casos, recolhendo "não só o progresso da doutrina a cargo dos últimos pontífices, mas também a nova consciência do povo cristão, que rechaça a pena que danifica gravemente a dignidade humana".[11]

A sua posição diante da pena de morte foi sempre tão radical que se atreveu a mostrar a sua rejeição inclusive perante o Congresso dos Estados Unidos. Não só se tornou o primeiro chefe da Igreja Católica a intervir no Capitólio, mas, num discurso histórico e corajoso, pediu aos congressistas do parlamento mais poderoso do planeta a abolição mundial da pena de morte.[12]

O anúncio oficial de sua eliminação definitiva do Catecismo foi uma autêntica bomba mediática em agosto de 2018. O Vaticano apresentava o novo texto revisado, no qual a Igreja se comprometia, ademais, a lutar pela abolição da pena de morte em todo o mundo.

Naquele momento a Anistia Internacional tinha a constatação de que em vinte e três países se continuam executando réus, entre eles China, Sri Lanka, Coreia do Norte, Irã, Paquistão, Arábia Saudita, Somália e Estados Unidos.

---

[11] Em 11 de outubro de 2017.
[12] Em 24 de setembro de 2018.

Apenas em 2017, mais de duas mil e quinhentas pessoas foram condenadas à morte em cinquenta e três países.

Enquanto até agora o Catecismo permitia considerar a pena de morte "se esta fosse o único caminho possível para defender eficazmente do agressor injusto as vidas humanas", a nova redação do n. 2267 ficava modificada da seguinte forma: "A Igreja ensina, à luz do Evangelho, que a pena de morte é inadmissível, porque atenta contra a inviolabilidade e a dignidade da pessoa, e empenha-se com determinação a favor da sua abolição em todo o mundo".

Assim como outros papas passaram para a história por condenar a escravidão, Francisco será lembrado por ter resolvido a matéria pendente da Igreja com a pena de morte. Nesse processo, porém, teve grande protagonismo uma mulher, a espanhola María Asunción Milá, veterana defensora dos direitos humanos e mãe de doze filhos. Passara toda a sua vida a lutar por essa causa e tinha escrito várias cartas ao papa pedindo que se mudasse o Catecismo.

Estando para completar cem anos e com uma cabeça prodigiosa, María Asunción Milá não conseguia acreditar na ligação que acabava de receber do Vaticano. Queriam informar pessoalmente a ela tão transcendental notícia: o papa tinha mudado o Catecismo para declarar inadmissível a pena de morte.

Enquanto atendia o telefonema, brotaram-lhe as lágrimas.

"Sinto uma alegria imensa. A decisão foi do papa. Eu unicamente levo minha vida toda trabalhando nisso e é a Igreja que fez história", repetia sempre de novo nas inumeráveis entrevistas daqueles dias.

A sua batalha pessoal contra a pena de morte tinha começado em 2 de março de 1974, quando, na Espanha, foi executado o militante anarquista Salvador Puig Antich, a última pessoa executada pelo método do garrote vil. María Asunción ficou tão impressionada, que decidiu transformar a abolição da pena de morte num dos objetivos de sua vida. Por esse motivo, fundou, em 1976, a Associação Espanhola contra a Pena de Morte e chegou a ser vice-presidente da Anistia Internacional na Espanha.

Uma vez conseguido que essa pena ficasse excluída da Constituição espanhola, propôs-se a solicitar a revisão desse ponto concreto do Catecismo.

> Não podia ser que a Igreja considerasse legítima a pena de morte. Era uma contradição. Matar o homicida é multiplicar sem fim o homicídio. Por isso, desde aquela primeira vez que o Papa Francisco assomou no balcão quando foi eleito, soube que com ele seria possível. E comecei a enviar-lhe a mesma carta sempre de novo. A primeira delas, quando acabava de completar um mês de sua nomeação, dizia o seguinte: "Desde Sevilha, e com os meus noventa e três anos, venho suplicar-lhe pelos pobres mais pobres entre os pobres, por aqueles que no corredor da morte de muitos países esperam que lhe seja tirado a última coisa que têm, que é a vida. [...] Rogamos e suplicamos que se suprima do Catecismo a legitimidade que outorga a este homicídio, que, sendo um ato programado, legalizado e com liturgia própria, carece das circunstâncias pelas quais poderia ser considerado um ato de legítima defesa".

Finalmente, um dia recebeu em sua casa de Sevilha uma carta escrita e assinada pelo Papa Francisco, na qual se lia: "Tomo em conta o que me diz sobre o Catecismo e pedirei que se estude a mudança".

O papa levava tempo pedindo informações, consultando teólogos e movendo o emaranhado burocrático vaticano para consegui-lo. Tinha-o antecipado a Lídia Guerrero, a mãe de um preso argentino, Víctor Hugo Saldaño, que levava mais de vinte anos no corredor da morte numa prisão do estado do Texas. Em junho de 2016, recebeu-a no Vaticano para abraçá-la e confortá-la.

Tanto ele como seus antecessores moveram os fios da diplomacia vaticana para pedir clemência e evitar que se executassem condenados. Umas vezes com êxito e outras não. De muitas dessas gestões, nunca ficaremos sabendo.

Mas ele sonha em ser o último sucessor de Pedro a ter que pedir piedade por um condenado à morte.

***

Quando me perguntam por algum dos momentos inesquecíveis em Roma, a minha resposta é sempre a mesma: ter visto a basílica de São Pedro completamente abarrotada de presos. Jamais uma igreja tinha acolhido tantos milhares de pessoas acostumadas a viver entre grades.

Os momentos importantes da vida deixam marcas estranhas na memória: um som particular, uma cor do céu, odores. Fixar-me nessas caras trabalhadas pelo sofrimento, acostumadas a ter todo o tempo do mundo para escarvar em si mesmo e ver como se extasiam diante da beleza da basílica vaticana, produziu em mim uma emoção difícil de explicar.

Francisco quis reservar os "pratos fortes" do Jubileu da Misericórdia para os dois pontos fracos da sociedade: os presos e os pobres.

Conseguir levar a Roma reclusos de todo o mundo não foi uma tarefa fácil. O trâmite para obter as permissões converteu-se numa autêntica filigrana burocrática. Da Espanha chegaram uns trinta e cinco internos, com uma permissão especial concedida por Instituciones Penitenciarias, através do Departamento de Pastoral Penitenciária da Conferência Episcopal Espanhola. Pela primeira vez na história, um grupo numeroso de presos deixava o cárcere por uns dias para assistir a uma convocatória do papa.

Por mais surpreendente que pareça, não se estabeleceu nenhum dispositivo de vigilância especial. Voluntários, capelães e funcionários das distintas prisões velavam para que tudo transcorresse com normalidade. Houve internos que chegaram a Roma acompanhados por familiares. Respirava-se liberdade.

Paqui viajou desde uma prisão andaluza. Era a primeira vez que tomava um avião, e cada uma das visitas que fazia a distintos monumentos de Roma era um acontecimento: "Não vou embora daqui sem atirar uma moeda na Fontana de Trevi"; "Que fina é a Piazza Navona!". "Não imaginava que o Coliseu fosse tão grande". Tudo era um sonho. Passeava como uma turista normal. Eu me uni a uma dessas rotas e, de repente, entre uma catacumba e uma colunata romana, me disse assim, como quem quer uma coisa: "Não sei se me entenderá, mas me sinto tratada como uma pessoa. Pela primeira vez, em muito tempo, me sinto alguém".

Não pude responder-lhe nada. Fiquei calada ruminando por dentro a magnitude das suas palavras. Imaginei a dificuldade de uma vida como a de Paqui, dentro de uma prisão na qual tudo é pago e tudo se vende. Na qual o risco é contínuo. Um passo em falso, e qualquer coisa pode acontecer-lhe aí dentro. Fora, porém, era tudo diferente. Todos a tratavam como a uma igual, e Paqui se sentia uma pessoa.

Na nave central da basílica de São Pedro, habilitaram assentos para umas quatro mil pessoas. Os arquitetos que tornaram possível essa obra de arte – Gramante, Rafael, Sangallo, o Jovem, Michelangelo, Maderno e Bernini – nunca poderiam imaginar que suas paredes albergariam reclusos procedentes de doze países: África do Sul, Espanha, Estados Unidos, Inglaterra, Itália, Letônia, Madagáscar, Malásia, México, Países Baixos, Portugal e Suécia. Entre eles alguns condenados à prisão perpétua.

Debaixo do baldaquino de Bernini, tinham sido colocadas, nos dois lados do altar, duas imagens muito simbólicas para presidir a cerimônia. Numa ponta estava exposto um crucifixo do século XIV, o mais antigo da basílica de São Pedro, como um sinal de esperança e de misericórdia. Na outra, rodeada de flores, uma Mãe, a Virgem da Mercê, padroeira das pessoas privadas de liberdade, representada levando em seus braços a Jesus com uma corrente partida. Ao seu redor, pululavam alguns presos que atuavam como nervosos coroinhas.

Antes de o papa chegar para presidir a celebração, foram ouvidos os testemunhos de quatro participantes: um interno completamente arrependido de seu delito, acompanhado da vítima, que o perdoou; o irmão de uma pessoa assassinada; um menor de idade que está cumprindo a sua pena e um agente da polícia penitenciária italiana.

A homilia do papa foi um chamamento à esperança:

> Que nenhum de vós se feche no passado. É certo que a história passada, mesmo se o quiséssemos fazer, não pode ser reescrita. Mas a história, que começa hoje e aponta para o futuro, está ainda toda por escrever, com a graça de Deus e a vossa responsabilidade pessoal. Queridos reclusos, hoje é o dia do vosso jubileu. Que hoje, diante do Senhor, se reacenda a vossa esperança.[13]

É inenarrável a felicidade e a emoção de todas essas pessoas. Impossível descrever o que sente um coração que recupera a esperança. Chelo vinha de Castellón, e em nome do resto dos reclusos teve a ocasião de aproximar-se e saudar o papa: "Deu-me um engasgo de emoção. Entreguei a ele umas cartas de minhas companheiras e pedi que perdesse dois minutos de seu tempo para lê-las. Ele riu, me abraçou e pus-me a chorar".

Quando propuseram a Nieves, que estava a ponto de receber o terceiro grau penitenciário, viajar a Roma para participar no jubileu, pensou que estavam brincando com ela. Em sua vida, jamais fora convidada a viajar. Demorou a assimilar o fato. Ao finalizar a cerimônia, estava convencida de que algo importante ia mudar em sua vida: "Depois de todo o mal por que passei, tenho a fé e a esperança de que Deus vai me ajudar. As coisas não mudaram, mas

---

[13] Homilia na missa do Jubileu dos Encarcerados, 6 de novembro de 2016.

parece-me que tudo irá melhorar. Pelo menos sinto a paz em meu interior".

Não contente com as palavras que lhes tinha dirigido durante a homilia, o papa voltou a fazer referência, durante a reza do Ângelus, à situação dos internos nos centros penitenciários. Pediu às instituições responsáveis que tomem medidas para "melhorar as condições de vida nos cárceres de todo o mundo e para que se respeite plenamente a dignidade humana dos detidos, também quando saírem da prisão".[14]

Provavelmente não existe lugar mais favorável para valorar a ternura de Francisco do que o interior de um cárcere.

---

[14] Ângelus de 6 de novembro de 2016.

GENEVIÈVE, A FREIRA QUE REPREENDEU O CARDEAL BERGOGLIO

A freira francesa Léonie Duquet foi vítima de um dos terríveis voos da morte. Era a forma habitual de fazer desaparecer os opositores políticos durante as ditaduras militares da Argentina e Uruguai, entre os terríveis anos de 1975 e 1983.

Fazia-se com que os prisioneiros cressem que eram transferidos de prisão. Enquanto os aviões sobrevoavam o oceano, eram anestesiados e jogados ao mar, seminus e sem nenhum objeto que permitisse a sua identificação. Embora não haja certeza sobre o número de pessoas assassinadas dessa maneira, poderiam ser mais de cinco mil, segundo as confissões de alguns militares que participaram dessas missões.

De vez em quando, o mar cuspia os corpos nas praias, e então eram sepultados em fossas comuns clandestinas ou eram entregues à polícia. Um deles foi o cadáver de Léonie, que o mar restituiu à praia em 1977 e que só pôde ser identificado pelos legistas em 2005.

A irmã Léonie Duquet era a tia da irmã Geneviève Jeanningros, uma freira boa de briga, que então tinha cinquenta e nove anos, e não duvidou em "pôr os pingos nos is" com o Cardeal Jorge Mario Bergoglio, porque lhe pareceu que não tinha agido bem.

A força de irmã Geneviève, apesar de agora ter uma respeitável idade, é arrasadora. Veste um hábito azul-claro, da mesma cor dos seus olhos, e vive num trailer, junto com outras três religiosas de sua Ordem, as Irmãzinhas de Jesus de Charles de Foucauld. Compartilham um recinto com trabalhadores de feiras ambulantes e pessoas que se dedicam ao mundo do circo em Roma.

Desde o ano de 1949, a sua tia Léonie estava designada a Buenos Aires. Pertencia a outra congregação, a Ordem das Irmãs das Missões Estrangeiras, e quando chegou se dedicou a ensinar Catecismo a crianças incapacitadas, a oferecer ajuda aos indígenas mapuches e a assistir e curar enfermos de lepra. Quando estourou aquela obscura época da guerra suja, decidiu dar assistência espiritual às famílias que buscavam desesperadamente seus entes queridos. Na igreja da Santa Cruz de Buenos Aires se reuniam as mães que tentavam obter informação sobre desaparecidos. Durante um daqueles encontros, os militares irromperam repentinamente no templo e não se soube mais nada dela.

Pontualmente, cada sexta-feira entre 1976 e 1979, os voos da morte lançavam na foz do Rio da Prata umas cinquenta e cinco pessoas. Era uma forma rápida e cruel de fazer desaparecer sem rasto milhares de pessoas. Num daqueles voos, depois de tê-la torturado durante vários dias seguidos, irmã Léonie Duquet foi lançada ao mar junto com outra irmã de sua ordem. Seus próprios verdugos, com ironia, as chamaram de *freiras voadoras*.

Quando os médicos legistas conseguiram se certificar de que entre os restos da fossa comum se encontravam os de Léonie, o então cardeal arcebispo de Buenos Aires, Jorge Mario Bergoglio, deu permissão para que se pudesse enterrá-la junto com outras três mulheres assassinadas da mesma maneira – Esther Ballestrino de Careaga, Maria Ponce e Ângela Auad, cofundadoras, entre outras, das Mães da Praça de Maio –, nos mesmos jardins onde tinham sido sequestradas, os da Igreja da Santa Cruz.

No dia do funeral e do enterro, o Cardeal Bergoglio teve que se dedicar a outros assuntos e nem ele nem nenhum representante da diocese assistiu à cerimônia.

As famílias se sentiram sozinhas. Pareceu-lhes um desprezo por parte da Igreja. A diminuta irmã Geneviève não pensou duas vezes e enviou uma dura carta de protesto ao Cardeal Bergoglio, aproveitando que ele estava de passagem por Roma, onde ela vive.

Nesse mesmo dia, à noite, irmã Geneviève recebeu um telefonema do futuro papa. Tinha lido a sua carta e queria dar-lhe explicações: "Pensei que, uma vez concedida a permissão, já havia ficado bem claro que queríamos apoiar as famílias", tentava justificar-se o arcebispo de Buenos Aires.

"Sim, mas não foi suficiente", rebateu irmã Geneviève ainda chateada. "Não bastava permitir que a deixassem enterrar, tinham que ter estado presentes na cerimônia..."

Do outro lado da linha, o então Arcebispo Bergoglio ficou em silêncio durante alguns segundos.

"Pois tem razão... Sinto muito, peço-lhe perdão. Levarei isso em conta, quando voltar a se apresentar uma ocasião semelhante..."

Irmã Geneviève ficou desconcertada pela simplicidade com que o seu interlocutor lhe apresentou desculpas. Não imaginava que o arcebispo compreendesse o mal-estar das famílias tão facilmente. O Padre Jorge ainda acrescentou algo mais: "Muito obrigado por ter-me dito que agi mal. É assim que temos que comportar-nos entre irmãos".

Anos depois, já como papa, recebeu no Vaticano um grupo de familiares de desaparecidos. Entre eles se encontrava a mãe nonagenária de Marie-Anne Erize Tisseau, uma jovem modelo franco-argentina desaparecida em 1976. Francisco a abençoou e lhe deu um beijo na testa, enquanto lhe dizia: "É o beijo a todas as mães que sofreram o desaparecimento de seus filhos".[1]

O que irmã Geneviève desconhecia, quando se chateou com Bergoglio, é que uma das três mulheres enterradas junto com a sua tia naquela igreja tinha deixado uma marca imperecedoura na vida de Francisco.

Todos tivemos algum professor que nunca esqueceremos. Pessoas que nos ajudaram a enfocar a nossa

---

[1] Em 23 de março de 2016.

capacidade de assombro para um ponto determinado. Que nos descobrem a saída que tanto buscávamos. E que conseguem dar-nos lições de vida que conservamos para sempre. Mestres imprescindíveis.

O papa teve a sorte de encontrar uma dessas pessoas.

Esther Ballestrino de Careaga foi a sua primeira chefe quando, em 1953, aos dezessete anos de idade, e por conselho de seu pai, começou a trabalhar. Conseguiu um emprego como perito químico nos laboratórios Hickethier Bachman, de Buenos Aires. Designaram-no para a seção dirigida por essa bioquímica paraguaia de grande prestígio.

Esther tivera que fugir de seu país aos vinte e nove anos por questões políticas. Militava no Partido Revolucionário Febrerista, de ideologia comunista, e também tinha sido fundadora do movimento feminista do Paraguai.

O papa lembrou, em numerosas ocasiões, o bem que lhe fez o exemplo dessa mulher. Com ela descobriu a importância de realizar bem o seu trabalho, de terminá-lo bem, corretamente, sem fazer serviço malfeito.

"Vossa mãe foi uma grande mulher, idealista e lutadora." Assim a definiu diante de suas filhas, Ana, Maria e Mabel, quando foram visitá-lo em Roma.

> Eu me lembro de que, quando lhe entregava uma análise, me dizia: "Como fizeste rápido!". E, em seguida, me perguntava: "Mas tiraste bem a medida ou não?". Então eu lhe respondia que, para que ia fazer isso, se depois de todos os anteriores esse devia dar mais ou menos o mesmo. "Não, é preciso fazer bem as coisas", me repreendia. Definitivamente, ensinou-me

a seriedade do trabalho. Realmente devo muito a essa grande mulher. Queria muito bem a ela.[2]

Quando Jorge Bergoglio já era sacerdote, em junho de 1977, os militares sequestraram uma das filhas de Ester, Ana Maria, líder então de um sindicato comunista. Para fazer força comum por sua libertação, Esther, junto com outras mães em situação semelhante, fundou o movimento das Mães da Praça de Maio.

Na base da tenacidade, conseguiram que sua filha fosse libertada depois de quatro meses de detenção ilegal e torturas. Mas não terminou aí a tragédia, pois Esther foi sequestrada no dia 8 de dezembro de 1977, durante aquela reunião com irmã Léonie Duquet. Tampouco ela apareceu com vida.

Assim como Léonie Duquet, a tia de irmã Geneviève, seus restos puderam ser identificados em 2005, e sua família entrou em contato com o então Cardeal Bergoglio para enterrá-la no jardim da igreja de Buenos Aires, onde a prenderam. Embora Ester não fosse crente, naquela igreja tinham começado as reuniões do grupo de mães.

O cardeal aceitou, embora soubesse que essa decisão não seria entendida por todos, como de fato aconteceu. Pela primeira vez, uma paróquia albergava restos de vítimas da ditadura.

Uma parte da sociedade argentina mantinha Jorge Mario Bergoglio em observação. A clareza de ideias e o pulso firme com o qual tomava decisões quando considerava que

---

[2] Testemunho em Sergio Rubin e Angela Ambrogetti, *El jesuíta: conversaciones con Jorge Bergoglio*, Barcelona, Ediciones B., 2014.

eram corretas lhe haviam angariado inimigos. Por seu trabalho como provincial dos jesuítas, foi tachado de rígido e conservador, e, desde sua nomeação como arcebispo primaz de Buenos Aires, uma parte da direita argentina o qualificava de demasiado tíbio e até chegaram a acusá-lo a Roma de falta de ortodoxia.

Paralelamente surgiram as críticas sobre o papel da Igreja durante a última ditadura militar, e também se acusou Bergoglio de conivência com o poder. Diante de todos os ataques, optou pelo silêncio. Não costumava estar na defensiva. Sabe que a história porá as coisas em seu devido lugar e prefere centrar seus esforços no que dá sentido a sua vida: o serviço à Igreja.[3]

Evangelizar por atração

Uma das facetas de Francisco que mais atrai os não crentes é a sua delicadeza ao marcar o caminho. Deixa sempre uma ampla margem para liberdade pessoal. Francisco evangeliza por atração. Digamos que exerce uma "sedução" da ternura: transmite a fé por "contágio" voluntário.

Para o papa, estender a fé tem muito pouco a ver com a imposição ou com conseguir adesões, como se se tratasse de apoiar uma equipe de futebol ou uma campanha política: "Testemunhar na vida de todos os dias aquilo em que se crê, faz-nos justos aos olhos de Deus, suscitando curiosidade

---

[3] Muito desenvolvido no livro de Elisabetta Piqué, *Francisco, vida y revolución*, Madrid, La Esfera de los Libros, 2013.

nos que nos rodeiam. A Igreja cresce por atração. E a transmissão da fé se dá com o testemunho, até o martírio".[4]

O apostolado do exemplo. Mudar atitudes com a admiração que a coerência de vida produz nos demais. É a mesma "tática" de Jesus no Evangelho. É o exemplo que vimos em muitos santos e que o Papa Francisco tenta fazer seu, recordando sempre com carinho aquelas pessoas que deixaram marca em sua vida, como foi a sua primeira chefe, Esther Ballestrino de Careaga.

Durante a Jornada Mundial da Juventude na Polônia, em agosto de 2016, Francisco convidou um grupo de quinze jovens para comer. Um deles lhe perguntou com entusiasmo: "O que posso dizer a um companheiro de classe que é ateu e que não crê? Que argumento posso usar?".

A resposta de Francisco deixou-o surpreso: "Olhe, a última coisa que tens que fazer é dizer-lhe algo. Comece a comportar-te de tal maneira que a inquietação que ele tem dentro dele o leve a perguntar-te por que ages assim. Aí então poderás começar a dizer algo".[5]

Anos antes, o fundador do diário italiano *La Repubblica*, Eugenio Scalfari, publicara no jornal uma carta dirigida ao papa na qual expunha as suas dúvidas sobre a fé, colocadas do ponto de vista de uma pessoa não crente e que também não busca a Deus.

Francisco decidiu responder a essas dúvidas com outra carta na qual lhe recordava que a fé não é intransigente, mas que deve escutar os outros. Aconselhava também os

---

[4] Homilia em Santa Marta, em 3 de maio de 2018.

[5] Em 30 de julho de 2016.

não crentes a seguirem o caminho da coerência: "Para quem não crê em Deus, a questão está em obedecer a sua própria consciência. O pecado, para os não crentes, é agir contra a própria consciência".[6]

Para uma pessoa tão acostumada a estender pontes, dialogar com ateus não supõe nenhum problema. Há muito para compartilhar, e caminhando juntos se descobre que em temas essenciais se fala o mesmo idioma. Todos nós queremos encontrar a verdade, e essa busca pode ser feita sempre em companhia, sem necessidade de enredar-se em discussões que terminam levantando barreiras.

Antes de ser papa, Jorge Mario Bergoglio era muito renitente a conceder entrevistas, mas, desde sua eleição, é como se tivesse assumido o desafio, e o considera parte de seu trabalho. Nunca se negou a responder com transparência aquelas questões que podem ajudar a entender a sua visão sobre distintos temas. Fez isso primeiro com o jesuíta Antonio Spadaro, que o entrevistou para *La Civiltà Cattolica* e outras muitas revistas jesuítas de diferentes países do mundo. O impacto foi imenso, e o resultado foi publicado no livro intitulado *Minha porta está sempre aberta*.[7]

Fez isso também recentemente, concedendo duas entrevistas de temática muito diversa. Uma delas com o jornalista argentino Hernán Reyes Alcaide, num livro sobre América Latina, por ocasião do décimo aniversário do *Documento de Aparecida*, um texto fundamental para entender muitas das mensagens de Francisco. Ao longo de quatro

---

[6] Carta publicada em *La Repubblica*, em 4 de setembro de 2013.
[7] Antonio Spadaro, *Mi puerta está siempre abierta*, Barcelona, Planeta, 2014.

longas entrevistas, o papa explica quais são as suas preocupações sobre o desemprego, o cuidado do meio ambiente num mundo preocupado em conseguir benefícios, as diferenças entre o populismo e o popular etc.[8]

A outra entrevista tem como protagonista a vida religiosa. Um texto no qual se constata que Francisco não evita perguntas comprometedoras e incômodas sobre problemas da Igreja. Trata-se da entrevista do claretiano Fernando Prado, "A força da vocação", fruto, como as anteriores, de um esplêndido encontro na Casa Santa Marta no verão de 2018.[9]

Noutra dessas longas conversações convertidas em livro, Francisco aborda, com o sociólogo francês, Dominique Wolton, o modo de dialogar com uma pessoa ateia. O autor descobre que Francisco é "um papa ao mesmo tempo humano, modesto e dotado de uma grande determinação, com seus dois pés postos na história. O seu papel não tem nada a ver com o dos grandes dirigentes políticos do mundo e, no entanto, tem que se confrontar com eles constantemente".

Esse sociólogo francês, teórico da comunicação e especialista em *mass media*, recorda ao papa a dificuldade que a Igreja teve sempre para estabelecer relações com os não crentes. Francisco lhe responde:

> Não se deve falar nunca com adjetivos. A verdadeira comunicação se realiza com substantivos. Quer dizer, com uma pessoa. Esta pessoa pode ser agnóstica, ateia, católica, judia..., mas

---

[8] Hernán Reyes Alcaide, *Latinoamérica*, Barcelona, Planeta, 2017.
[9] Fernando Prado, *La fuerza de la vocación*, Madrid, Publicaciones Claretianas, 2018.

tudo isto são adjetivos. Eu, por minha vez, falo com uma pessoa. Deve-se falar com uma pessoa. Com uma mulher, com um homem como eu.

A resposta não convenceu totalmente a Dominique Wolton. "Mas, então, como se pode dialogar com uma pessoa ateia?", insiste.

O papa responde muito direto: "Pois a última coisa que se deve fazer é pregar a um ateu. Deves viver a tua vida, escutá-lo, mas não deves fazer apologia".[10]

Quando fala com pessoas que optaram por erradicar Deus de sua vida, o papa as anima a utilizarem uma "bússola moral" como instrumento comum para orientar a conduta. Nada a ver com os rigorismos ou com o cumprimento de uma série de normas descarnadas que oprimem. "Moral é pagar honestamente os operários, pagar honestamente o serviço doméstico, promover o trabalho decente..." Argumentos de Francisco. Coerência de vida, uma das palavras-chave de seu magistério.

O papa sabe que, na coerência, radica a credibilidade. Sem uma coerência visível na própria vida, torna-se impossível ganhar o respeito e converter-se em autoridade moral.

O papa no trailer de um acampamento de feirantes

A coerência é também uma aposta de irmã Geneviève, a "freira guerreira". Como se ocupa em ajudar espiritualmente

---

[10] Dominique Wolton, *Papa Francisco: política y sociedade*, Madrid, Encuentro, 2017.

a feirantes, vive com eles num terreno, num trailer muito semelhante ao do resto, junto com outras três irmãs de sua congregação. Assim compartilha seus temores, mas também suas alegrias e esperanças.

Encontra-se perto do Lido, um pequeno parque de atrações muito perto de Roma. São conhecidas como Irmãzinhas de Jesus, e nessa congregação vivem em pequenas comunidades formadas por três ou quatro religiosas que compartilham o mesmo teto e as mesmas circunstâncias de vida que seus vizinhos.

Desde aquela reprimenda ao Cardeal Bergoglio, irmã Geneviève continuou mantendo contato com ele, mas nunca teria chegado a imaginar que o veria chegar um dia como papa e que entraria em seu trailer.

A vida não é fácil para a comunidade de feirantes com a qual vive irmã Geneviève. O dia a dia de uma pessoa que se dedica a essa profissão costuma ser itinerante. Carregam a vida nas costas. Nunca podem criar raízes. Além disso, um simples temporal pode acabar com todo o dinheiro investido na temporada de feiras.

"Santo Padre, nós o esperamos no parque." Sempre de novo, quando tinha ocasião, irmã Geneviève gritava essa cantilena ao papa, quando cruzava com ele em alguma Audiência Geral das quartas-feiras, no corredor do Vaticano ou numa visita a uma paróquia de Roma.

Essa brava e diminuta freira acompanhava o convite com histórias sobre a vida precária que sofrem os feirantes, e o tinha convidado a descobri-la *in situ*.

A ocasião chegou de forma imprevista, aproveitando que o papa visitava uma paróquia vizinha. "Quando soube que vinha a uma paróquia de Óstia, muito perto de nosso parque de atrações, voltei a mandar-lhe uma carta dizendo que só tinha que atravessar a rua. Que o esperávamos, porque aqui fazia muita falta."

Apenas ao passar a vista pelo recinto se comprova que a vida naquele espaço não é nem fácil nem cômoda. No parque trabalham vinte famílias, no total, umas cem pessoas. A zona que adaptaram para habitação está separada do resto do parque por paredes de madeira reutilizadas, chapas, material reaproveitado.

Naquele domingo de primavera, foi o próprio Francisco que pediu a seu serviço de segurança para parar e fazer uma visita aos feirantes de irmã Geneviève, antes de ir à paróquia.[11]

Ao entrar no recinto, a primeira coisa que Francisco fez foi aproximar-se do trailer emprestado no qual viviam as três freiras anciãs. Ficou impressionado como tinham improvisado uma minicapela, cuidada com esmero, posto que um de seus fins é a propagação do culto eucarístico e da vida contemplativa no meio do mundo.

Francisco rezou diante do pequeno sacrário situado no melhor lugar do trailer.

Entretanto, entre os feirantes tinha corrido a notícia de que o papa se encontrava ali, e, por isso, começaram a se aglomerar do lado de fora, junto com suas famílias.

---

[11] A visita se realizou no dia 3 de maio de 2015.

Irmã Geneviève os ia apresentando ao papa um a um. À Stefania, que estava grávida de um menino que se chamaria Oscar, em homenagem ao avô, Francisco perguntou quando ia nascer. Outra, sem pensar duas vezes, pediu ao papa para segurar a sua filha e tirar dos dois uma foto com o celular. Num canto, um feirante romano, ainda incrédulo, chorava.

Os feirantes não acreditavam em seus olhos. O papa se movia entre eles sem escolta nem vigilância, e sem que ninguém o impedisse. Francisco tinha muito interesse em que todos recebessem um rosário de presente, que ele mesmo lhes entregava.

Ao despedir-se, fez o sinal da cruz na fronte das religiosas e abençoou os feirantes. Fazia muito tempo que não viam tanta alegria em seu parque de atrações.

Embora no acampamento dos trabalhadores do parque não haja calçadas, nem caminhos nem asfalto, o pedaço de terra diante do trailer das freiras tem escrito um nome numa tábua de madeira: "Viale Papa Francesco".

O papa tem grande afinidade com as pessoas que trabalham no circo. É muito frequente que nas audiências gerais das quartas-feiras participe alguma das companhias, pequenas ou grandes, que passam por Roma. Procura sempre se deter uns instantes com eles, agradecendo-lhes por fazerem felizes as pessoas com o seu trabalho, porque muitas vezes, sem nem sequer se dar conta, "semeiam muito bem".

A tal ponto lhe importam, que quis dedicar-lhes uma jornada do Jubileu da Misericórdia. Naquele dia, a majestosa Sala Paulo VI do Vaticano converteu-se no cenário dos artistas de rua que acudiram a Roma para celebrá-lo.

"Sois artesãos da festa, da maravilha, da beleza: com estas qualidades enriqueceis a sociedade de todo o mundo, também com a ambição de alimentar sentimentos de esperança e confiança." Uma forma magistral de aplaudir um trabalho nem sempre reconhecido pelo público.[12]

Dolores e Antônia: duas religiosas que deixaram marca na vida de Bergoglio

Quando o papa fala de ternura, tem sempre na cabeça pessoas que ao longo de sua vida lhe ensinaram a vivê-la de forma prática. Entre elas, duas religiosas: Dolores e Antônia.

Irmã Dolores foi sua catequista da primeira comunhão e, desde então, foram amigos. Quando aos vinte e um anos tiveram que lhe extirpar a parte superior do pulmão direito, em consequência de uma grave infecção, ela foi a única que lhe disse palavras que o encheram de paz: "Estás imitando Jesus".

Francisco manteve amizade com Dolores durante toda a vida e, no dia do seu falecimento, quando era já o Cardeal Bergoglio, passou a noite inteira em oração em sua casa, acompanhando-a na câmara-ardente.

A outra religiosa que deixou uma marca imperecedoura no papa foi a irmã Antônia, das Irmãzinhas da Assunção, fundadas pelo Padre Étienne Pernet, as quais o próprio Francisco continua chamando de "anjos silenciosos", como deixou refletido no prólogo de uma biografia sobre esse sacerdote.

---

[12] Em 16 de junho de 2016.

O pequeno Jorge Mario Bergoglio acabava de nascer, quando a irmã Antônia entrou pela primeira vez em sua vida. No dia seguinte, foi à sua casa no bairro Flores de Buenos Aires, para ver como passavam tanto a mãe como o recém-nascido.

E, desde aquele dia, sempre estiveram em contato. Desde o primeiro momento impressionou-lhe o trabalho das religiosas dessa congregação. Entram nas casas dos que precisam delas, sobretudo de enfermos muito pobres. Em muitas ocasiões, acodem de noite, velando a dor dos que já não têm ninguém que os queira. Curam suas feridas e os lavam de cima a baixo, cortam as unhas de seus pés, mudam sua roupa, limpam a casa e preparam comida para eles. Tudo como se não fizessem nada. Depois voltam para o convento e rezam muitas horas prescindindo do cansaço.

Francisco via no trabalho dessas mulheres um exemplo claro da revolução da ternura, modelo para todo batizado:

> Mediante simples gestos de limpeza, de medicação, as freiras pregam Jesus Cristo melhor que qualquer sermão. A única força capaz de conquistar o coração dos homens é a ternura de Deus. O que encanta e atrai, o que abre e liberta das cadeias não são nem a força dos instrumentos nem a dureza da lei, mas a fraqueza onipresente do amor divino: a força irresistível de sua doçura e a promessa irreversível de sua misericórdia.[13]

Francisco é consciente de que hoje em dia não se pode evangelizar sem o testemunho concreto da caridade, sem

---

[13] No prólogo do livro de Paola Bergamini, *Il Vangelo guancia a guancia: vita di padre Stefano Pernet*, Milano, Piemme, 2018.

mostrar a misericórdia de Deus através de detalhes e gestos de ternura com as pessoas. A mensagem central do cristianismo se resume numa única linha: "Amarás a Deus sobre todas as forças, e ao próximo como a ti mesmo".

Trata-se de uma forma de amar sublime, extrema, difícil de entender. É o que diferencia os que optam por viver o Evangelho de forma radical e os outros: amar entregando-se por si, em pequenas e grandes coisas da vida, sem buscar títulos nem agradecimentos.

ÀS SEXTAS-FEIRAS, ENCONTROS COM AS VÍTIMAS DE ABUSOS SEXUAIS

Olhando fixamente para a câmera e pronunciando suas palavras sem pestanejar, o papa soltou à queima-roupa ao diretor de cinema Wim Wenders: "Contra a pederastia, tolerância zero. Os bispos devem afastar de sua função [...] os sacerdotes que têm essa enfermidade, e inclusive acompanhar a denúncia dos pais nos tribunais civis. Tolerância zero, porque é um crime".

Não foi preciso uma segunda tomada. A firmeza de Francisco deixou Wim Wenders em silêncio, ele que ainda estava se acostumando com a sinceridade com a qual respondia abertamente às suas perguntas diretas e incômodas. Nessa ocasião, esperava que o papa tivesse ido pelas beiradas antes de ir ao foco da questão, pois não é frequente encontrar interlocutores que respondessem com essa contundência a perguntas comprometedoras para a instituição que representam.[1]

O papa não gosta de perder tempo. Fala claro e reage rápido diante do sofrimento, de frente, recebendo o touro de joelhos, mais ainda quando se refere a crimes infligidos por membros da Igreja.

Wim Wenders não queria rodar um documentário *sobre* Jorge Mario Bergoglio, mas *com* Jorge Mario Bergoglio. O Vaticano lhe deu carta branca e pôde entrevistá-lo praticamente em segredo ao longo de três sessões de filmagem. No dia da estreia, Wenders garantia que tinha descoberto em Francisco um "homem que vive o que prega. [...] Não sei de nenhum outro que vá visitar chefes de Estado e, horas depois, visitar presos de um cárcere. Não conheço essa pessoa", dizia o cineasta.

Enquanto Wenders apresentava *O Papa Francisco, um homem de palavra*, no encantador Festival de Cannes; no Vaticano, o papa enfrentava uma das maiores crises de seu pontificado. Chegava o momento de tomar as rédeas do escândalo que os abusos sexuais de menores, cometidos por membros da Igreja, tinham provocado no Chile.

A viagem internacional que Francisco fizera alguns meses antes ao Chile mudou tudo. Marcou um antes e um depois em seu modo de gerir essa crise dentro da Igreja. Ao voltar, decidiu intervir pessoalmente nos casos de encobrimento, dedicou muitas horas a falar com as vítimas, dirigiu a "limpeza" de sacerdotes que abusaram de menores

---

[1] *O Papa Francisco, um homem de palavra (Pope Francis: A Man of his Word)*, Wim Wenders, maio de 2018.

e exonerou bispos que tinham enfrentado as denúncias de forma negligente em vários países.

Francisco não tolera os encobridores: aqueles que tiveram em suas mãos a obrigação de fazer justiça e optaram pelo silêncio. Começou a abrir o jogo com clareza em 2015, com a demissão do arcebispo de Kansas City, não porque tivesse cometido abusos, mas por ter encoberto e deixado sem castigo os sacerdotes culpados. Atreveu-se, inclusive, a suspender de todo ministério público cardeais que pareciam "intocáveis", como o antigo arcebispo de Washington, Theodore McCarrick, aos oitenta e sete anos. Tinha sido acusado de comportamentos inapropriados com coroinhas quarenta e cinco anos antes, quando era sacerdote em Nova York, e de ter feito o mesmo com seminaristas em sua etapa de arcebispo de Newark. Como na disciplina interna da Igreja são os delitos mais graves, o papa deu um passo além, ao expulsá-lo do cardinalato. Em fevereiro de 2019, a Congregação para a Doutrina da Fé decidiu expulsá-lo do sacerdócio. Ele era considerado culpado de abusos a menores e a adultos, com o agravante de abusos de poder. Não era o primeiro cardeal com quem tomava medidas tão drásticas. Em 2015, decidiu tirar todos os direitos e prerrogativas cardinalícias do arcebispo de Edimburgo, Keith Patrick O'Brien, acusado de abusar de sacerdotes. Era preciso reparar demasiados anos de silêncio e encobrimento.

O epicentro da crise que sacudiu de cheio o Papa Francisco teve sua origem no Chile.

No último dia de sua visita a esse país, Francisco se dispunha a celebrar a missa de despedida em Iquique, ao pé de uma gigantesca duna que marca o começo do deserto de

Atacama, um dos mais áridos do planeta. Enquanto avançávamos a duras penas sobre a areia de Playa Lobito, Inés San Martín, a vaticanista de Crux, uma das páginas da Web sobre a Igreja mais influentes em língua inglesa, alertou-me sobre um comentário do papa que teve consequências: "Preste atenção, Eva, porque o papa acaba de fazer umas declarações sobre o Bispo Juan Barros que podem provocar feridas".

Efetivamente, nesse inóspito lugar costeiro, cenário de ralis como o legendário Dakar, nós, os jornalistas de língua espanhola que acompanhavam o papa no avião, começamos a ver-nos rodeados por microfones e câmeras de televisão de companheiros chilenos, para pedirem nossa impressão sobre a forma como Francisco estava abordando a crise dos abusos sexuais. Perguntavam-nos concretamente pelo bispo da cidade chilena de Osorno, Juan Barros.

Esse bispo estava sendo muito questionado no Chile. Era acusado de não ter denunciado um sacerdote amigo e mestre seu, Fernando Karadima, que abusara sexualmente de numerosos jovens, vários dos quais chegaram ao sacerdócio e ao episcopado, formando uma rede de encobrimento que criou uma enorme ferida dentro da Igreja chilena.

Tratava-se de um caso de podridão muito sério, que era preciso arrancar pela raiz. Os abusos cometidos por Karadima vieram à luz em 2010, e o Vaticano o castigou em 2011 a uma vida de penitência e retiro, afastado de qualquer ministério sacerdotal em público. A justiça chilena examinou o seu caso, mas não pôde fazer nada porque o delito tinha prescrito segundo a lei civil. O pior de tudo é que Karadima nunca pedira perdão. Também por isso, perto já dos noventa anos, foi expulso do sacerdócio por decisão do papa. Uma medida excepcional, conforme os graves delitos cometidos por esse sacerdote, que tinha sido muito popular na capital do Chile.

O caso é que em Iquique, sob um sol ofuscante, minutos antes de se vestir para a missa e diante da pergunta de uma jornalista chilena, o papa tinha defendido vigorosamente o bispo Juan Barros: "No dia que me trouxerem uma prova contra o bispo Barros, nesse momento falarei. Não há uma só prova em contrário. É tudo calúnia".[2]

Foram muito poucas palavras, mas resultaram demolidoras para a opinião pública chilena. As vítimas estavam há muito tempo denunciando que o bispo Barros tinha encoberto os abusos cometidos por Karadima.

Na viagem de volta, Francisco pediu desculpas por esse comentário, reconhecendo que o fato de que as vítimas não tinham provas ou não podiam provar não significa que não tivesse havido delito. Suas palavras foram muito claras:

> Devo pedir desculpas porque a palavra *prova* feriu muitas vítimas de abusos. E peço desculpas. Feri sem querer. E a mim dói muito, porque no Chile recebi vítimas e sei como se encontram e qual é a sua dor. Agora me dou conta de que minha expressão não foi feliz, porque não pensei.[3]

Mas algo mudou na volta dessa viagem. Diante do rebuliço causado, o papa se deu conta de que algo estava errado e decidiu pôr todas as suas cartas na mesa. Como primeira medida, dispôs que um dos maiores peritos vaticanos

---

[2] Em 18 de janeiro de 2018.
[3] Coletiva de imprensa no voo de volta da viagem ao Chile, 22 de janeiro de 2018.

na investigação de abusos sexuais, Monsenhor Charles J. Scicluna, arcebispo de Malta, viajasse ao Chile para ouvir todos os que quisessem falar e dar seu testemunho sobre o ocorrido. Nessa viagem esteve acompanhado pelo sacerdote espanhol Jordi Bertolomeu, jurista e grande conhecedor da matéria por seu trabalho na Congregação para a Doutrina da Fé, que finalmente teve que assumir essa missão papal por um inesperado internamento hospitalar do arcebispo de Malta, enquanto entrevistavam sobreviventes de abusos na capital chilena. Era a oportunidade para que as vítimas do sacerdote Fernando Karadima e os que acusavam o Bispo Barros de encobrimento pudessem falar com liberdade e sem temor de que suas denúncias fossem filtradas.

"Desta vez vão rolar cabeças", disse como de passagem Andrea Tornielli, então veterano jornalista de *La Stampa*, diante da mesa de redação da sala de imprensa vaticana. E mais uma vez teve razão.

Os predecessores de Francisco tinham marcado uma linha muito clara na hora de enfrentar a tragédia dos abusos. No ano 2002, João Paulo II reuniu em Roma todos os cardeais dos Estados Unidos e a executiva da Conferência Episcopal. Diante do que parecia estar por vir, lançou um aviso aos navegantes: "As pessoas devem saber que no sacerdócio e na vida religiosa não há lugar para os que causam dano aos jovens. [...] Tanta dor e tanto desgosto devem levar a um sacerdócio mais santo, a um episcopado mais santo e a uma Igreja mais santa".[4]

Bento XVI chegou a expulsar do sacerdócio mais de oitocentos abusadores, a maioria por delitos cometidos nos

---

[4] Em 23 de abril de 2002.

anos setenta e oitenta do século XX, provavelmente o pior momento da crise. Ainda ressoa na cabeça de muitos a contundência de suas palavras: "Eu me envergonho", pronunciadas no voo aos Estados Unidos, que se converteram em detonador de sua luta decidida contra a pedofilia.

No caso de funcionários da Santa Sé, intervém o Tribunal Vaticano que, em 2018, condenou o sacerdote Carlo Alberto Capella, conselheiro da nunciatura em Washington, a cinco anos de prisão por posse e distribuição de pornografia infantil.

A chave da estratégia do papa é que um só caso de abuso já é intolerável. Por isso aproveita qualquer ocasião, tanto em audiências gerais como nas homilias da Casa Santa Marta, para urgir a que se trabalhe na prevenção em grande escala e que se ponham em marcha protocolos completos que sirvam de modelo para outras instituições.

Para conscientizar a Igreja, criou em dezembro de 2013 a Comissão Pontifícia para Proteção de Menores, presidida pelo cardeal arcebispo de Boston, o capuchinho Sean O'Malley, que inclui também entre seus membros vítimas de abusos. Esse grupo tem como tarefa elaborar diretrizes e formar responsáveis das dioceses e das conferências episcopais para que detectem os abusos, ajudem as vítimas a recuperar-se do drama e ensinem os bispos a afastar os culpados.

Antes que o escândalo dos abusos sexuais em grande escala se agravasse, o papa tinha publicado já uma carta apostólica a todos os católicos, com um título que evoca a atitude atenta e cuidadosa que os bispos e todos os membros da Igreja devem ter diante das vítimas dessa tragédia. Intitula-se *Como uma mãe amorosa*, e é um documento no qual se estabelecem as normas para parar os bispos negligentes em casos de abusos sexuais contra menores ou pessoas vulneráveis. Era uma forma clara de advertir, endurecendo a lei, que não estava disposto a permitir que esses fatos se repetissem.[5]

Poucas semanas antes de publicar esse documento, o papa tinha sublinhado com nitidez numa coletiva de imprensa durante o voo de volta do México: "Um bispo que muda um sacerdote de paróquia quando se detecta pederastia é um inconsciente, e o melhor que pode fazer é apresentar a renúncia, está claro?".[6]

Como mostra de sua tolerância zero diante dos abusos, o papa lembrou que, embora ao longo destes anos tenha recebido uns vinte e cinco casos de pedido de clemência, não assinou nenhum.

Francisco conhece a fundo o problema porque faz tempo que recebe privadamente, às sextas-feiras, vítimas de abusos.

"Nunca antes ninguém da Igreja me tinha escutado assim"

Conheci Carmen numa cafeteria perto da Praça de São Pedro. Tinha vindo a Roma com um único motivo, contar ao papa o seu longo processo de reconciliação com a Igreja, depois de ter sofrido abusos por parte do sacerdote que a preparava para receber a confirmação.

Carmen é uma das pessoas vítimas de abusos que o papa recebeu às sextas-feiras. Meses atrás fizera chegar a

---

[5] Carta apostólica em forma de *motu proprio, Como uma mãe amorosa*, de 4 de junho de 2016.
[6] Em 18 de fevereiro de 2016.

ele uma carta através de um conhecido que teve a sorte de assistir à missa matutina na Casa Santa Marta.

A resposta do papa, convidando-a a ir a Roma, foi tão rápida que ela mesma não estava muito segura se queria arriscar-se a reviver mais uma vez o inferno padecido, embora fosse para contá-lo ao próprio Francisco.

Apesar do tempo transcorrido desde o abuso, tinha a ferida tão aberta que muitos poucos conheciam a sua história. Tampouco se chamava Carmen. Ainda não se sentia com forças para trazer à luz o seu caso. A sua única satisfação era que o criminoso responsável por seus abusos fora afastado de toda atividade pastoral antes de sua morte, ocorrida tempos atrás.

Eu mesma fiquei sabendo de sua história de forma inesperada. Tínhamos ficado porque me trazia um livro da parte de um conhecido comum. Antes de terminar o *cappuccino* vespertino, que delata sempre, na Itália, os que não são do país, soltou-me uma frase desconcertante.

"Não sei se vocês, jornalistas que seguem Francisco, dão-se conta de que ele também é um pai."

"Por que diz isso?", perguntei-lhe sabendo que por trás havia algum motivo.

"Porque o vivi", respondeu-me.

Então me contou a história de seu horror e do alívio que sentia após ter podido falar abertamente ao papa sobre sua vida com a maior das franquezas.

Francisco escutou-a em silêncio e, sobretudo, deixou-a falar. Apenas interrompeu o seu relato um par de ocasiões para assegurar-se de que tinha compreendido bem todos os dados. Recorda que, inclusive, o papa se levantou do assento para alcançar uma caixa próxima com lenços de papel. Carmen não pôde evitar que a emoção a fizesse chorar, e Francisco se deu conta de que não tinha à mão lenços suficientes.

"Cuidou até de me dar um lenço de papel", sorria ao recordá-lo.

Ao terminar a sua narração, agradeceu a sua coragem e sinceridade. Quis certificar-se de que a denúncia tinha sido escutada e diligenciada. Também pediu perdão pelo dano que esse sacerdote lhe causara, prometeu que rezaria por ela e sugeriu-lhe que, cada vez que se lembrasse do episódio que tanto a fazia sofrer, não deixasse de oferecê-lo pelo papa.

A partir daquele encontro, cada vez que surge a notícia de um novo caso de abusos, lembro-me de Carmen e me reconforta pensar que o próprio papa mostra com seus atos que a Igreja não pode ficar de braços cruzados diante de tanto sofrimento.

Os encontros que mantém com as vítimas são sempre reservados. As reuniões ocorrem de forma individual ou em grupos, e, às vezes, assistem também pessoas que as ajudaram a superar o trauma.

O papa nunca evitou o tema e inclusive ofereceu a Daniel Pittet escrever o prólogo do livro *O perdão, padre*, publicado em fevereiro de 2017. O texto é uma homenagem às vítimas que se atrevem a falar em público:

> Agradeço a Daniel porque testemunhos como o seu ajudam a derrubar o muro de silêncio que tapava os escândalos e os sofrimentos, derramando luz sobre uma terrível zona escura na vida da Igreja. Esses relatos, ademais, abrem a porta a uma justa

reparação e à graça da reconciliação, e ajudam os pedófilos a tomar consciência das terríveis consequências de seus atos.[7]

Nos encontros privados que manteve no Chile e no Peru com um grupo de jesuítas, o papa lhes abriu o seu coração: "É horrível. É preciso escutar o que sente uma pessoa abusada. O seu processo é duríssimo, ficam destroçados, destroçados! Para a Igreja é uma grande humilhação. Mostra não só nossa fragilidade, mas também nosso nível de hipocrisia. É a maior desolação que a Igreja está sofrendo".[8]

E, como exemplo concreto do sofrimento que os sacerdotes maus podem causar aos bons, lembrou-lhes de um acontecimento de quando era arcebispo de Buenos Aires:

> O dia 24 de março na Argentina é a memória do golpe de Estado militar. Num desses 24 de março, saí do arcebispado e fui confessar freiras carmelitas. Quando estava para atravessar a rua, havia um casal com uma criança de três anos, mais ou menos, e o menino corria na frente. O pai lhe disse: "Vem, vem, vem cá... Cuidado com os pedófilos!". Que vergonha senti. Que vergonha! Não perceberam que era o arcebispo, era um cura e... que vergonha!

Com o seu modo de enfrentar a crise dos abusos, o papa indicou com firmeza qual é o caminho. Não se trata unicamente de um gravíssimo pecado, mas também de um delito contra o qual a Igreja deve agir com veemência. Dessa forma, evita novas vítimas e levanta a sombra de suspeita

---

[7] Daniel Pittet, *Le perdono, padre*, Bilbao, Mensajero, 2017.
[8] Conversações publicadas integralmente em *La Civiltà Cattolica*, 14 de março de 2018.

sobre a maioria dos sacerdotes que deixam a vida dia a dia em tantos rincões do mundo de forma exemplar.

Francisco vai na frente, aplicando as medidas necessárias para enfrentar com decisão esse problema, que exige uma conversão profunda e uma mudança de mentalidade. O processo é imparável.

E o trâmite passa por escutar, acompanhar e ajudar as vítimas. De fato, na Irlanda pude ver mais uma vez que o sofrimento das vítimas o comove profundamente.

***

A crise dos abusos chegou ao seu ponto culminante em meados de agosto de 2018, quando se tornou público o arrasador relatório do grande júri do estado da Pensilvânia, que documentava os abusos de trezentos sacerdotes a uns mil meninos ao longo dos últimos setenta anos. Um novo golpe.

O papa reagiu a essa informação através de um comunicado de seu porta-voz, no qual duas palavras se destacavam sobre o resto: *vergonha* e *dor*. Eram as únicas capazes de exprimir os seus sentimentos diante de crimes tão terríveis.

O comunicado sublinhava que os abusos descritos no relatório eram criminais e moralmente reprováveis e que as vítimas deviam saber que o papa estava do seu lado.[9]

O único aspecto positivo desse relatório era a comprovação empírica de que os casos tinham diminuído drasticamente nos últimos anos. E tudo fruto das medidas aplicadas após a enérgica intervenção de João Paulo II no ano 2002,

---

[9] Comunicado da sala de imprensa da Santa Sé de 16 de agosto de 2018.

quando uma onda de escândalos sexuais desvendadas pelo jornal *The Boston Globe*, que ficou retratada no filme *Spotlight* (Thomas McCarthy, 2015), levou o papa polonês a reunir no Vaticano todos os cardeais estadunidenses e a cúpula da Conferência Episcopal, para reiterar-lhes que dentro da Igreja não cabiam aqueles que causam dano aos jovens.

Fruto daquele encontro foi a chamada *Carta de Dallas*, da Conferência Episcopal Estadunidense, que estabeleceu os primeiros protocolos antipederastas dos Estados Unidos, os quais, por enquanto, são os melhores protocolos de proteção do mundo.

Entre outras medidas, esse protocolo inclui como obrigatório que o bispo denuncie o abuso às autoridades correspondentes; que suspenda o sacerdote denunciado enquanto durar a investigação; e que o expulse definitivamente ao primeiro abuso confirmado.

Desde aquele momento, em todas as dioceses se comprovam regularmente os antecedentes penais de cada pessoa que trabalha em paróquias, escolas, hospitais, universidades da Igreja etc.

Mas, depois da publicação do relatório da Pensilvânia, o papa deu mais um passo e escreveu uma carta contundente a todos os católicos do mundo para envolvê-los na solução do problema. Sublinhava que os abusos atentam contra a comunhão eclesial, recordava que o dano infligido às vítimas não prescreve, embora as leis civis o façam, e pedia, mais uma vez, o compromisso de todos para erradicar esse mal.[10]

---

[10] *Carta ao povo de Deus* de 20 de agosto de 2018.

Uma das melhores táticas para aprender, compreender, contrastar e tentar que não me escape nenhuma letra miúda do que ocorre no Vaticano é escutar sem interromper os companheiros peritos em questões eclesiais. Recordo o que me disse Gerard O'Connell, vaticanista veterano de *America Magazine*, depois da publicação do relatório da Pensilvânia: "A Igreja não tem tempo a perder. A tolerância zero não é uma declaração de princípios, mas um compromisso histórico que deve ser crível e verificável".

Percebi que coubera a Francisco converter-se em protagonista dessa dolorosa parte da história da Igreja, e que nós, os jornalistas, nos tínhamos transformado, sem querer, em atores do elenco. Era preciso contar com clareza o que estava sucedendo, buscar fontes, comprovar fatos. E tudo isso sob a premissa indiscutível da veracidade.

Na mente de muitos permanecerá para sempre o que ocorreu naquele chuvoso domingo de agosto no Phoenix Park de Dublin, antes do começo da missa de encerramento do Encontro Mundial das Famílias.

O papa, vestido já diante do altar, antes de iniciar a missa, tomou o microfone para contar a mais de duzentos mil fiéis, que desafiavam chuva e vento, que no dia anterior tinha se reunido com oito pessoas que tinha sofrido abusos de poder, de consciência e sexuais. Depois de ouvir e refletir sobre tudo o que lhe tinham contado, "queria pôr estes crimes diante da misericórdia do Senhor e pedir perdão por eles".[11]

Começou então um sincero, impressionante e comovente pedido de perdão. Lendo o seu texto em espanhol, o

---

[11] Em 26 de agosto de 2018.

papa abordava também um problema específico da Irlanda, os abusos nas residências para mães solteiras pobres, nos orfanatos e nas escolas técnicas: "De maneira especial pedimos perdão por todos os abusos cometidos em diversos tipos de instituições dirigidas por religiosos e religiosas e outros membros da Igreja... e pelos casos de exploração laboral aos quais foram submetidos tantos menores".

Francisco não quis deixar nenhum detalhe fora do tinteiro, por mais doloroso que fosse, mencionando, inclusive, "os meninos que foram afastados de suas mães" e "todas aquelas vezes que se dizia a muitas mães solteiras que buscavam seus filhos ou a filhos que buscavam suas mães que fazer isso era 'pecado mortal'. Isso não é pecado mortal, é o quarto mandamento! Pedimos perdão".

Conforme ia falando, o silêncio se apoderava ainda mais daquele imenso parque. As palavras finais de sua oração não deixavam lugar a dúvidas: "Que o Senhor mantenha esse estado de vergonha e de compunção, e nos dê a força para nos comprometermos a trabalhar para que isso nunca mais suceda e para que se faça justiça. Amém".

O longo aplauso cerrado com que os surpresos e empapados peregrinos agradeceram esse imprevisto *mea culpa* converteu-se num sinal de que algo importante ia mudar na Igreja da Irlanda depois dessa viagem. Na sala de imprensa de onde seguíamos a missa, os jornalistas também trabalhavam surpresos e sem fôlego. As palavras do pontífice foram inesperadas para todos. Era preciso fazer chegar com rapidez a nossos países o que tínhamos escutado.

Acabávamos de assistir a um gesto sem precedentes. O papa, que levava vários meses reiterando de diversas formas o seu pedido de perdão, voltava a confirmar de forma vigorosa que a Igreja está na primeira linha na hora de buscar a justiça, a verdade, a erradicação plena desses delitos e de seus encobridores.

Francisco sabe que o perdão leva dentro sementes capazes de destruir a violência e fortalecer a esperança. Um perdão só apto para valentes, que se propôs a fazer chegar a todos os rincões onde houver pessoas feridas por esse crime.

Considera que Deus está presente nas cicatrizes dos homens, também nas originadas por abusos sexuais. Por isso, como o Bom Pastor, nunca deixará de escutar as vítimas.

O ocorrido no Chile, espelho para toda a Igreja

De certa forma, o Chile foi para o Papa Francisco o que a Irlanda foi para Bento XVI. Em 2010, o pontífice alemão enviou uma carta aos católicos irlandeses na qual os urgia a tomar medidas "verdadeiramente evangélicas, justas e eficazes em resposta a essa traição da confiança". Com essa missiva, conseguiu uma mudança total de atitude para com as vítimas. Desde então, a incidência de novos abusos na Irlanda tem sido mínima, embora continuem vindo à luz casos antigos.

Ambos os pontífices agarraram o touro pelos chifres. Nem o delito dos abusos nem o seu encobrimento deviam ter espaço na Igreja, porque quebra a comunhão e é preciso recompô-la.

Francisco não se limita a diagnosticar uma Igreja em ruínas. Ele mesmo sana os males utilizando a linguagem da misericórdia e da esperança. Detesta ficar com os braços cruzados e aposta no compromisso. É um papa que pisa na lama, que "se molha".

Quando o arcebispo de Malta, Charles J. Scicluna, e o sacerdote Jordi Bertolomeu regressaram do Chile, prepararam um relatório para o papa de duas mil e trezentas páginas. Foi o resultado de suas investigações privadas e das conversas com suas vítimas. O papa o leu e ficou impressionado. Tanto que pegou uma caneta e escreveu uma longa carta aos bispos chilenos, na qual se desculpava perante a opinião pública por ter "ter incorrido em graves erros de avaliação e discernimento da situação, especialmente por falta de informações verídicas e equilibradas".[12]

Duas semanas depois dessa carta, três vítimas de abusos do Chile – o jornalista Juan Carlos Cruz, o médico James Hamilton e o filósofo José Andrés Murillo – passaram seis dias, à convite do papa, na Casa Santa Marta, para que pudessem falar com ele todo o tempo que considerassem necessário.

Antes de regressar ao Chile, convocaram a imprensa internacional em Roma para oferecer suas impressões: "Nestes dias descobrimos um rosto amigável da Igreja, totalmente distinto do que conhecemos antes, pois o papa se mostrou muito receptivo, atento e empático durante as intensas e longas horas de conversação. Disse-nos que ia rezar, pensar, esperar, e tomar decisões a curto, médio e longo prazo".[13]

---

[12] Carta do papa aos bispos chilenos de 11 de abril de 2014.
[13] Coletiva de imprensa na Associação de Imprensa Estrangeira de Roma, 2 de maio de 2018.

Apenas alguns dias depois, Francisco convocou, por sua vez, a Roma todos os bispos chilenos para pedir a eles colaboração a respeito das medidas que deveriam ser adotadas para reparar, dentro do possível, o escândalo, restabelecer a justiça e recuperar a confiança na Igreja por parte da sociedade chilena.

Ao finalizar essa reunião no Vaticano, pela primeira vez na história, todos os bispos de um país puseram simultaneamente seus cargos à disposição do papa. Era a única forma de solucionar a crise.[14]

Aquelas semanas foram frenéticas. Francisco queria rematar bem as coisas e, não contente com tudo o que fizera até o momento, recebeu na Casa Santa Marta sete sacerdotes chilenos, entre os quais havia vítimas de abusos de Fernando Karadima e outros que tinham ajudado espiritualmente outras vítimas.

Em poucos meses, não só tinha encomendado uma investigação completa após a qual reconheceu publicamente seus erros de avaliação, também pediu perdão às vítimas cara a cara e convocou os bispos chilenos a Roma. Pouco a pouco ia substituindo alguns deles, na medida em que encontrava substitutos adequados. O importante não é tomar decisões precipitadas, mas situar as pessoas mais convenientes para não agravar uma situação que levará tempo para cicatrizar.

Abre-se agora um caminho sanador para restabelecer a justiça, a reconciliação e a reconstrução da Igreja tanto no Chile como em outros países do mundo.

---

[14] Em 18 de maio de 2018.

Diante desse problema tão doloroso para Francisco, todo esforço é pouco. Por isso, tomou uma medida sem precedentes, convocando, em fevereiro de 2019, uma cimeira no Vaticano com os presidentes de todas as conferências episcopais do mundo. Um exemplo a mais da determinação de alguém que transformou a proteção dos menores numa prioridade fundamental para a Igreja.[15]

Ao longo de quatro dias a Igreja ficou exposta aos olhos do mundo e se deixou a descoberto, sem poupar detalhes, a pungente crueza dos relatos das vítimas e os contundentes e arrasadores relatórios dos peritos sobre a má práxis com a qual durante anos se enfrentou a questão dos abusos. Nem todas as instituições abrem as portas de sua casa para realizar um exercício de autocrítica e entoar um *mea culpa* coletivo como o que se viu durante aqueles dias em Roma.

Ao finalizar, Francisco chamou a uma mobilização da Igreja Católica para acabar com "essa monstruosidade": "Faço um sentido apelo à luta total contra os abusos de menores, tanto no campo sexual como noutros campos, por parte de todas as autoridades e dos indivíduos, porque se trata de crimes abomináveis que devem ser extirpados da face da terra".[16]

Era a primeira vez que um pontífice conseguia reunir cento e noventa líderes da Igreja de todo o mundo para enfrentar, sem panos quentes, um problema dessa envergadura.

---

[15] O encontro sobre a proteção dos menores na Igreja ocorreu no Vaticano de 21 a 24 de fevereiro de 2019.

[16] Discurso do papa no final da missa do encontro sobre "a proteção dos menores na Igreja", em 24 de fevereiro de 2019, na Sala Régia do Vaticano.

Desde o início das sessões, Francisco lhes advertiu que deviam ser tomadas medidas práticas. Por isso, em seu firme discurso de conclusão, deixou claro que a partir desse momento "o objetivo da Igreja será ouvir, tutelar, proteger e tratar os menores abusados, explorados e esquecidos, onde quer que estejam".

O desafio do papa era ambicioso: pôr a Igreja na frente da erradicação de toda forma de abusos contra menores, não só dentro das paróquias, colégios e instituições eclesiais, mas no conjunto da sociedade. Lamentavelmente, trata-se de um fenômeno estendido a âmbitos domésticos, educativos e desportivos, que se faz ainda mais abominável quando se produz na Igreja, porque contrasta com o dever desta de ter autoridade moral e credibilidade ética. Por isso o papa, como resultado da cimeira, propusera oito pontos inspirados nas campanhas que entidades como a Organização Mundial da Saúde (OMS), o Fundo das Nações Unidas para a Infância (Unicef) e a Interpol, que, entre outros, puseram-se em marcha contra a violência infantil. No primeiro desses pontos, Francisco recorda aos bispos que contra os abusos devem deixar de lado a ideia de que é preciso proteger o bom nome da Igreja: "é necessário mudar a mentalidade combatendo a atitude defensivo-reativa de salvaguardar a Instituição em benefício duma busca sincera e decidida do bem da comunidade, dando prioridade às vítimas de abusos em todos os sentidos".

No resto das propostas se incluía a obrigação de entregar os culpados à justiça, reparar o dano cometido, melhorar a seleção e preparação dos candidatos ao sacerdócio e, por suposto, não voltar nunca a encobrir os abusos.

O desejo de Francisco é de que a partir desse encontro se dê um giro copernicano na forma de abordar a crise dos abusos em cada uma das conferências episcopais do mundo. Deve-se isso às vítimas, que já sofreram decepções demasiadas.

Algo mais que um beijo

Durante aqueles dias chegaram ao Vaticano numerosos representantes de associações de vítimas de abusos de todo o mundo. Entre eles se encontrava Marek Lisinski, cuja vida foi impactada, quando fez treze anos e sofreu abusos por parte de um sacerdote. Em sua biografia ele afirma: "Este trauma estará comigo até o fim", explicava emocionado na Praça de São Pedro a jornalistas de todo o mundo, ávidos por conhecer a história que escondia aquele longo, sincero e sanador beijo que Francisco depositara em suas mãos ao finalizar a Audiência Geral, justo na véspera da histórica cimeira convocada pelo pontífice para fazer frente à ferida dos abusos sexuais.

Normalmente, ao terminar a audiência, o papa cumprimenta sempre algumas pessoas. Nesse dia o esperava um grupo de representantes da Ong polonesa Have No Fear (Não Tenham Medo), que acolhe vítimas de abusos. Tinham preparado um relatório sobre casos ocorridos na Polônia, para poderem entregá-lo em mãos. Ao lado dos porta-vozes, numa ponta, mas bem visível por sua envergadura, encontrava-se Marek. Quando os acompanhantes lhe contaram que tinha sofrido abusos, Francisco, depois de olhá-lo nos olhos, agarrou com força as suas duas mãos e, enquanto se inclinava diante dele, deu nelas um beijo. Foi algo mais que um gesto. Ao seu redor se fez silêncio. Ninguém soube o que dizer, talvez porque esse beijo traduzia a linguagem universal do perdão.

Marek passara muito tempo imaginando o encontro com Francisco, mas nunca esperou que ocorresse daquele modo, nem que essas imagens dessem a volta ao mundo. O que ele é agora é o que fica daquele menino de treze anos que um sacerdote quebrou para sempre atrás da porta da sacristia. O abuso é um pesadelo que sempre deixa ressaca.

O pior para Marek, e para o resto das vítimas, é que nunca se consegue soltar o lastro. Nunca conseguem esquecer. "A vítima não tem culpa do seu silêncio. O trauma e os danos são maiores quanto mais se prolonga o silêncio entre medos, vergonha e sensação de impotência. As feridas não prescrevem nunca", insistia aos jornalistas, enquanto reconhecia que não queria que esse beijo se convertesse num simples gesto.

Nisso, ele compartilhava o desejo de Francisco.

Tanto o papa como os organizadores da cimeira tinham advertido que não se podia esperar que em três dias se pudesse resolver o terrível flagelo dos abusos. Algumas vítimas ficaram frustradas. As feridas são demasiado profundas e cicatrizam com dificuldade. Não é fácil encontrar um remédio que traga a paz.

Para os tempos da Igreja, porém, a cimeira antiabusos de fevereiro de 2019 representou um verdadeiro marco na luta contra a pedofilia. As vítimas foram ouvidas e se pediu a elas perdão num encontro inimaginável anos atrás.

A partir de agora, já não haverá volta. Chegou-se a um ponto de não retorno, mas também é certo que se inicia uma etapa crucial na qual se deve conseguir que os gestos deixem marcas. Uma mudança urgente de mentalidade, de conversão pessoal, de fazer justiça, de agarrar com força muitas mãos.

É certo que a situação é atroz e que foram cometidos erros. Honestamente, porém, esse não é o filme completo. Cheguei a Roma numa época na qual parecia que não havia outra coisa a contar, além dos casos de pedofilia de membros da Igreja. Vi como os megafones eram ligados para apregoar suspeitas que correram o mundo, mas eram desligados se era para contar os remédios drásticos que a Igreja estava pondo em alguns países para acabar com esses crimes. Parece que não interessa tanto difundir as mensagens claras e contundentes do papa e de muitos bispos, nem as medidas que se adotam.

Talvez por esse motivo Francisco, em seu esperado discurso de encerramento da cimeira de fevereiro de 2019, quis agradecer, em nome de toda a Igreja, à grande maioria dos sacerdotes que dedicam a sua vida ao serviço dos demais e que sofreram o desprestígio causado por companheiros indignos.

> Permitam-me agora um sentido agradecimento a todos os sacerdotes e aos consagrados que servem o Senhor com total fidelidade e se sentem desonrados e desacreditados pelos vergonhosos comportamentos dalguns dos seus confrades. Todos – Igreja, consagrados, povo de Deus e até o próprio Deus – carregamos as consequências das suas infidelidades. Agradeço,

em nome da Igreja inteira, à grande maioria dos sacerdotes que não só permanecem fiéis ao seu celibato, mas se gastam num ministério que hoje se tornou ainda mais difícil pelos escândalos de poucos (mas sempre demasiados) dos seus irmãos. E obrigado também aos fiéis que conhecem bem os seus bons pastores e continuam a rezar por eles e a apoiá-los.[17]

O dano colateral dessa crise terrível é colocar todos no mesmo saco. Pedir desculpas já não basta. É necessário, também, informar integramente sobre os passos que estão sendo dados na luta contra os abusos. É a única forma de fazer justiça a dezenas de milhares de sacerdotes exemplares, e a leigos e religiosos comprometidos com a sociedade. E, por suposto, às vítimas.

---

[17] Ibid.

A SENHORA LORENZA, ENFERMEIRA IMPROVISADA DO PAPA

"Se vier ao meu bairro, nunca se atreva a andar por aí sozinha. Procura que sempre alguém daqui a acompanhe." Sábia advertência de dona Lorenza no dia em que a conheci durante a viagem do Papa Francisco à Colômbia.

Quando, há mais de cinquenta anos, Lorenza chegou ao bairro de San Francisco, em Cartagena de Índias, o bairro era um verdadeiro lodaçal.

O primeiro dia que sentiu medo foi quando apunhalaram sua vizinha para roubar o cesto de frutas que levava na cabeça. Voltou a sentir medo naquela noite em que dois adolescentes do bairro morreram numa briga entre bandos rivais. Também em 2011, quando a terra se abriu e quinhentas e cinquenta casas de San Francisco caíram umas sobre as outras como pedras de dominó.

Lorenza e os demais habitantes do bairro de San Francisco vivem sempre com medo. É um bairro que nunca encontrará nas rotas turísticas. Uma zona da qual nem sequer os taxistas querem se aproximar.

Por isso mesmo, conhecendo Francisco, era lógico que quisesse ir precisamente ali em sua visita a Cartagena de Índias.

Nas ruas de San Francisco vivem com o essencial mais de cinquenta mil pessoas. Essa minicidade está assentada na ribeira da Ciénaga de la Virgen, uma lagoa ao norte da cidade colonial, na qual são derramadas, sem tratamento, boa parte das águas contaminadas de Cartagena.

Não há sequer transporte público. As pessoas andam em moto-táxi: no assento traseiro de uma moto desconjuntada. As brigas entre quadrilhas, a insegurança, o consumo de álcool, as drogas e a gravidez de meninas pré-adolescentes fazem parte do cenário de cada dia.

Nesse mesmo bairro vive também a irmã Blanca Nubia. Descobriu que ali era o seu lugar, quando um dia na estação do trem se aproximou uma menina de doze anos: "Minha avó me pôs na rua porque não tenho dinheiro para manter-me, você pode me ajudar?".

A partir desse momento, a irmã Blanca Nubia dedicou-se a trabalhar para que as meninas de San Francisco não caíssem na prostituição ou nas redes do tráfico de pessoas. O seu projeto se chama Talitha Qum (que em aramaico significa "Menina, eu te digo, levanta-te"). Quando falaram ao papa dessa iniciativa, quis apoiá-la e encontrar-se com as meninas e adolescentes que a irmã cuida e protege. Entre elas se encontrava Evelyn. Agora estuda inglês porque gostaria de executar a função de recepcionista num hotel, mas antes trabalhava na rua.

"Há famílias que empurram as meninas a se casar na idade de doze ou treze anos para ter uma boca a menos para alimentar", contava irmã Blanca Nubia, rodeada de meninas vestidas de rosa que cantavam esperando o papa.

Quase todas as meninas que estão em Talitha Qum cresceram na rua. Ensinam a elas a não ceder diante do dinheiro fácil do turismo sexual. A não se sentirem inferiores por ter a pele escura e o cabelo pixaim. A ter esperança no futuro. Contaram isso ao papa, quando chegou a San Francisco.

Naquele dia fazia muito calor. As pessoas do bairro esperavam o Santo Padre há horas ao lado de ruas poeirentas, sem asfalto, pelas quais pululam cães famélicos em busca de comida. Sentiam-se protagonistas e estavam em casa, por isso não tinham problema em sair para receber Francisco de bata, sentadas às portas de sua casa comendo sementes ou permitindo que os vizinhos subissem na laje de suas casas para poder ver melhor.

Se alguma câmera oculta seguisse de perto os jornalistas que acompanham o papa em suas viagens, surpreender-se-ia com a engrenagem perfeita que existe para deslocar-nos quase sem que se note, embora estejamos rodeados por milhares de pessoas. Uma coreografia sincronizada, fruto do esforço da sala de imprensa da Santa Sé, para que fotógrafos, câmeras e jornalistas estejam onde têm que estar, no momento certo, embora o espaço seja reduzido e mal haja tempo para os deslocamentos.

Nas viagens nada se improvisa. Normalmente nos acompanham dois membros da sala de imprensa vaticana, Matteo Bruni e Salvatore Scolozzi, muito experientes na difícil tarefa de trasladar os jornalistas no meio de controles policiais. Antes de cada viagem, vão ao país para conhecer de perto trajetos e percursos. Não é fácil governar um grupo de repórteres, que, em muitas ocasiões, devem informar enquanto se deslocam seguindo de perto o papa. Por isso, basta que Matteo levante uma sobrancelha para que todos nós nos ponhamos firmes e não percamos o passo.

Os jornalistas foram os primeiros a chegar à porta da casa de dona Lorenza. Era tão simples e estreita, que mal poderiam entrar o papa e poucos mais. Estava recentemente pintada e tinha toalhas de macramé colocadas sobre mesas e prateleiras. Lorenza María Pérez fizera já oitenta anos e há mais de cinquenta vive nessa casa.

Essa mulher morena, descendente de afro-americanos como quase todo o bairro, com um riso contagioso dá de comer diariamente a oitenta e cinco crianças, por iniciativa própria e de modo gratuito. Em sua panela comunitária, uns dias têm arroz com carne moída; outros dias, feijão ou lentilha; e quando é possível, macarrão com atum. De tudo o que puderam conseguir ou lhe tenham fornecido.

Nesse bairro, quem tem fome vai à procura de dona Lorenza; se está chateada com o marido, conta a dona Lorenza; se necessita de ajuda no parto, ela será a melhor parteira. Todos em San Francisco sabem que podem contar com ela.

"A única coisa que vou pedir ao papa é que reze por mim para que tenha saúde e possa continuar com este trabalho com as crianças, até que o Senhor o permita." Era o que ela pensava, pouco antes de Francisco entrar pela porta de sua casa. O que não podia imaginar é que também ia tornar-se a enfermeira improvisada de um pontífice.

Ao Francisco descer do papamóvel, percebi que tinha um ferimento na testa. Comentei isso com Silvina Pérez, diretora da edição espanhola de *L'Osservatore Romano*. Ela também tinha visto, sobretudo pelas manchas de sangue que se viam na capelina branca. Nossa cara de surpresa e de preocupação era evidente, embora se visse que o papa não dava nenhuma importância ao fato.

Antes de investigar mais, enviei um sucinto aviso ao resto dos jornalistas da viagem papal para que estivessem informados: "Atenção, o papa tem um ferimento na testa".

Como não é bom que o papa caminhe rodeado por uma nuvem de jornalistas, antes de cada viagem se realiza uma espécie de atribuição de lugares. A pequena equipe dos que se encontram perto do pontífice nesse momento tem a obrigação de informar os outros, para que todos possamos estar a par do ocorrido. Naquele dia, esse pequeno contratempo acabou se tornando uma das notícias do dia e a anedota da viagem.

Durante o trajeto para a casa de dona Lorenza e no meio da calorosa recepção pelas ruas do bairro, Francisco deu um forte golpe com a cabeça contra o para-brisa do papamóvel, quando pediu ao condutor para frear a fim de se aproximar de uma criança. Tudo foi muito rápido. Nesse instante, o responsável pela segurança do papa, Domenico Giani, limpou o seu sangue que escorria da sobrancelha esquerda. Como consequência do golpe, surgira uma pequena ferida que afetou a bochecha esquerda e a sobrancelha.

Quando dona Lorenza viu o papa, nem a emoção nem a surpresa a impediram de correr à cozinha para pegar gelo na geladeira. Envolveu-o num pano branco muito limpo e colocou na sobrancelha durante uns minutos para tentar baixar o inchaço.

Enquanto isso, ataviada com uma roupa tão branca como as paredes de sua casa, Lorenza lhe falava das crianças às quais dava de comer. Conhecia cada uma pelo nome. Num determinado momento, o papa lhe disse: "Lorenza, você merece muito, porque vale muito no mundo inteiro". Francisco agarrava com força a sua mão, sem querer soltá-la, e deu-lhe um forte abraço e um beijo na face. Lorenza não sabia o que dizer. Tentava conter-se, porque estava a ponto de cair no choro.

No meio do barulho que se originou no pequeno salão de sua casa, o único pedido que conseguiu fazer ao papa foi: "Bênção, oração e saúde, porque com o dinheiro não se faz nada".

O passo seguinte foi buscar um curativo para colocar no corte na sobrancelha do papa. Provavelmente nunca imaginou que resultaria enfermeira de Francisco. E, além disso, dona Lorenza assegurou-se de não tirar os panos nos quais envolveu o gelo para curá-lo.

O domínio dessa mulher, no meio do nada, é uma mostra de que as ruas sem asfaltar de um bairro pobre colombiano podem transformar-se em esperança de futuro. Entende-se por que o Papa Francisco sinta tanta atração pelas periferias. Enquanto uma parte do mundo se esforça por acumular bens, em algum minúsculo recanto do planeta, mulheres como dona Lorenza estão dando uma lição de força e dignidade a uma humanidade desalentada e egoísta.

Aquele curativo no papa, num simples barraco de Cartagena de Índias, deu a volta ao mundo.[1]

Embora o inchaço continuasse visível, o papa continuou o programa de viagem estabelecido com evidente bom humor. À saída da casa de dona Lorenza, a primeira coisa que fizemos foi perguntar-lhe o que tinha acontecido e respondeu gracejando com um sorriso, enquanto fazia o gesto com a mão: "deram-me um soco".

Quando o papa sobe no automóvel descoberto pode ocorrer de tudo. Dali tem a oportunidade de olhar de perto as pessoas, que é o que realmente gosta de fazer. Embora lhe exija muito esforço.

Na viagem que realizou ao Peru, tive a ocasião de contemplar outro gesto de ternura de Francisco que se tornou viral.

Num dos trajetos pelas ruas da cidade de Trujillo (que dizem que é a mais bonita do país), no meio da multidão que gritava, Francisco se fixou num curioso cartaz de boas-vindas: "Eu me chamo Trinidad, faço noventa e nove anos. Não vejo. Quero tocar sua mão".

Era um cartaz escrito com uma caligrafia simples, mas suficientemente grande para se poder ver de longe. Um parente de Trinidad o segurava no alto.[2]

---

[1] Em 10 de setembro de 2017.
[2] Em 20 de janeiro de 2018.

O papa mandou parar imediatamente o veículo. Aproximou-se, deixou que ela tocasse o seu rosto para reconhecer as suas feições, enquanto todos os que se encontravam em volta, comovidos pela cena, irromperam num aplauso. "O papa me perguntou de onde vinha e lhe contei que tenho doze filhos. Também agradeci a ele por ter viajado até Trujillo para visitar-nos e disse que rezo todas as noites por ele."

Pouco antes desse encontro com Trinidad, o Papa Francisco tinha pedido aos jovens peruanos que escutassem os mais velhos. É um de seus temas mais recorrentes. Está convencido de que o futuro da sociedade e o fortalecimento da família passam por uma "aliança" entre jovens e anciãos. Concebe-o inclusive como uma fórmula matemática: o diálogo entre duas gerações permitirá que os sonhos dos jovens possam apoiar-se na sabedoria dos mais velhos para gerar novos espaços de solidariedade, tolerância e ternura.

E alguns minutos mais tarde, na cerimônia mariana em honra de Nossa Senhora da Porta, na Praça de Armas de Trujillo, lembrava: "O que seria do Peru, sem as mães e as avós, o que seria de nossa vida, sem elas?".[3]

Mais uma vez, Francisco vai na frente. Numa sociedade na qual enviamos os mais velhos ao banco de reservas ou os colocamos na estante da sala, Francisco confirma com atos que escutá-los nos dá lições de futuro: "Um povo que não olha pelos avós, que não respeita os avós, não tem futuro, porque não tem memória. Perdeu a memória".[4]

---

[3] Em 20 de janeiro de 2018.
[4] Homilia na Casa Santa Marta, em 19 de novembro de 2013.

Quase tudo o que agora somos devemos a eles. A mulheres como dona Lorenza e Trinidad, e a um papa que no-lo recorda.

Cada vez estou mais convencida de que Francisco sente uma simpatia especial pelos mais velhos. Sempre que tem oportunidade, centra a atenção neles para nos recordar o seu papel imprescindível na custódia da memória da família e da sociedade.

Numa fria manhã de inverno romano, ao compartir um café com Alan Holdren, chefe da agência da rede estadunidense EWTN, perguntei a ele se encontrava alguma explicação para essa "fixação" pelos idosos. A sua resposta consolidou a minha ideia de que tudo se encaixa no quebra-cabeças pastoral do papa: "Francisco se fixa nos que estão à margem da sociedade. Inclina-se pelos que, aos olhos de todos, são 'menos produtivos'. Por isso dedica tanta atenção aos idosos".

Durante uma Audiência Geral, o papa relatou um caso que lhe causara impacto pessoal e que ilustrava a "cultura do descarte" que põe de lado em tantas ocasiões os idosos:

> Uma vez, ao visitar uma residência da terceira idade em Buenos Aires, uma idosa me disse que seus filhos iam vê-la com frequência. Perguntei-lhe: "E quando vieram pela última vez?". A resposta foi: "No Natal"... E estávamos em agosto. Tinham passado oito meses sem ir visitá-la! Isso se chama pecado mortal![5]

---

[5] Audiência Geral de 4 de março de 2015.

Francisco aproveitou a anedota para advertir que em muitos países os anciãos são descartados porque são considerados um peso, e por isso são abandonados ou ignorados. "E uma sociedade que descarta os idosos leva consigo o vírus da morte, é uma sociedade perversa. E a Igreja, fiel à Palavra de Deus, não pode tolerar essa degeneração."

Noutra Audiência Geral centrada no quarto mandamento – "honrarás o teu pai e a tua mãe" –, Francisco recorda que a palavra *felicidade* aparece só uma vez no decálogo e está ligada casualmente à relação com os pais.

Segundo Francisco, "honrar os pais leva a uma vida longa e feliz, com independência de traumas da infância que podem durar toda a vida". Isso se deve ao fato de que "o quarto mandamento não requer que os pais sejam perfeitos, mas que os filhos os tratem bem. É essa reconciliação que cura os traumas".[6]

No Rio de Janeiro, durante a Jornada Mundial da Juventude de julho de 2013, o papa denunciou abertamente que "a exclusão dos anciãos é uma eutanásia escondida. Mas há também uma eutanásia cultural: não se deixa que eles falem, não se deixa que eles ajam".[7]

Se alguém pensava que Francisco chegou para introduzir mudanças na doutrina da Igreja, estava equivocado. Mantém-se na mesma linha que seus predecessores. Cita com frequência Bento XVI e o ama como a um pai. Em várias ocasiões comentou a alegria que é ter tão perto aquele que

---

6   Audiência Geral de 19 de setembro de 2018.
7   Ângelus de 26 de julho de 2013.

considera "um homem de Deus, um homem humilde, que reza", porque "é como ter o avô em casa, mas o avô sábio".[8]

Houve sim mudanças nos acentos e nos gestos, porque Francisco prestou especial atenção em sublinhar a misericórdia, a ternura e o tratamento com Deus e o respeito aos outros. Uma mudança de estilo que encheu de "curiosidade" aqueles que se encontravam mais afastados da Igreja e que reconfortaram os mais frios que estavam dentro.

O diretor de cinema Martin Scorsese fiou muito pensativo com a resposta que o papa lhe deu durante um comovente "encontro intergeracional" com jovens e anciãos, durante o sínodo que Francisco dedicou, em outubro de 2018, aos jovens.

Apresentava-se o livro *A sabedoria dos anos*, um projeto global para promover o diálogo entre gerações e reivindicar o papel dos idosos na sociedade.[9]

Francisco e Scorsese tinham se conhecido anos antes, quando o diretor estadunidense viajou ao Vaticano para mostrar ao papa o filme *Silêncio* (*Silence*, 2016), baseado na novela publicada em 1966 pelo escritor Shusaku Endo. Quando Francisco se tornou jesuíta, o seu sonho era ir como missionário ao Japão, e contou ao cineasta que então tinha lido o romance. O livro e o filme estão ambientados na cruenta perseguição contra os católicos no Japão do século XVII, que originou uns mil mártires.

---

[8] Em 29 de julho de 2013, no voo de regresso do Rio de Janeiro.
[9] Antonio Spadaro, *La sabiduría de los años*. Bilbao, Grupo de Comunicación Loyola, 2018. Este livro contém testemunhos selecionados pelo diretor de *La Civiltà Cattolica*. Foi publicado em nove idiomas por editoriais jesuítas de todo o mundo.

Na pergunta que dirigiu ao papa, Martin Scorsese transmitia a sua inquietação pela violência que tinha sofrido nas ruas dos Estados Unidos durante a sua infância e juventude, bem como os males que causam no mundo a avareza e a vaidade: "Poderia explicar-me como o ser humano pode viver uma vida justa numa sociedade onde tudo gira em torno da vaidade e da avareza, onde o poder se exprime com violência? Olhamos ao nosso redor, lemos os jornais e parece que a vida está marcada pelo mal, inclusive pelo terror e a humilhação".

Pergunta de difícil resposta. Quando a escutei, não podia imaginar como o papa iria respondê-la.

Francisco ficou pensativo por uns instantes e lembrou que uma das formas de crueldade contemporânea que mais o impressiona é a tortura: "A tortura é a destruição da dignidade humana".

Mas todo mal tem o seu antídoto, e a proposta do papa certamente provocou novas interrogações no cineasta: é preciso pôr em prática a "sabedoria de chorar". Segundo Francisco, diante de toda violência e crueldade, o choro é a resposta humana e cristã: "Peçamos o dom das lágrimas, porque o choro abranda o coração e é fonte de inspiração. Não deve causar vergonha, pois Jesus chorava nos momentos mais intensos de sua vida. Não tenhais medo de chorar, somos humanos".

O cineasta também aplaudiu com força quando ouviu o papa animar os anciãos e jovens a "sonhar" para caminhar juntos para o futuro. É que Francisco está convencido de que no tratamento com os mais velhos podemos descobrir virtudes como a mansidão e a ternura, que "parecem pequenas, mas são as que resolvem os conflitos".[10]

No fundo, experimentei que devemos a eles quase tudo. Graças aos avós, aprendemos a amar e a ser generosos. São peritos na arte de fazer-nos crer que sempre gostavam de que deixássemos a comida. Sempre estavam em pé, apesar do reumatismo. Sempre trabalhando. Sempre sorrindo. Sempre escutando.

Eles merecem que a sociedade os trate à altura de sua dignidade. Francisco sabe e, sempre que pode, dá relevância àqueles que mantêm o fogo da memória das famílias.

---

[10] Em 23 de outubro de 2018 e no tuíte de @pontifex de 29 de janeiro de 2019.

DOM CONRADO,
OS BRAÇOS DO PAPA

Se quer localizar o esmoler do papa, o melhor é procurá-lo nos arredores da estação de trem de Termini, em Roma, onde se refugiam muitas pessoas sem lar, ou entre os indigentes que rodeiam a colunata de Bernini junto a São Pedro.

Antes, Padre Conrado vivia num pequeno apartamento muito perto do Vaticano, mas agora o cedeu a famílias de refugiados, que se alojam nele até conseguirem uma residência definitiva. Entre seus primeiros inquilinos se encontrava um jovem casal da Síria que escapou da guerra, com uma filha recém-nascida, e ele se considera um pouco "avô" da criança.

"Muitos padres no mundo fazem o mesmo. Eu não tenho família. Oferecer a minha casa não me custa nada e tenho um escritório no qual posso dormir", assegura.

O cardeal polonês Konrad Krajewski, Dom Konrad ou Dom Conrado, que é como é conhecido na rua e como gosta de ser chamado, tem um cargo muito peculiar. É o esmoler do papa, aquele que em nome do papa ajuda os necessitados.

Assim que foi eleito papa, Francisco se deu conta de que não podia mais sair à rua com a mesma liberdade que desfrutava em Buenos Aires. Teve de renunciar às escapadas habituais que fazia nas favelas, bairros e casas subumanas em várias zonas de Buenos Aires.

Em Roma, como em tantas cidades do mundo, milhares de pessoas vivem na miséria, e Francisco queria ajudá-las de algum modo. Pensou que tinha chegado o momento de dar um novo ar ao cargo de esmoler, para que não ficasse reduzido a um simples e frio escritório coordenador de doações e donativos.

Chegou aos ouvidos de Francisco que o antigo mestre de cerimônia de João Paulo II e Bento XVI saía de vez em quando de noite para visitar os que dormem nos arredores da Praça de São Pedro e debaixo das marquises da Via della Conciliazione. E pensou que poderia ser o mais indicado para pôr em prática o "seu plano".

"Dom Conrado, vês os meus braços? São curtos demais... Peço que sejas os meus braços. Assim poderei tocar os pobres." Com estas palavras, Francisco acabava de entregar-lhe o melhor dos trabalhos no Vaticano.

O papa é daqueles que olham a miséria nos olhos. Não evita a presença do pobre, busca o seu encontro. Sabe que aí está a Igreja que Deus pediu que ele cuidasse. Os sem-teto que pedem pela rua converteram-se no avesso do tapete dos que não permitem que seja desbaratada nossa civilização requintada. Não é a mesma coisa andar pela vida com papéis ou sem eles. E esquecemos que não se está na intempérie porque se gosta. Ser mendigo não é esnobismo, mas uma desgraça. Não ter lar é uma tragédia para todo ser humano. Passamos da compaixão para a indecência, quando optamos por ignorá-los.

Por isso Francisco necessitava dos braços de Dom Conrado.

***

Há recordações que se tornam indeléveis. As de Roma se acumulam rápido em mim, mas algumas fizeram ninho e permanecerão para sempre.

Cheguei à Cidade Eterna quando estava a ponto de concluir o Jubileu da Misericórdia do ano 2016. Um dos primeiros encontros que cobri foi dos menos habituais nesse lugar. Até São Pedro se deslocaram umas seis mil pessoas sem lar, coordenadas pela associação Fratello e pela Comunidade de Santo Egídio.

Todos exibiam a credencial de peregrinos como o melhor dos troféus. Pensei, inclusive, que era a primeira vez que tinham estado credenciados para algo na vida. Quase todos vestiam roupa reutilizada. Notava-se que não era do seu tamanho e, embora procurassem destacar-se o melhor possível, pelo estado das barbas, do cabelo e, sobretudo, de muitas das dentaduras, se notava a distância que arrastavam histórias de vidas complicadas, nada fáceis, e que o seu lar habitual era a rua.

Decidi situar-me na porta de entrada da basílica de São Pedro para não perder a minha primeira impressão de seus rostos, justo no instante em que punham o pé na igreja mais majestosa do mundo. Creio que jamais vi rostos que descreviam com tanta perfeição como os humanos reagem perante a beleza da arte.

Enquanto esperávamos para entrar, comovera-me como Kaspar, um polonês de quarenta anos que aparentava muito mais, tomado de um ataque de fome, tinha se sentado tranquilamente nas escadarias da fachada da basílica para descascar um ovo duro que levava envolto numa bolsa de plástico. Para Kaspar, o normal era sentar-se para comer na rua, embora nessa ocasião se tratasse de um dos lugares com mais obras de arte por metro quadrado da terra.

Um pouco mais tarde, Kaspar e os outros milhares de pessoas sem teto escutaram o papa, que lançou um dos seus mais sentidos pedidos de perdão: "Perdão por todas as vezes em que os cristãos passam diante de uma pessoa pobre e olham para o outro lado".

Os indigentes contemplavam atônitos Francisco, que, diante do baldaquino de São Pedro, estava pedindo perdão a eles pela indiferença com a qual tantas vezes os tratamos. Por todas as ocasiões nas quais nem sequer os consideramos dignos de sustentar nosso olhar.[1]

Pobreza não é o mesmo que miséria, uma matização que quis deixar muito clara:

---

[1] Em 11 de novembro de 2016, Jubileu dos Pobres no Ano Santo da Misericórdia.

"Pobre sim, escravo não. A pobreza está no coração do Evangelho para ser vivida. A capacidade de ser solidário é um dos frutos da pobreza. Quando há muita riqueza, a gente se esquece de ser solidário, porque está acostumado a não faltar nada. Quando a pobreza te leva, às vezes, a sofrer, te faz solidário e te faz estender a mão ao que está passando por uma situação mais difícil que a tua. Obrigado por esse exemplo que dais. Ensinai, ensinai solidariedade ao mundo", prosseguiu o papa diante de um dos públicos mais atentos que essa basílica abrigou.

Francisco não estava disposto a que aquele encontro fosse um desses que ficam como uma lembrança do passado, por isso ninguém se surpreendeu que decidisse estabelecer cada ano na Igreja de todo o mundo uma jornada exclusivamente para os pobres. É celebrada no domingo anterior à festa de Cristo Rei, no final de novembro.

A "estratégia" do papa ao fixar essa jornada era muito clara: conseguir que pelo menos por umas horas compartilhemos o que temos com quem tem menos, seja dedicando tempo a escutar ou a acompanhar, ou abrindo a nossa casa aos que vivem em situação de precariedade. Tão simples como aprender a *compartir*, uma palavra que no vocabulário de Francisco se torna prova de autenticidade evangélica.

Quando o papa fala de pobreza, não se refere apenas à falta de meios materiais:

> O problema da pobreza é multiforme e nos desafia todos os dias com suas muitas caras marcadas pela dor, pela marginalização, pela opressão, pela violência, pela tortura e pelo encarceramento, pela guerra, pela privação da liberdade e da dignidade, pela

ignorância e pelo analfabetismo, pela emergência sanitária e pela falta de trabalho, pelo tráfico de pessoas e pela escravidão, pelo exílio e pela miséria, e pela migração forçada.[2]

Se há algo em que Francisco insiste, é em que a pobreza sempre tem rosto: "Mulheres, homens e crianças explorados por vis interesses, pisoteados pela lógica perversa do poder e do dinheiro", como resultado conjunto da "injustiça social, da miséria moral, da cobiça de uns poucos e da indiferença generalizada".

E como o papa detesta a inação e procura ir na frente em todas as iniciativas, decidiu celebrar a Primeira Jornada Mundial dos Pobres com seus autênticos protagonistas: pessoas indigentes, imigrantes e refugiados.

Pela segunda vez, vimos nas primeiras fileiras da basílica de São Pedro não embaixadores e autoridades, mas pessoas de escassos recursos econômicos ou socialmente excluídas. Tinham chegado a Roma de diferentes países da Europa, graças à ajuda de organizações caritativas e do trabalho de muitos voluntários. Um grupo deles fez o papel de coroinhas; outros apresentaram as oferendas; e inclusive alguém se atreveu a fazer as leituras.

O papa estava especialmente emocionado. O encontro era a primeira pedra de um caminho muito claro em seu pontificado: fazer o mundo ver que nos pobres se manifesta a presença de Jesus. Por isso lançou esta claríssima advertência: "O maior pecado de omissão contra os pobres

---

[2] O papa anunciou a criação dessa jornada em 13 de junho de 2017, em sua mensagem para a Primeira Jornada Mundial para os Pobres. Celebrou-a no dia 19 de novembro de 2017.

é a indiferença: mudar de canal quando algum problema sério nos indispõe ou indignar-se diante do mal, mas não fazer nada".³

Carmen, Alois e Jafar recebiam ajuda da Comunidade de Santo Egídio, um movimento surgido em Roma em fevereiro de 1968 com a vocação de semear paz entre comunidades e ajudar os mais fracos da sociedade.

Ao longo destes anos, conseguiram estabelecer complicados acordos de paz em todo o mundo. Atualmente, sobretudo, socorrem diariamente imigrantes, anciãos, pobres e refugiados. Um deles era Jafar, de quinze anos, que escapou da Síria junto com a sua mãe. É um dos que conseguiu chegar a Roma vindo do Líbano por avião num dos famosos corredores humanitários, voos diretos organizados por essa comunidade que tantas vidas salvou.

A mãe de Jafar se fizera escudo para proteger outro de seus filhos, ao estourar uma bomba em Damasco. Em consequência dos estilhaços, ficou cega, por isso o seu filho se transformou em seus olhos. Naquele dia se encontrava ao seu lado na basílica de São Pedro.

Naquele encontro se respirava um ambiente de família que contagiava imediatamente. Alguns não conseguiam crer que estavam ali. Para outros, era a primeira excursão que faziam em sua vida. Nunca tinha viajado com amigos. Por isso demonstravam estar tão felizes.

A ternura bem administrada tem sempre efeitos práticos contagiosos. Origina uma espécie de corrente de

---

³ Homilia da missa na basílica de São Pedro de 19 de novembro de 2017.

favores: as pessoas que se sentem amadas tentarão ajudar outras que talvez não o necessitavam mais. Uma forma de redescobrir a própria dignidade.

Mais de um se deixou levar pelo entusiasmo e assentia vigorosamente com a cabeça quando o papa assegurava que "os pobres são, na prática, nosso passaporte para o paraíso, pois para o céu não vale o que se tem, mas o que se dá. Para o céu irão os que entendem que Deus não é um fiscal que procura bilhetes sem carimbar, mas um pai que sai em busca de filhos para lhes confiar seus bens e seus projetos".

E como se tratava de um dia de festa em todos os sentidos, o papa convidou para almoçar no amplo vestíbulo da sala de audiências Paulo VI a mil e quinhentos desses peregrinos, todos os que cabiam. Os demais foram convidados de honra em outros refeitórios de caridade, seminários e universidades que colaboraram com essa iniciativa.

Apesar de sua predileção pelos descartados, Francisco não gosta de que o chamem de "papa dos pobres". Disse isso abertamente ao sociólogo francês Dominique Wolton: "Não gosto desse termo, porque se trata de uma denominação ideológica. Não, sou o papa de todos. Dos ricos e dos pobres. Dos pobres pecadores, dos quais sou o primeiro".[4]

***

Francisco tinha muito claro que a revolução da ternura não podia permanecer um simples slogan. Era preciso agir.

---

[4] Dominique Wolton, *Política y sociedad: Conversaciones con Dominique Wolton*, Madrid, Ediciones Encuentro, 2018.

E esse agir tem nome e sobrenome: Konrad Krajewski, seu famoso esmoler.

O sacerdote polonês tinha estado ao lado de João Paulo II durante os últimos sete anos de sua vida. Acompanhou-o em sua morte e serviu nas cerimônias litúrgicas de Bento XVI. Quando o papa o nomeou esmoler, também o fez arcebispo. E nesse dia lhe deu um conselho: "Quando alguém te chamar *excelência*, pede cinco euros de taxa para os pobres".

O dia de Dom Conrado não tem fim. Além dos seus habituais percursos pelas ruas, visita hospitais, asilos de idosos, restaurantes sociais, centros de refugiados. Conhece as pessoas pelo nome. Fui testemunha de como localiza os seus "protegidos". Sabe onde se põem a pedir esmola ou o lugar onde passam a noite na intempérie.

Os primeiros que me falaram dele, recém-chegada a Roma, foram Elena e Carlos, um jovem casal que dormia toda noite num subterrâneo perto de São Pedro. Ouvi-os cantar em espanhol e me aproximei para conhecê-los. A história deles é das que doem: perda de trabalho, solidão, rua, drogas. Tinham se encontrado na rua e decidiram permanecer nela, porque era a única forma de conseguir dinheiro para tratar da doença da filha de Elena, que vivia em outro país com o seu pai. "Aqui estamos bem, porque um padre polonês nos ajuda. Ele fica atrás de nós e, quando estamos mais apertados, nos traz um envelope com algum dinheiro com o qual vamos nos virando."

Em muitas ocasiões, é o próprio Francisco que telefona a Dom Conrado para pedir-lhe que "atue" em seu nome. Um dos primeiros encargos diretos do papa foi viajar para a ilha de Lampedusa para ajudar os sobreviventes de um naufrágio que custou a vida de trezentas e sessenta e oito pessoas.

"Muitos não terão possibilidade de avisar os seus familiares para lhes dizer que estão bem. Veja o que podes fazer", tinha-lhe sugerido o papa num rápido telefonema.

E para Lampedusa foi Dom Conrado, com uns mil e seiscentos cartões telefônicos para que os sobreviventes, em sua maioria eritreus e somalis, pudessem comunicar-se com suas famílias e também para que as equipes de resgate, quase todas formadas por voluntários, pudessem localizar as famílias dos que tinham morrido afogados.

Pelas manhãs recebe da parte do secretário do papa um enorme envelope que contém muitas cartas. O próprio Francisco o envia diretamente com indicações precisas escritas à mão. Numa aparece sublinhado: "Talvez possas resolver este caso"; em outra, entre exclamações: "Saberás como ajudar!".

Dom Conrado espera sempre as "surpresas" de Francisco. Um dia enviou-lhe duzentos euros para que os fizesse chegar a uma idosa de Veneza de quem tinham roubado a carteira, enquanto ia comprar medicamentos. Noutra ocasião, pediu-lhe que entrasse em contato com uma família italiana que, numa carta, lhe descrevia os sofrimentos de sua filha pequena, Noemi, enferma de uma severa atrofia muscular espinal. Dom Conrado se deslocou até a cidade onde reside a família e convidou-os a ir à casa de Santa Marta para que o papa os pudesse cumprimentar. Outro dia ficou sabendo que, em Roma, vivia um casal de idosos com graves problemas de mobilidade e pediu a Dom Conrado que lhes fornecesse um utilitário elétrico, que desde então permitiu que eles saíssem à rua com autonomia.

Em 17 de dezembro de 2013, no primeiro aniversário que Francisco celebrava como papa, Dom Conrado teve a ideia de convidar para a missa das 7 da manhã na Casa Santa Marta uma das pessoas que dormia debaixo das marquises de São Pedro. Quando estava indo, parou um instante o carro, perguntou a um grupo dos que estavam espreguiçando-se em seus sacos de dormir se queriam acompanhá-lo e dar os parabéns a Francisco, e rapidamente embarcaram três, um eslovaco, um polonês e um checo, os únicos que cabiam no utilitário do sacerdote. Também o cão de um deles, do qual não queria separar-se.

A ideia encantou o papa, que considerou como um presente que viessem à sua missa, cãozinho de rua incluído. Naquele dia, todos juntos tomaram o café da manhã. O próprio Dom Conrado o recorda sorrindo: "Nesse dia, todos os convidados naquele refeitório da Casa Santa Marta sentiram cheiro da Igreja!".

A partir daquele primeiro aniversário, o papa sempre teve alguma atenção com os mais pobres nesse dia, e através do esmoler encontrou a forma de convidá-los a um sorvete, caramelos ou algum prato doce para completar a festa.

Muitas vezes me perguntei por que o papa é tão pródigo em sua atenção com as pessoas que sofrem qualquer tipo de carência. No fundo, a explicação é clara: porque revive a parábola do bom samaritano, mostrando a um mundo desatento quem é realmente o próximo: "A partilha e a doação aos que necessitam é um estilo de vida, um caminho de autêntica humanidade, que Deus sugere inclusive a muitos que não são cristãos".[5]

Trata-se não só de ajudar a quem necessita, mas de buscar a quem necessita de ajuda.

Criatividade a serviço dos mais pobres

Bruno tem vinte e seis anos e é guarda suíço. Tinha ouvido falar das "correrias" do esmoler do papa entre os indigentes de Roma e um dia se ofereceu para ajudá-lo em seu tempo livre. Lembra-se perfeitamente de que era Sexta-feira Santa. Enquanto o papa presidia a reza da via-sacra diante do imponente Coliseu, um "comando" de voluntários se dedicava a percorrer as estações romanas de Termini e de Ostiense e outros lugares que serviam de refúgio a moradores de rua distribuindo envelopes com cartão de felicitação de Páscoa da parte do papa.

"Quando abriam o envelope ficavam alucinados, porque dentro deparavam-se com quarenta ou cinquenta euros. Um tesouro para muitos deles", acrescenta Bruno, esclarecendo também que quase todos eram conhecidos de Dom Conrado, que se tinha assegurado previamente da quantidade de que cada um necessitava para fazer alguma compra concreta.

Bruno me esclarece que não se trata de entregar coisas às pessoas necessitadas, mas, sobretudo, de prestar atenção

---

[5] Em 12 de março de 2016. Audiência Geral das quartas-feiras.

nelas, ouvi-las durante um momento, demonstrar que são valorizadas e que, sobretudo, se respeita a sua dignidade.

Desde aquela primeira saída, Bruno acompanha em algumas noites o esmoler do papa, junto com outros voluntários, para distribuir a comida que sobrou da ceia da guarda suíça, da polícia do Vaticano e de alguns bares próximos. Distribuem-na entre pessoas que resistem a passar a noite em albergues. Se algum dos sem-teto está mal e aceita passar a noite fora da rua, Dom Conrado o translada em sua camioneta branca até lares habilitados.

Em 2018, o papa decidiu que o trabalho mais importante do Vaticano, o do esmoler, competia a uma pessoa com a dignidade de cardeal. Por isso entregou "a púrpura" a Dom Conrado.

O novo príncipe da Igreja dizia que a nomeação não se devia a seus méritos, mas aos pobres.

Ser cardeal esmoler tem muitos privilégios. Mas há um especial. Esse cardeal "de rua" é o único membro da Cúria Romana com permissão expressa para ser um mão-aberta: "Cada vez que me vê, o papa me pergunta se necessito de dinheiro e costuma me dizer que 'uma conta-corrente é boa quando está vazia, porque foi dado aos necessitados. Não restrinjas gastos. Gasta tudo para os pobres'".

Está claro que cumpre ao pé da letra o mandato do papa.

A criatividade da dupla Conrado-Francisco não tem limites: distribuir cartões no Natal, com selo incluído para que possam felicitar suas famílias, sacos de dormir para as frias noites de inverno, ovos de chocolate para as crianças internadas no hospital Bambino Gesù de Roma. Numa semana de chuva intensa, chegaram a distribuir trezentos guarda-chuvas esquecidos e nunca reclamados pelos turistas nos museus vaticanos...

No dia em que canonizaram Madre Teresa de Calcutá, conseguiram que os melhores mestres *pizzaiolos* napolitanos cozinhassem para milhares de pessoas sem teto que foram à cerimônia. Viajaram de Nápoles com fornos portáteis incluídos e convidaram para comer um milhar de pobres vindos de toda a Itália, atendidos pelas Missionárias da Caridade. Ninguém queria perder o dia em que Teresa de Calcutá subiu aos altares.

Às vezes, são os próprios moradores de rua que prestam uma pequena ajuda. Um dia o papa quis presentear as pessoas que assistiam à reza do Ângelus com um libreto com noções básicas do catolicismo, e eles o repartiram entre os fiéis e turistas que se encontravam na Praça de São Pedro. Era um gesto de confiança de Francisco, e uma lição de vida para os peregrinos, felizmente surpresos pela gentileza.

Quando o papa recebe um presente valioso, quem o dá sabe que será rapidamente leiloado para conseguir fundos. Francisco costuma assiná-lo, porque, assim, adquire mais valor nos lances do leilão. É o que ocorreu com várias motos Harley-Davidson e com carros de alta categoria, entre outros muitos artigos.

Cada ano, quando chega o frio, são colocados à venda bilhetes da loteria do papa, uma espécie de rifa de alguns dos presentes que recebeu no último ano, cujos benefícios serão diretamente destinados à Esmolaria.

Os prêmios são tão variegados como os presentes que naquele ano foram feitos ao pontífice: desde uma bicicleta, passando por relógios, cafeteiras, canetas ou um chapéu branco, modelo panamá, perfumes, cachecóis ou livros. Artigos todos eles de pouco valor material, mas com o atrativo de que vem do Papa Francisco.

Grande parte do dinheiro que se emprega em ajudar os pobres procede das vendas dos famosos pergaminhos com a bênção papal, que se podem solicitar no Vaticano, concretamente nas dependências da Esmolaria Apostólica.

Dom Conrado contou um dia ao papa que tinha convidado Franco, um mendigo italiano, para comer num restaurante perto de São Pedro. Ficara sabendo que era seu aniversário e quis surpreendê-lo com esse presente, mas o mendigo recusou o convite. Sentia vergonha porque fedia, e nessas condições não queria entrar num restaurante e arriscar-se a ser expulso.

O papa ficou pensativo e pôs em marcha um novo plano: construiria duchas no Vaticano para que os mendigos que dormem nos pórticos pudessem utilizá-las. E como complemento perfeito – porque não nos esqueçamos de que a ternura também está nos detalhes – pensou que também se poderia preparar uma barbearia para que pudessem cortar o cabelo e ajeitar a barba. Em dezembro de 2018, o papa transformou a antiga sala de correios, que usava cada vez menos e que fica exatamente ao lado dos banheiros, em ambulatório gratuito para eles.

Quando entram nas duchas, os voluntários lhes entregam toalha, sabão, lâmina de barbear e uma muda de roupa.

Podem permanecer debaixo da água o tempo que desejarem e, depois, quem quiser pode passar na barbearia, atendida por cabelereiros voluntários um dia na semana.

Basta ficar uns minutos parado na esquina da colunata de Bernini – ao lado dela se tem acesso às duchas – para contemplar a transformação em muitos deles. Alguns saem quase irreconhecíveis. Estão encantados com esse serviço, porque também são atendidos com amabilidade, e os voluntários se prestam a escutar toda a tragédia que há em suas vidas.

A dignidade perdida se recupera com pequenos grandes gestos, também com água quente e sabão.

Atrás das duchas e da barbearia, chegaram as lavandarias. Estão situadas no bairro romano do Trastévere, onde podem ir lavar, secar e passar a sua roupa e seus apetrechos. Ali também dispõem de ambulatórios médicos para receber os primeiros socorros, os quais sempre estão abertos, geridos por voluntários da associação italiana Medicina Solidale e da já conhecida Comunidade de Santo Egídio.

Se em alguma segunda-feira pela manhã você passar perto da Praça Città Leonina, a escassos metros da colunata de São Pedro, pode ser que tope com outra das iniciativas que Dom Conrado pôs em marcha.

Ali, uma conhecida multinacional dedicada a hambúrgueres distribui comida para as pessoas que deambulam pela zona. O menu é o mesmo que você e eu pedimos tantas vezes: um hambúrguer duplo com queijo, bebida e sobremesa. O poder de um hambúrguer que nos faz tão iguais. Viver na rua torna as pessoas invisíveis. Na frente de um pacote de batatas fritas, todos reagimos da mesma forma.

Francisco sabe que a indiferença dói mais que a pobreza.

Quando chega o calor, o esmoler embarca numa caminhoneta com os que couberem para passar um dia na praia. Uma excursão na qual não falta nada, roupa de praia e toalhas novas para todos. Os que sofrem de doença dos ossos também são levados ao balneário. Além disso, essas atividades terminam sempre numa pizza, com todos juntos, em família, e, sendo possível, numa barraquinha de praia.

A propósito, muito perto de Roma, na costa, existe uma zona de banho adaptada a crianças com dificuldades de movimento. Quase todas as praias italianas são privadas e o papa ficou sabendo que a associação que gere esse recinto tinha dificuldades para se manter, devido aos altos custos do aluguel. A partir desse momento, a Esmolaria a ajuda a cobrir parte dos gastos e ali podem ir com total tranquilidade todos os que necessitem de ajuda para poder desfrutar de um banho de mar no meio do calor romano.

Uma ternura feita de detalhes que ocupa poucos titulares, mas que tem um efeito multiplicador.

Turnê turística pelos museus vaticanos

Atravessar a porta de entrada da Capela Sistina é uma experiência que nos deixa todos boquiabertos.

Imaginemos por uns instantes como deve ter sido a visita privada que o papa organizou para cento e cinquenta pessoas sem teto aos museus vaticanos. Os pobres de Francisco passeando pelos mesmos corredores que, durante séculos, pisaram nobres, reis e papas.

Dom Conrado pensou que o melhor momento para organizar essa jornada inesquecível seria aproveitar o dia em que os museus vaticanos estão fechados. A visita teria que ser exclusiva em todos os sentidos: guias turísticos que falem em distintos idiomas e fones de ouvido, como os que usam os milhares de visitantes que esse lugar habitualmente tem.

Alguns dos convocados naquele dia tinham passado muito tempo de sua vida pedindo esmola nas portas do museu, mas nunca tinham estado ali dentro. Segundo iam atravessando o Cortile della Pigna, a galeria dos mapas ou os aposentos de Rafael, ficavam sem palavras. Os efeitos da contemplação da beleza da arte são universais, pois engrandecem o coração, libertam a mente e ampliam a alma.

Chegou o momento mais desejado do percurso. Atravessaram o umbral de uma porta e, de repente, toparam com a obra mestra de Michelangelo: a Capela Sistina. Não era preciso ninguém lhes pedir para guardar silêncio. Os seus olhos diziam tudo. Alguns verteram lágrimas. Não sabiam para onde não olhar. Tanta beleza os deixou comovidos.

Visitar os museus vaticanos leva horas e cansa, por isso estava tudo previsto: tinham sido preparados assentos para todos. Podiam desfrutar da Capela Sistina o tempo que quisessem, sozinhos, sem turistas que os molestassem.

Não sabiam que Dom Conrado lhes tinha preparado outra surpresa. De repente, uma porta se abriu e apareceu o Papa Francisco. Incrédulos ainda, aplaudiram com força.

"Bem-vindos, esta é a casa de todos. Esta é a vossa casa. Aqui as portas estão sempre abertas." Não foi preciso mais discurso por parte de Francisco: "Que o Senhor cuide de vós, que vos ajude no caminho da vida e que vos faça sentir esse amor terno do Pai".[6]

O papa se aproximou depois de cada um dos seus cento e cinquenta convidados para cumprimentá-los pessoalmente. Também os animava a se fixar em algum detalhe dos afrescos de Michelangelo.

No final, como faz sempre, despediu-se pedindo-lhes: "Por favor, rezai por mim. Necessito de orações de pessoas como vós".

Os grandes encontros são arrematados pelo alto, e essa visita continuou com uma ceia no restaurante do museu: pizzas, embutidos, um prato típico italiano preparado com carne de porco, refrigerante e, como sobremesa, *tiramisù*.

Por desejo expresso do papa não se realizou nenhum vídeo nem se tirou fotografia oficial dessa visita exclusiva. Mais um detalhe de delicadeza e respeito para com seus convidados.

Durante umas horas, a magia da arte transportou pessoas que vivem entre papelão a outros mundos, a outras terras, a outras épocas. Francisco sabe que a beleza é capaz de sanar muitas das feridas das pessoas: "Contemplar a arte nos ajuda a redescobrir o que importa na vida, pois a arte representa uma necessidade universal que, no meio deste mundo no qual se apalpa o egoísmo e a lógica do poder, é fonte de harmonia e de paz".[7]

---

[6] Em 26 de março de 2015.

[7] Em 28 de setembro de 2018, aos patronos das artes nos museus vaticanos.

Mas o papa não cruzou os braços depois dessa *tournée*. Não bastava uma visita aos museus. Por que não fazê-los desfrutar também da beleza do melhor espetáculo do mundo? Dito e feito. Com a ajuda de Dom Conrado, convidou ao circo mais de duas mil pessoas de poucos recursos de Roma.

Quando um empresário circense ficou sabendo desse desejo do papa, ofereceu-lhe uma sessão gratuita para todos os seus convidados, como agradecimento por seu carinho à gente do circo.

Todos os que quisessem passar uma tarde debaixo da lona vermelha do circo, junto com suas famílias, puderam conseguir as entradas em centros de acolhida e restaurantes assistenciais. Além disso – a ternura dos detalhes – instalou-se ao lado do toldo do circo um ambulatório móvel, atendido por médicos e enfermeiros voluntários, caso algum dos assistentes necessitasse de uma consulta médica. E o convite do papa incluía uma ceia requintada.

Museus, circo, ceias, sacos de dormir, duchas, cartões telefônicos... A história não terminou e restam surpresas. Para o papa tudo é pouco, contanto que forneça um instante de alegria às pessoas sem teto da Cidade Eterna.

A última carícia do papa a Alexander e a Valentim

"Faz três dias faleceu uma pessoa muito perto daqui, na rua. Era uma pessoa sem teto. Morreu de frio. Em pleno centro de Roma, uma cidade com todas as possibilidades de ajudar. Há muitíssimas pessoas que nem sequer recebem uma última carícia no momento de morrer".[8]

Naquela manhã, durante a homilia da missa na Casa Santa Marta, notava-se que o papa estava abalado. Tinham contado a ele a história de Alexander, um polonês de sessenta e três anos que costumava perambular pelas ruas próximas do Vaticano e que morreu numa calçada, vítima do frio. Encontraram o seu cadáver entre papelões com os quais tentara cobrir-se.

Doía-lhe que alguém tivesse morrido na solidão, quase à vista de todos. Nada mais podia fazer senão pedir a Dom Conrado que se encarregasse de celebrar um funeral em sua memória, ao qual acorreram os amigos da rua que conheciam Alexander.[9]

Anos depois, também pediu ao seu esmoler que se ocupasse com as exéquias de Valentim, um romeno de quarenta e oito anos e que há vinte anos vivia em Vila Misericórdia, uma espécie de albergue habilitado ao lado do hospital Gemelli de Roma. Uma parte do edifício tinha sido transformada em moradia habitual de pessoas sem teto, em sua maioria enfermas pelos efeitos devastadores das drogas.

Os voluntários de Santo Egídio conheceram Valentim numa dessas rondas ocasionais nas quais distribuíam comida quente ao cair da noite. Comportava-se sempre de forma reservada, cortês e respeitosa, e agradecia por tudo. A sua vida não tinha sido fácil. Chegou a Roma vindo da

---

[8] Homilia em Santa Marta de 14 de março de 2016.
[9] O enterro de Alexander ocorreu em 12 de janeiro de 2014.

Romênia com a sua mulher e a filha. No princípio encontrou trabalho no campo, mas as coisas não correram bem. Terminou separando-se de sua mulher, caiu no alcoolismo e começou a viver na rua.

Muitas vezes os voluntários de Vila Misericórdia foram em sua busca, quando não voltava para casa. Sempre agradecia a paciência dos que passaram a ser a sua família e pelo fato de, apesar de suas frequentes "fugidas", esperarem-no. Morreu de forma imprevista, mas não na indiferença. Em nome do papa, Dom Conrado celebrou o seu funeral na capela do hospital Gemelli.

Numa entrevista que concedeu ao semanário de Milão *Scarp de'Tenis*, feito por pessoas em situação de exclusão social e que é distribuído diretamente entre pessoas sem lar, Francisco foi muito direto: "Pode-se olhar para um sem-teto e vê-lo como uma pessoa, ou então como se fosse um cachorro".

O papa fala com conhecimento de causa. Passou muitas horas de sua vida percorrendo as ruas dos bairros mais pobres de Buenos Aires, entrando nos barracos das favelas, e sabe que

> os que vivem na rua compreendem imediatamente quando há um verdadeiro interesse por parte da outra pessoa ou quando há sentimento de pena. O egoísmo pode estabelecer uma barreira com as pessoas excluídas. É muito difícil colocar-se no lugar dos outros, porque frequentemente somos escravos de nosso egoísmo. Pôr-se no lugar dos outros significa ter uma grande capacidade de compreensão.[10]

---

[10] Entrevista ao semanário *Scarp de'Tenis* de 28 de fevereiro de 2017.

Certamente, não muitos sabem que dentro do Vaticano estão enterrados dois mendigos.

Willy Herteleer e Cesar de Vroe repousam para sempre ao lado de personagens insignes da nobreza alemã e holandesa no Cemitério Teutônico, um dos recantos mais serenos e desconhecidos do Vaticano, afastado dos percursos turísticos, mas à sombra da basílica.

É um terreno ajardinado, perto da tumba de São Pedro, oculto por altos muros e que, segundo a tradição, foi adquirido pelo imperador Carlos Magno em finais do século VIII.

Willy Herteleer era um mendigo de uns oitenta anos que tinha passado a última parte de sua vida nas cercanias da Praça de São Pedro. Frequentava a igreja de Santa Ana, destacada por sua profunda religiosidade e conhecia todos os soldados da guarda suíça. Um dia de dezembro de 2014 deixaram de vê-lo e descobriram que tinha falecido no vizinho hospital do Espírito Santo. Seu cadáver permanecia no necrotério à espera de que alguém o reclamasse. Após contatar a pouca família que lhe restava, os quais Willy não via há décadas, conseguiram as permissões necessárias para enterrá-lo dentro do Vaticano.

Anos mais tarde, em janeiro de 2018, faleceu outro mendigo, Cesar de Vroe, aos sessenta e cinco anos. Era conhecido como o "vagabundo de Deus". Era filho de uma prostituta belga e passou a maior parte de sua vida na rua. Agora descansa junto a Willy Herteleer e ao lado dos aristocratas de sua terra. É que, diante da morte, não valem as classes sociais.

"Esta púrpura é para os pobres, não tenho nenhum mérito"

Em 29 de junho de 2018, o Papa Francisco impõe o barrete púrpura a catorze novos cardeais. Entre eles se encontravam seu esmoler e também dois espanhóis: o arcebispo maiorquino Luís Ladaria, prefeito da Congregação para a Doutrina da Fé, e o religioso de Valladolid, Aquilino Bocos, antigo superior-geral dos missionários claretianos.

Dizem que Dom Conrado chateou-se ao ficar sabendo que o papa o faria cardeal. A notícia o pegou quando voltava de bicicleta ao Vaticano.

> "Foi uma surpresa. Para mim supõe um dom absolutamente imprevisto, mas sobretudo maior responsabilidade para com aqueles que vivem nas margens das cidades, os esquecidos e os últimos. Evidentemente, o Santo Padre não pensou em minha pessoa, mas em nossos irmãos que mais sofrem. Como cardeal continuarei ajudando os que se veem obrigados a viver nas margens", explicava Dom Conrado quando se viu cercado por jornalistas, pouco depois de conhecer sua nomeação.

Como era de esperar, Dom Conrado decidiu celebrar a nomeação com uma grande refeição de domingo "em família", para a qual foram convidados duzentos e oitenta sem recursos, refugiados e ex-presidiários. O que ele não podia imaginar é que o Papa Francisco apareceria de repente para somar-se ao festejo.

"Veja, Conrado, não vim por ti, mas por eles", disse o pontífice brincando com todos e escutando suas histórias.

A noitada transformou-se numa tertúlia familiar, o tipo de festas de que Francisco mais gosta. Houve tempo também para tirar muitas fotos. Um dos participantes da ceia, famoso por sua longa e descuidada barba branca, pegou o solidéu vermelho do cardeal Krajewski e o colocou no momento da foto, diante do sorriso do papa.

A partir de então, Dom Conrado procura que ninguém se atreva a chamá-lo de *eminência*, porque cobra uma multa. E se alguém ficar em dúvida sobre se a cor púrpura lhe subiu à cabeça, o esmoler lança ao ar esta pergunta: "Se vir Jesus numa pessoa pobre, o que lhe dará? Roupa rasgada de que já não precisa? Comida vencida? Não! A Jesus dará sempre o melhor que tiver".

Agora, o Cardeal Krajewski, os braços do papa, continua trabalhando na sombra, assim como tantos sacerdotes, missionários, leigos e voluntários em todo o mundo. Com seu testemunho devolvem a dignidade a pessoas sem recursos e fazem melhores a todos nós. São um exército.

Graças a eles, a revolução da ternura muda o mundo. Eu o comprovei.

O ECUMENISMO DA AMIZADE

"Para entender Francisco, você tem que ler as duzentas e quarenta páginas dos Evangelhos." Assim responde sucinta e claramente Marcelo Figueroa a todos os que lhe perguntam pelo papa.

Marcelo é pastor da igreja presbiteriana de San Andrés, em Buenos Aires. Durante mais de duas décadas, dirigiu a Sociedade Bíblica Argentina e ali conheceu o então arcebispo de Buenos Aires, Jorge Mario Bergoglio. Junto com o rabino Abraham Skorka formaram uma equipe que pôs em marcha o programa de rádio *Bíblia, diálogo vigente*, no Canal 21, a emissora de televisão e rádio da arquidiocese de Buenos Aires. Foram emitidos com regularidade trinta e um programas, já que o trigésimo segundo ficou pendente por causa do conclave.

"Fá-lo-emos quando voltar a Buenos Aires", foi a despedida de Bergoglio, antes de ir a Roma para não regressar.

O programa, que não chegou a ser gravado, estava dedicado a um tema muito grato a Francisco: a amizade.

O novo papa chegou a Roma muito "treinado" no que se refere ao ecumenismo. Levava tempo pondo-o em prática em Buenos Aires, cultivando a amizade pessoal com pastores evangélicos e pentecostais, com bispos ortodoxos. Dialogar com os cristãos o ajudava a se entender melhor com os rabinos judeus e os imãs muçulmanos.

E, quando Francisco se considera amigo de alguém, são palavras maiores. Importava-lhe a pessoa e tudo o que a rodeia. E isso inclui as famílias de seus amigos. A amizade de Francisco é genuína, autêntica e incondicional.

Graças àquele capítulo inconcluso sobre a amizade para o programa de rádio, Marcelo Figueroa teve a oportunidade de entrevistá-lo sobre esse tema na Casa Santa Marta. O papa abriu o seu coração de par a par e regalou um dos diálogos mais profundos que li.

> Dói-me o sentido utilitário da amizade. Que se busque o proveito. Que se tente ver o que posso tirar eu de me aproximar dessa pessoa e tornar-me amigo. E eu me senti usado por gente que se apresentou como amiga, a quem eu talvez não tenha visto mais que uma ou duas vezes na vida, e usou isso para seu proveito. É, porém uma experiência pela qual passamos todos, a amizade utilitária. Em geral, as verdadeiras amizades não se explicitam, dão-se e vão-se como cultivando. A tal ponto que a outra pessoa já entrou em minha vida como preocupação, como bom desejo, como sadia curiosidade de saber como vai ela, a sua família, os seus filhos. Outra característica da boa amizade é que com um amigo que não vês há tempo, quando te encontras, sentes como se o tivesses visto ontem, te unes imediatamente. É uma característica muito humana da amizade.[1]

---

[1] Programa emitido por FM Millenium, em 13 de setembro de 2015.

Sim, o tempo de Francisco é o das conversações cálidas e certeiras. De dialogar sem subir a voz. De confidências entre amigos que faz tempo que não se veem. E não importa se os teólogos discutem até o infinito: "Poderíamos mandá-los a uma ilha deserta para, enquanto se põem de acordo, seguir caminhando", uma frase genuinamente de Francisco, que repetia com frequência a Marcelo Figueroa em Buenos Aires.

Provavelmente não haja no mundo uma diplomacia tão eficaz como a sua: deixar atrás as lutas entre irmãos para mostrar, todos juntos, a misericórdia divina no mundo.

No tempo que levo em Roma, conheci já muitos supostos "amigos" de Francisco. Alguns deles lhe fizeram um pequeno favor. Os autênticos se reconhecem a léguas. Nunca alardeiam, não exibem a sua amizade nem o manifestam. Tampouco necessitam tornar públicos seus encontros nem as chamadas que recebem com frequência.

E Francisco tem seus amigos perfeitamente localizados: Marcelo é um deles.

"Eu nunca tive tantos amigos como agora. Todos são amigos do papa. A amizade é algo muito sagrado. Antes de considerar alguém amigo, deixar que o tempo o prove, ver como reage diante de vós. E é o que sucedeu em nossa história. O senhor evangélico, eu católico, e trabalhando juntos por Jesus", recordou Francisco em seu diálogo sobre a amizade com Marcelo Figueroa.

O verdadeiro amigo se interessa por tudo o que é próximo a você. Por isso, a família de Marcelo, sua mulher e seus filhos passaram a ser também, de certa forma, família do papa. Juntos atravessaram um grande momento escuro, um diagnóstico terrível dos que fazem o mundo afundar-se aos seus pés. Quando li a entrevista, uma resposta do papa me deixou intrigada; nela ele mencionava um sofrimento comum, mas não dava muitas explicações:

> Confesso, eu sentia a necessidade de estar perto de ti, de tua mulher, de teus filhos. Porque um amigo não é um conhecido, alguém com quem passas um bom tempo de conversa. A amizade é algo profundo. Creio que Jesus quis que houvesse entre nós. Mas, além do teu chiste de que és a ovelha protestante minha, está essa aproximação humana de poder falar de coisas comuns com profundeza.

O carinho incondicional do papa para com quem considera um amigo ficou manifesto com Marcelo Figueroa, que é avesso a explicar episódios pessoais. Só com muita insistência concordou em relatar circunstâncias que envolvem uma anedota íntima.

Marcelo, a ovelha protestante de Francisco

Conheci Marcelo Figueroa no aeroporto de Fiumicino, enquanto esperávamos para embarcar no voo com Francisco rumo à Suécia.

A idade nos dá lições magníficas sobre as pessoas, sobretudo com as que chegam para nunca mais ir embora. E Marcelo é uma delas. Com essa forma tão sua de fazer as coisas, calando e falando no tom que marca seu sorriso e revela seu trabalho.

De Francisco partiu uma ideia revolucionária: por que não propor Marcelo Figueroa como diretor da edição argentina de *L'Osservatore Romano*?

Que um pastor protestante esteja na frente do diário oficial do Vaticano supõe toda uma declaração de princípios. A isso se chama *normalizar o diálogo ecumênico*, dando passos concretos para encurtar distâncias.

Para Marcelo, o calor humano de Francisco se revela em que, apesar de todo o trabalho que tem nas mãos, "quando uma pessoa está com ele, faz com que ela se sinta a mais importante de todo o mundo; e gera uma empatia com um nível de proximidade humana espiritual que se sente e percebe".

Esse pastor protestante fala por experiência. Pôde constatar isso num dos períodos mais duros da sua vida. Pedi-lhe que escrevesse esse episódio, e reproduzo aqui o relato tal qual me entregou.

> 30 de março do ano 2015 foi um dia de aniversário que nunca esquecerei. Assim como nos últimos quinze anos aproximadamente, Jorge Bergoglio, agora Papa Francisco, me telefonou para felicitar-me. Foi como sempre uma conversa amena, com suas habituais mostras de humor e carinho numa amizade sincera, espiritual e respeitosa. Por esse carinho e esse respeito, para não preocupá-lo inutilmente e assumindo a multiplicidade de atividades importantes em sua agenda, nada mencionei a respeito de que nessa tarde me dariam o resultado de uma biópsia.
>
> Em poucas horas, recebi uma notícia demolidora. O resultado do estudo refletia a presença de um tumor maligno, sumamente agressivo, com prognósticos duríssimos e estatísticas de sobrevivência muito breves. Nessa noite e nos dias seguintes

me sustive com o amor de minha esposa Emilse; meus filhos, David e Carolina, e os amigos mais próximos. Por isso, decidi também escrever um e-mail a meu irmão e amigo Francisco. Só umas breves palavras informativas e meu pedido de que, agora, ele rezasse por mim. Suas orações e conhecimento da situação para mim eram suficientes.

Na tarde de 3 de abril, Sexta-feira Santa, recebi uma chamada em meu celular, e sua inconfundível voz tinha uma tonalidade de angústia que nunca tinha sentido. Enquanto a emoção me embargava, escutei-o dizer algumas palavras inesquecíveis: "Estou com as vestimentas pronto para ir ao Coliseu e acabo de ler o teu correio sobre a tua enfermidade e pedi que me esperem uns minutos, porque não quero ir sem falar contigo. A notícia de tua saúde me deixou devastado. Eu te acompanharei em meu coração e em minhas rezas. Já mesmo neste dia tão especial para nossa fé cristã". Teve outras palavras de alento e consolo que pela emoção não recordo. Também me perguntou se minha esposa estava perto. Ela se encontrava ao meu lado, mas chorando me fez sinal de que não podia falar. Estava muito emocionada e agradecida diante de semelhante gesto.

Minutos depois liguei a televisão e vi esse enorme homem de Deus rezando (a via-sacra noturna) no Coliseu, na frente de milhões de pessoas entre presentes e telespectadores, e não podia crer que uns instantes antes tivéramos essa conversa. A sua amizade inalterável, sua proximidade amorosa e seu coração sensível fizeram sempre de Jorge Bergoglio uma pessoa única, e, no momento mais difícil de minha vida, essa imensa figura tomou indícios que nunca sairão da minha memória.

Os intercâmbios epistolares continuaram até que finalmente, em 25 de abril, realizou-se a operação cirúrgica que habitualmente se faz nestas patologias. Enquanto me operavam, em meu celular chegou uma mensagem de correio de Francisco que minha esposa pôde ler emocionada. Entre outras coisas dizia: "Hoje estou ao teu lado, em oração de intercessão por tua saúde e por tua família, que te acompanha com esperança. Obrigado pelo exemplo de serenidade cristã que expressas em tuas mensagens". Nessa época, uns irmãos conhecidos que estiveram com ele em audiência privada, comentaram comigo que ele olhou a hora e, percebendo que coincidia com o horário de minha operação, solicitou que todos tirassem uns minutos para rezar por um amigo que estava sendo operado de uma grave enfermidade em Buenos Aires.

Três dias depois telefonou para minha casa e depois de dialogar, alentar-me e acompanhar-me com suas palavras, pediu para falar com minha esposa Emilse. Esse extenso diálogo, que prefiro guardar reservado, esteve carregado de uma força pastoral tão intensa que reconfortou o coração de Emilse, o meu e o de meus filhos. O amigo, o irmão, o cura, o pastor tomou tempo e coração para acompanhar e cercar com o seu amor toda a minha família. Ninguém fez algo como ele.

Finalmente, os resultados da biópsia pós-operatória foram milagrosamente positivos e não houve necessidade de acompanhá-la com tratamentos oncológicos. Ao saber deles, escreveu imediatamente. "Obrigado por tua mensagem, que me fez feliz pela notícia. Bendito seja o Senhor! Saudações à tua esposa e aos teus filhos." Poucos dias depois voltou a telefonar para minha casa e dialogar com alegria novamente comigo e com minha esposa.

Muitas coisas aconteceram nestes anos de amizade e irmandade com o Papa Bergoglio, muitos encontros, infinitas mensagens e abundantes conversas telefônicas. Mas nada pode nem poderá superar estas que estão aqui narradas. As mesmas não falam de mim, falam de um homem que vive tão perto de Jesus como o Senhor o fez com seus amigos.[2]

---

[2] Texto inédito de Marcelo Figueroa para este livro.

Pouco há para acrescentar.

Certamente, naquela entrevista interrompida sobre a amizade, Marcelo Figueroa comentava ao papa que muitas das pessoas "desconhecidas", que ele olha e abraça, o interpretam como se fosse o próprio Jesus que as atende com ternura. Francisco rapidamente respondeu: "É Jesus que me abraça neles. Não somente eu que dou, vou receber também".

Um carinho de ida e volta.

Marcelo não é a única "ovelha protestante" de Francisco. Mantém uma grande amizade com o pastor da Igreja evangélica pentecostal Giovanni Traettino, que conhecia de Buenos Aires e visitou em duas ocasiões como papa na localidade italiana de Caserta. Em sua época de arcebispo, conversava também com frequência com o pastor Jorge Himitian, o pai de Evangelina.

Evangelina: um encontro em Santa Marta com o Padre Jorge de sempre

Aquela viagem fugaz a Roma deixou Evangelina Himitian muito tranquila. Temia que o Padre Jorge, com quem tanto tratara quando pequena, tivesse mudado ao se transformar em Francisco.

Também não tinha muitas esperanças de poder visitá-lo, mas, em todo caso, levava sempre no bolso o livro que tinha escrito sobre ele: *Francisco. O papa da gente*.[3]

---

[3] Evangelina Himitian, *Francisco. El papa de la gente*, Madrid, Aguilar, 2013.

Nessa manhã, Francisco tinha se reunido de forma privada na Casa Santa Marta com seis pastores protestantes argentinos, entre os quais se encontrava Jorge Himitian, o pai de Evangelina, que foi durante muito tempo presidente do Conselho de Pastores de Buenos Aires. Assim que o viu, Francisco perguntou-lhe por sua filha: "Disseram-me que Evangelina escreveu um livro".

Quando Jorge Himitian confirmou que ela se encontrava fora, na rua, Francisco, sem duvidar, saiu da sala e pediu a seus colaboradores que a buscassem e a deixassem entrar.

"Evangelina, como vais?", disse-lhe o papa, enquanto lhe dava um forte abraço. Bastou esse gesto para que ela constatasse que se encontrava diante do mesmo Padre Jorge de sempre. Atento, carinhoso. Cheio de paz. "Disseram-me que fizeste uma investigação sobre mim digna da SIDE", acrescentou sorrindo. Francisco se referia à Secretaria de Inteligência de Argentina.

"Padre, é que o senhor tem muitos duendes que me contaram muitas coisas lindas", disse ela.

"Bom, enquanto contarem as coisas boas e não os pecados, não há problema", respondeu o papa, sempre ágil nos remates.

Evangelina, jornalista do jornal argentino *La Nación*, pôde entregar o livro e, embora os colaboradores mais próximos o apressassem, porque o esperava o resto das audiências, Francisco deteve-se a se dedicar a tirar as fotos que fossem necessárias. Ademais, sem mostrar nenhuma sensação de pressa, acompanhou-os até a porta da Casa Santa

Marta e, fiel ao seu senso de humor, despediu-os dizendo: "Vão, que eu fico aqui com os leões".

O lado humano de Bergoglio sempre tinha chamado a atenção de Evangelina. Houve um gesto que lhe causou impacto especial. Durante um congresso ecumênico que se realizou em Buenos Aires, o então Cardeal Bergoglio se deu conta de que o grupo de jornalistas que cobria o evento tinha ficado sem comer. Por isso, ele mesmo se aproximou da mesa das autoridades, pegou toda a comida que pôde e levou-a aos jornalistas.

Quando seus colegas perguntam a Evangelina sobre algumas das críticas que se fazem ao papa, ela costuma responder: "A Francisco é preciso dar tempo e olhá-lo à luz da história".

Ironia do destino que uma protestante se torne grande defensora do pontífice.

Que ninguém instrumentalize o nome de Deus para a violência

Aeroporto José Martí de La Habana. Com um abraço, o Papa Francisco e o Patriarca Kirill da Igreja Ortodoxa russa acabavam de pôr fim a séculos de desconfianças entre a Igreja Católica e a maior das igrejas ortodoxas. Os dois juntos somam cento e cinquenta anos. A idade acrescenta força e transcendência a um encontro que parecia impossível. "Observem como se olham", sussurram entre si os jornalistas.

Embora tenha passado tempo, a cena manteve toda a sua força. Os chefes das duas maiores igrejas cristãs sorriam abertamente um para o outro, visivelmente felizes. Ao se aproximarem um do outro, apressados, conscientes de que estavam fazendo história, o papa exclamou: "Finalmente!".

Instantes depois chegou o abraço: cordial, intenso, sincero. Não faltaram os três beijos que marcam a tradição ortodoxa. Entrementes, escutou-se Francisco chamar várias vezes de *irmão* o Patriarca Kirill, que, com a ajuda de um intérprete, respondeu: "Agora as coisas são mais fáceis!".

Não havia tempo a perder. Embora Francisco estivesse com catorze horas de viagem, o seu rosto refletia ilusão e alegria. Os dois irmãos reencontrados sentaram-se para conversar a portas fechadas, junto a um crucifixo de estilo oriental e com seus presentes debaixo do braço. O papa tinha escolhido o seu com especial carinho: entregou-lhe uma relíquia de São Cirilo, o apóstolo dos eslavos, junto com Metódio. Era precisamente o santo cujo nome Kirill tomou quando foi eleito patriarca. São Cirilo é, também, honrado por católicos e ortodoxos. Todo um símbolo.[4]

Nunca se tinham reunido um papa e um patriarca de Moscou. Francisco e Kirill fizeram história. Com esse gesto começava a ruir o muro de inimizade e desconfiança entre as duas confissões cristãs. É só o princípio. Ninguém disse que o processo seria rápido ou fácil, mas, pelo menos, houve uma aproximação essencial com uma Igreja que sempre marcou distâncias com Roma e que, com uns cento e setenta milhões de fiéis, é a segunda Igreja cristã mais numerosa depois da católica.

---

[4] O encontro entre o Papa Francisco e o Patriarca Kirill ocorreu em La Habana, em 12 de fevereiro de 2016.

Apesar de um dos últimos mandatos de Jesus se referir à unidade, a história trouxe a separação. As disputas teológicas em torno dos concílios de Éfeso (431) e Calcedônia (451) originaram a separação das igrejas orientais antigas. Em 1054 ocorreu o Grande Cisma do Oriente, pelo qual a cristandade ficou dividida em dois ramos: o ortodoxo, cujo patriarcado ficou estabelecido em Constantinopla (a atual Istambul), e o católico, de Roma. O século XVI marcou a separação entre luteranos e anglicanos. O caminho de volta à unidade começou no século XIX e acelerou-se nos dois últimos séculos.

Há algo de ar limpo na forma com que Francisco vai sacudindo o pó de desavenças de séculos. Sabe bem que a amizade favorece o diálogo e consegue que, ao lado das diferenças, se dê espaço a temas compartilhados: a perseguição dos cristãos, a ajuda humanitária às vítimas da guerra da Síria, a sensibilidade para com os emigrantes.

Numa das primeiras entrevistas, concedida ao que então era vaticanista de *La Stampa*, Andrea Tornielli, falava com imenso carinho de seus irmãos ortodoxos:

> Para mim o ecumenismo é prioritário: recebi as visitas de muitos irmãos ortodoxos: Bartolomeu, Hilário, o teólogo Zizoulas, o papa copta Teodoro; este último é um místico, entrava na capela, tirava os sapatos e ia rezar. Senti-me seu irmão. Conservam a sucessão apostólica, recebi-os como irmãos bispos. É uma dor não poder celebrar juntos ainda a Eucaristia, mas a amizade existe. Creio que o caminho seja este: a amizade, o trabalho em comum e rezar pela unidade. Demo-nos a bênção uns aos outros; um irmão abençoa o

outro, um irmão se chama Pedro e o outro se chama André, Marcos, Tomé...[5]

Aquele encontro no aeroporto de La Habana deixou também sobre a mesa a assinatura de uma declaração conjunta sobre questões comuns: ajuda aos cristãos perseguidos no Oriente Médio, proteção da família, apoio aos jovens... Um futuro de colaboração que, em vez de se enredar em debates teológicos intermináveis, buscava pôr-se a trabalhar, ombro a ombro, em assuntos que preocupam por igual a todas as religiões do mundo.

As delegações das igrejas e das comunidades que visitam Roma se alojam, via de regra, na mesma residência do papa, a Casa Santa Marta. Assim Francisco compartilha com eles teto e momentos de amizade. Um dos líderes ortodoxos mais próximos do papa é o patriarca ecumênico de Constantinopla, Bartolomeu I. Cada vez que ia a Roma, ocupava o quarto no qual agora reside Francisco, por isso, no primeiro dia que se cruzaram na Casa Santa Marta, disse-lhe com simpatia: "Fiquei com o teu quarto...", ao que Bartolomeu I respondeu: "Deixo-o com muito prazer!".

A amizade cresceu ao longo dos anos e cada vez que se encontram faz-se patente a sua sintonia. Precisamente, Bartolomeu I animou Francisco a visitarem juntos a Terra Santa. A ocasião era perfeita: comemorar o encontro que há cinquenta anos tinham protagonizado seus predecessores, Paulo VI e o patriarca de Constantinopla Atenágoras.

---

[5] Entrevista de Andrea Tornielli, publicada em *La Stampa* e *Vatican Insider*, em 10 de dezembro de 2013.

Naquela viagem, Francisco esteve acompanhado por seus amigos, o rabino Abraham Skorka e o líder muçulmano argentino Omar Abboud. O fortíssimo abraço de três líderes religiosos – um judeu, um cristão e um muçulmano – diante do Muro de Jerusalém deu a volta ao mundo.

"Conseguimos!" Era o velho sonho que três amigos esboçavam há tempo. Mostravam, assim, a única fórmula que consegue frear os confrontos religiosos: o respeito e o afeto entre crentes.

Em seu discurso prévio perante o Conselho Supremo Muçulmano, Francisco tinha advertido:

> Amados irmãos, queridos amigos, a partir deste lugar santo, lanço um premente apelo a todas as pessoas e comunidades que se reconhecem em Abraão: respeitemo-nos e amemo-nos uns aos outros como irmãos e irmãs! Aprendamos a compreender a dor do outro! Ninguém instrumentalize o nome de Deus para a violência! Trabalhemos juntos em prol da justiça e da paz![6]

Momentos depois, no Memorial do Holocausto Yad Vashem, que recorda a *shoah*, seguramente o maior crime da história da humanidade, o papa invocou o perdão e a misericórdia de Deus: "Nunca mais, Senhor, nunca mais! Aqui estamos com a vergonha do que o homem, criado à tua imagem e semelhança, foi capaz de fazer. Lembra-te de nós em tua misericórdia".

Foi precisamente durante o voo de volta dessa viagem que Francisco recordou aos jornalistas que a ideia de deixar

---

[6] Em 26 de maio de 2014. Discurso na visita ao grão-mufti de Jerusalém.

de lado séculos de debates teológicos intermináveis não era nova. Bartolomeu I o tinha confirmado: "Atenágoras disse a Paulo VI que a melhor coisa era que eles caminhassem juntos, tranquilos, e que colocassem os teólogos numa ilha para que discutissem entre eles".[7]

É a filosofia do Papa Francisco. Que as diferenças teológicas entre cristãos não nos impeçam de remar unidos na mesma barca, em todos os fins que compartimos. O lema de "fazer o bem juntos" a favor dos necessitados é um dos melhores caminhos para o bom entendimento.

Meses depois, em Istambul, Francisco e Bartolomeu I tiveram a oportunidade de celebrar juntos a festa de Santo André, patrono da Igreja ortodoxa. O patriarca reiterou o reconhecimento do "primado do amor, da honra e do serviço" da Igreja de Roma, e Francisco o surpreendeu pedindo-lhe a sua bênção diante de todos.

Ali também foi assinada uma declaração conjunta que mudou o tom nas relações dos cristãos com o islã: "Inspirados por valores comuns e reforçados por um genuíno sentimento fraterno, muçulmanos e cristãos estão chamados a trabalhar juntos por amor à justiça, à paz e ao respeito da dignidade e dos direitos de cada pessoa".[8]

Tratava-se de um convite ao diálogo em todas as circunstâncias, que desautorizava frontalmente os que utilizam as diferenças religiosas para fomentar a violência ou para justificar atrocidades.

---

[7] Voo de volta de Jerusalém, em 26 de maio de 2014.
[8] Em 30 de novembro de 2014.

O que ninguém imaginava então era que, anos depois, na primeira visita de um papa à Península Arábica – berço e terra santa do Islã –, Francisco assinaria nos Emirados Árabes Unidos um importante documento junto com Ahmed el-Tayeb, líder religioso de um bilhão e cem milhões de muçulmanos sunitas.[9]

O papa não teme assumir tarefas difíceis. Embora o *Documento sobre a fraternidade humana pela paz mundial e a convivência comum* parecesse *a priori* uma empresa impossível, o texto foi trabalhado letra por letra por parte de uma equipe de teólogos vaticanos, junto com professores e peritos muçulmanos.

Tudo sobre aquela viagem a Abu Dabi, em fevereiro de 2019, pressagiava que ia ser diferente das outras. Os jornalistas estavam conscientes de que, junto com a assinatura desse importante documento, que marcou uma nova página na história do diálogo entre o cristianismo e o islã, assistiriam a um acontecimento insólito, sem precedentes: as autoridades permitiram que se celebrasse uma missa multitudinária ao ar livre, num país no qual não se podem realizar manifestações públicas de culto não muçulmano.

Talvez seja intuição, experiência de séculos ou simplesmente paciência. O fato é que, quase na ponta dos pés, Francisco vai dando passos de gigante no complexo mundo do ecumenismo e do diálogo entre as religiões. Sempre ao seu lado, o secretário de Estado, o eficaz Cardeal Pietro Parolin,

---

[9] Durante a viagem apostólica aos Emirados Árabes Unidos, em 4 de fevereiro de 2019, foi assinado em Abu Dabi o *Documento sobre a fraternidade humana pela paz mundial e a convivência comum*.

move as peças quase sem fazer ruído. Nesse tipo de diplomacia, a paciência é providencial e vai além de muitos, porque os avanços são para dentro, pouco visíveis. Porém marcam caminhos.

Geleia e bolo caseiro numa paróquia anglicana

"Esta geleia é uma receita de minha família há gerações", disse-me orgulhosa a senhora Emily num perfeito italiano, quando lhe perguntei com curiosidade pelo conteúdo de sua cesta. Ela ia dá-la de presente ao papa, e se notava que a tinha preparado com esmero. "Também fiz bolo de avelãs, porque garanto que faz tempo que não desfruta de bolos caseiros como os que a sua avó piemontesa fazia."

Aquela primeira visita de um bispo de Roma à igreja anglicana de Todos os Santos da Cidade Eterna mais parecia uma festa de aniversário.

Na central Via de Babuino, muito perto da movimentada Praça do Povo, encontra-se essa pequena igreja dedicada a todos os santos. Há dois séculos oferece serviços litúrgicos aos residentes britânicos dessa confissão. Como intuía que essa cerimônia não seria frequentada por muita gente, peguei minha autorização e fiz o possível para entrar, ficar num canto e passar inadvertida. E funcionou.

Num clima de confiança e carinho fraterno, o pároco anglicano abriu o seu coração ao papa, assegurando-lhe que no momento da divisão seus correligionários utilizavam a expressão *bispo de Roma* como um insulto para menosprezá-lo. "Hoje, ao contrário, reconhecemos o seu papel único no testemunho do Evangelho e sua amabilidade pastoral conosco e com muitos outros cristãos em todo o mundo."

No final de um encontro de perguntas e respostas com os membros dessa Igreja, recebeu entusiasmado os presentes que lhe ofereceram; entre eles, a cesta de produtos caseiros da senhora Emily, e depois revelou um pequeno segredo: queria fazer uma viagem ao Sudão do Sul junto com o arcebispo de Canterbury e primaz da comunhão anglicana Justin Welby.

Francisco o conhecia há tempo. Um dos seus encontros mais transcendentes foi o que tiveram em Roma, por ocasião do quinquagésimo aniversário do início da caminhada ecumênica entre as duas igrejas. A sua amizade se fez evidente nos presentes que trocaram durante a cerimônia. Francisco entregou a Justin Welby uma relíquia muito especial: a parte superior do báculo de Santo Agostinho de Canterbury, o monge enviado pelo Papa São Gregório Magno para evangelizar os anglo-saxões.[10]

O Arcebispo Justin Welby, por sua vez, tirou a sua cruz peitoral e a entregou como presente a Francisco, que imediatamente a pôs ao pescoço e, sem tirá-la durante todo o encontro, acrescentou: "O Senhor nos pede que saiamos de nós mesmos e de nosso ambiente para levar o seu amor misericordioso a um mundo sedento de paz".

Em algumas das viagens de Welby a Roma, tinham falado da possibilidade de contribuir para o processo de paz no Sudão do Sul, vítima de fome em consequência da

---

[10] Em 6 de outubro de 2016.

guerra civil que afeta já dezesseis milhões de pessoas no Chifre da África.

Agora já é normal ver Justin Welby no Vaticano, convidado a distintos congressos nos quais os líderes religiosos compartilham as suas experiências em projetos comuns, como a erradicação do tráfico de seres humanos ou a crise do meio ambiente. É a estratégia de "caminhar juntos" enquanto os teólogos entram em acordo.

O ecumenismo da amizade de Francisco o leva a encontrar mil formas de colaboração com os "irmãos separados" como uma das vias para a desejada unidade.

O ecumenismo do sangue

Quando ainda era simples sacerdote, o agora papa conhecera em Hamburgo um pároco que cuidava das causas de beatificação dos chamados *mártires de Lübeck*: três sacerdotes católicos – Johannes Prassek, Eduard Müller e Hermann Lange – e o pastor luterano Karl Friedrich Stellbrink.

Os quatro foram guilhotinados pelos nazis como represália por ensinar o catecismo às crianças. Fizeram fila diante do patíbulo, no qual foram decapitados um depois do outro, e seu sangue correu misturado pelo chão. Essa imagem se tornou todo um símbolo do ecumenismo na Alemanha.[11]

O pároco contou ao papa que tinha ido ver o bispo para dizer-lhe que queria trabalhar na causa conjunta dos

---

[11] Foram decapitados em 10 de novembro de 1943 na prisão Holstenglacis de Hamburgo.

quatro, embora um não fosse católico. O episódio lhe ficou bem gravado, porque anos depois, numa entrevista concedida a Andrea Tornielli, usou a mesma imagem:

> Este é o ecumenismo do sangue. Ainda existe hoje, basta ler os jornais. Os que matam os cristãos não te pedem o documento de identidade para saber em que igreja foste batizado. Temos de levar esta realidade em conta. Em alguns países matam os cristãos porque levam consigo uma cruz ou têm uma Bíblia; e antes de matá-los não perguntam se são anglicanos, luteranos, católicos ou ortodoxos. O sangue está misturado. Para os que matam, somos cristãos. Unidos no sangue, embora entre nós não tenhamos conseguido dar os passos necessários para a unidade, e talvez não seja ainda o tempo. A unidade é uma graça que é preciso pedir.[12]

O ecumenismo do sangue é uma manifestação concreta do zelo de Francisco por abrir espaços de diálogo onde nos possamos encontrar. Uma mão estendida que leva consigo uma mensagem implícita: que não se vejam os outros cristãos como rivais, mas como irmãos.

Diante de um mundo global no qual as barreiras criam divisão, e as desconfianças entre confissões cristãs se tornam ridículas, o ecumenismo da amizade de Francisco convida a uma mudança definitiva de atitude. Não quer que nos resignemos diante de uma separação que causou tantos conflitos ao longo da história, porque "as divisões entre cristãos ferem a Igreja, ferem a Cristo".[13]

---

[12] Entrevista de Andrea Tornielli, em 10 de dezembro de 2013.
[13] Audiência Geral de 8 de outubro de 2014.

O ecumenismo do sangue, a aposta por apoiar-se em referentes que também hoje em dia arriscam a sua vida em defesa do mesmo Evangelho, foi um tema habitual nas distintas declarações conjuntas que Francisco realizou ao longo dos últimos anos: com o patriarca de Constantinopla Bartolomeu I (2014), com o católico armênio Karekin (2016), com o patriarca de Moscou Kirill (2016) e com o papa copta Teodoro II (2017).

Os grandes protagonistas desse ecumenismo do sangue são os cristãos perseguidos do Oriente Médio, uma das regiões do mundo onde menos se respeita a liberdade religiosa. Por causa das guerras e da perseguição, muitas famílias se viram obrigadas a abandonar as suas casas e, como resultado, a percentagem de cristãos diminuiu drasticamente ao longo de um século.

A preocupação de Francisco por sua situação o levou a promover vários encontros de caráter ecumênico. Fez isso no ano 2013 com uma grande vigília de oração pela Síria em São Pedro; em fevereiro de 2018, com uma jornada mundial de jejum por esse país; e em julho desse mesmo ano, numa iniciativa sem precedentes, quando decidiu reunir em Bari (Itália) todos os patriarcas e líderes das igrejas cristãs com presença no Oriente Médio para rezarem juntos pela paz nessa região.

Bari encerra todos os ingredientes necessários para se tornar a cidade ecumênica por excelência. É lugar de peregrinação para muitos católicos orientais e também para ortodoxos russos, pois, em sua basílica, se encontram as relíquias de São Nicolau de Mira, personagem nascido na atual

Turquia, que chegou a bispo (e foi muito milagreiro). Como seus restos descansam em Bari, no Ocidente o conhecemos como São Nicolau de Bari.

E, como quando se recebem os amigos não há protocolo que valha, naquela luminosa manhã de sábado, Francisco chegou por primeiro e colocou-se diante do portão principal da basílica para ir recebendo com um abraço cada um dos patriarcas ou seus representantes. Aí estavam seus velhos conhecidos, o patriarca ecumênico de Constantinopla Bartolomeu I, o papa copta Teodoro II e o número dois do patriarca de Moscou, Kirill, o metropolita Hilarião de Volokolamsk.

Em seu discurso, Francisco deixou claro para que os tinha convocado: "Queremos dar voz a quem não tem voz, a quem só pode engolir as lágrimas, porque o Oriente Médio chora hoje, sofre e se cala, enquanto outros o pisoteiam em busca de poder e riquezas. A indiferença mata, e nós queremos ser uma voz que combata o homicídio da indiferença".[14]

Primeiro rezaram pela paz junto com milhares de peregrinos. Depois se reuniram a portas fechadas muito perto da tumba do santo, sentados a uma mesa redonda na qual todos, como irmãos, estavam no mesmo nível.

A seguir, juntos leram uma declaração para pedir o fim dos conflitos.

A ansiada paz – recordava Francisco – não virá graças às "tréguas sustentadas por muros e provas de força", mas pela vontade real de escutar e dialogar.

---

[14] Em 7 de julho de 2018.

Naquele dia, em Bari, os amigos de Francisco clamaram todos juntos contra a violência que assola o Oriente Médio diante do silêncio e da cumplicidade de muitos.

Um silêncio cúmplice, que é como perseguir duplamente os cristãos.

O centenário da reconciliação

Conforme se aproximava o quinto centenário da Reforma de Lutero, a mudança de atitude e o espírito de entendimento entre católicos e luteranos eram evidentes. Francisco escreveu outra pequena página da história, participando, com a Federação Luterana Mundial, de numa oração ecumênica pela unidade em Lund, Suécia, por ocasião do aniversário do começo da Reforma.

Ficaram para trás recordações nas quais só se lembravam as diferenças e os agravos de Roma. Chegava o momento de aproveitar o clima de entendimento e respeito iniciado no Concílio Vaticano II.

Os primeiros passos para essa reconciliação tinham dado já os seus predecessores. São João Paulo II, com a sua carta encíclica *Ut unum sint* (Que sejam um), soube recolher todo o caminho traçado a partir do Concílio Vaticano II, e Bento XVI se aproximou até do antigo convento dos agostinianos de Erfurt, a cidade de Lutero, para confirmar diante dos responsáveis máximos da Igreja Luterana o bom entendimento conseguido mediante a *Declaração conjunta sobre a doutrina da justificação* de 1999. Com esse documento, redigido na sala de estar da casa dos Ratzinger, em Regensburg, punha-se fim a cinco séculos de polêmicas teológicas.[15]

Meses antes, para preparar o terreno, Francisco tinha animado os participantes de um congresso sobre a Reforma, celebrado em Roma, a "contar a história sem rastos desse rancor pelas feridas sofridas, que deforma a visão que temos uns dos outros". Também os convidava a "assumir o positivo da Reforma e distanciar-se de erros, falhas e pecados que levaram à divisão".[16]

Para os jornalistas, cada viagem papal tem sua véspera, marcada sempre pela recolha da credencial, a apresentação do passaporte e a entrega da passagem de avião. Até esse momento, não recebemos o plano exato da viagem com os horários de nossos deslocamentos, encaixados como se pode na intensa agenda do papa. É aí que constatamos que dormiremos pouco e correremos muito, o esporte habitual das viagens internacionais de Francisco.

Enquanto esperávamos pacientemente o nosso turno na sala de imprensa vaticana, Juan Vicente Boo nos fez perceber que a viagem à Suécia faria história. Pela primeira vez, se ia comemorar um centenário da Reforma sem polêmicas. E isso confirmou-se.

De fato, a Federação Luterana Mundial tinha organizado atos junto com a Igreja Católica. Queriam deixar muito claro que se ia recordar um acontecimento que marcou

---

[15] A *Declaração conjunta sobre a doutrina da justificação* foi assinada em 31 de outubro de 1999, em Augsburgo.

[16] Audiência do congresso "Lutero, quinhentos anos depois", de 31 de março de 2017.

tristemente a história. Mas algo tinha mudado para que, depois de meio milênio repleto de ódio, na comemoração conjunta de Lund se receberia o papa de Roma com aplausos.

Durante aquele encontro, o clima de entendimento mútuo se fez evidente. A pregação ecumênica conjunta na catedral de Lund fechou antigas feridas. Ficou demonstrado que luteranos e católicos podem celebrar juntos a fé comum em Jesus Cristo.

Em seu discurso, o papa reconheceu que

> católicos e luteranos têm uma nova oportunidade para acolher um caminho comum e superar controvérsias e mal-entendidos que, amiúde, impediram que nos compreendêssemos uns aos outros. [...] A separação foi uma fonte imensa de sofrimento e incompreensões, mas também nos levou a cair sinceramente na conta de que sem ele não podemos fazer nada, dando-nos a possibilidade de entender melhor alguns aspectos de nossa fé.[17]

Era uma viagem necessária. Havia de se tentar purificar a memória daqueles acontecimentos pelos quais uns e outros tinham que pedir perdão.

Essa, porém, não foi a única viagem ecumênica de Francisco. No ano seguinte, em junho de 2018, o papa peregrinou a Genebra para se reunir com o Conselho Mundial das Igrejas. Celebra-se o septuagésimo aniversário dessa organização, a principal que engloba os fiéis das igrejas cristãs,

---

[17] A Declaração Conjunta da Federação Luterana Mundial e do Conselho Pontifício para a Promoção da Unidade dos Cristãos foi assinada em 31 de outubro de 2017.

pois reúne um total de duzentas, incluindo quase todas as ortodoxas, a anglicana e a luterana. No total, cerca de seiscentos milhões de pessoas.

Recebeu-o um velho conhecido, o secretário-geral do Conselho Mundial das Igrejas, Olav Fykse Tveit, que esperava o papa com "enorme gratidão".

"O Senhor nos pede unidade; o mundo, destroçado por tantas divisões que prejudicam principalmente os mais fracos, invoca unidade", disse Francisco diante dos diretores do Conselho Mundial das Igrejas.

Também os fez notar que "o ecumenismo é uma grande empresa com perdas. Mas é a perda evangélica traçada por Jesus: 'Aquele que quiser salvar a sua vida a perderá; mas aquele que perder a sua vida por minha causa a salvará'". A oração – acrescentou o papa – "é o oxigênio do ecumenismo".[18]

Dessa viagem me chamou especialmente a atenção o almoço dos líderes religiosos junto com o Papa Francisco. Via-se que estavam em família. Parecia uma reunião de amigos que não se viam há anos.

Se essa mesa pudesse falar, ter-nos-ia explicado que as distâncias não são desculpas; que rezar, evangelizar e trabalhar juntos é mais que possível. Uma mesa demonstra seu máximo superpoder quando a enchemos de amigos: sentamos na nossa aqueles que queremos ter perto, damos a eles nosso tempo e o melhor que há em casa. Criamos esse espaço único para confidências.

---

[18] Em 21 de junho de 2018.

Daí o simbolismo desse almoço em meio a uma viagem relâmpago a Genebra. A unidade na diversidade refletida nos companheiros de mesa: o pastor luterano norueguês Olav Fykse Tveit, secretário-geral do Conselho Mundial das Igrejas; a teóloga anglicana do Quênia, Agnes Abuom, que ia vestida de preto como gesto de solidariedade com as mulheres exploradas em todo o mundo; o representante do patriarcado ecumênico de Constantinopla, Gennadios de Sassima; e a bispa metodista estadunidense, Mary Ann Swenson, que exerce o seu ministério em Hollywood.

Diante de uma mesa de toalha branca e entre um prato e outro se dissiparam os tons cinzentos do passado e ficou confirmado que no diálogo com os amigos se encontra também o germe da paz de que tanto necessita o mundo.

Diante dessa mesa e em dois encontros ecumênicos em Genebra, ficou demonstrada a habilidade de Francisco para escutar e para que o escutem.

O papa quis que, nessa viagem a Genebra, como na realizada dois anos antes à Suécia, seu amigo, o pastor evangélico Marcelo Figueroa, o acompanhasse.

Naquela conversa que mantiveram na Casa Santa Marta sobre a amizade, Francisco lhe resumia "o segredo" de sua forma de abordar o ecumenismo: tempo e paciência.

> É necessário a paciência para forjar uma boa amizade entre duas pessoas. Tempo e paciência. Como dizem os árabes, "comer vários quilos de sal". Muito tempo de falar, estar juntos, conhecer-se, e aí se forja a amizade. Essa paciência na qual uma amizade é real, sólida.

Um segredo que com a volta dos anos se revelou eficaz, e que lhe permitiu transpor desníveis, aplanar terrenos e encurtar distâncias que pareciam inalcançáveis.

TERNURA A TRINTA MIL PÉS DE ALTURA

Uma sociedade sem mães seria uma sociedade desumana, porque as mães sempre sabem dar testemunho, inclusive nos piores momentos, da ternura, da dedicação, da força moral.[1]

"Santo Padre, caso-me em duas semanas. Aqui está o convite, se quiser vir."

Arturo Anastasio é um câmera napolitano da agência televisiva de notícias Rome Reports. Disse isso do seu assento do avião, quando o papa passou a cumprimentar os jornalistas, um costume habitual em todas as suas viagens.

Francisco, rapidamente, como sempre, se virou para os que estavam ao seu lado e provocou o riso geral: "Vai para a prisão em duas semanas!".

---

[1] Audiência Geral, 7 de janeiro de 2015.

A seguir deu a Arturo um de seus conselhos preferidos para a convivência matrimonial: "Lembre-se das três palavras-chave do matrimônio: *posso?*, para não ser invasivo, *obrigado* e *perdão*. *Posso*, *obrigado* e *perdão*. E se voarem os pratos, que voem, mas, antes de terminar o dia, façam as pazes, porque a guerra fria do dia seguinte é perigosa".[2]

E, depois do conselho, pediu que lhe trouxessem uns rosários, como os que entrega aos chefes de Estado, para dar a Arturo e sua esposa. O primeiro presente que receberam por seu casamento.

Compartilhar um voo com o papa lhe permite seguir de perto as suas reações, escutar as suas palavras e analisar os seus gestos a somente alguns centímetros de distância. Fora de todo protocolo, a trinta mil pés de altura, o papa é 100% Francisco.

O avião se torna uma atalaia perfeita para contemplar o catálogo de gestos de ternura que desenvolve com todas as pessoas que viajam com ele. Jornalistas e tripulação se sentem escutados, atendidos e queridos. Embora seja apenas por uns minutos, o papa é "tudo para ti". Não importam suas preocupações, nesse instante lhe interessa o que você quer contar a ele.

Dizem que o primeiro cumprimento marca as pessoas para sempre. Assim aconteceu em meu primeiro encontro com Francisco. Tinha pouco tempo em Roma e viajava a bordo do avião do papa com pânico cênico ante o desconhecido. Tudo era um desafio. Tinha revisado o gravador mais de dez vezes, quase compulsivamente, para que tudo funcionasse.

---

[2] Em 25 de agosto de 2018.

Em qualquer momento apareceria Francisco. Olhava para as cortinas que nos separavam da parte dianteira do avião com o nervosismo de uma principiante. Que diria ao saudá-lo? Chegou o momento. Ergui-me do assento esquivando-me, como pude, da câmera da agência Reuters que tinha à altura do meu pescoço. Tudo foi tão simples como fascinante. "É a substituta de Paloma García Ovejero", apresentaram-me.

E envolto num dos melhores sorrisos, o papa respondeu rapidamente, enquanto fazia o gesto com as mãos: "A Paloma [pomba] voou..." e, quando já continuava o seu caminho, virou-se apenas para acrescentar: "Mas chegou a andorinha". Não foi preciso nada mais. Dissiparam-se os medos e me senti totalmente em casa.

Francisco é assim. Alguém capaz de contar o Evangelho com um gesto, num silêncio, com a mão, deixando que se tirem mil *selfies* entre jornalistas incansáveis ou tranquilizando com um acolhedor sorriso uma estagiária vaticana estreante.

No primeiro dia de uma viagem com o papa se começa deitando-se muito tarde e levantando-se muito cedo. Há muito a preparar na véspera, e é difícil conciliar o sono.

No pequeno séquito do papa, nunca faltam o secretário de Estado do Vaticano – o Cardeal Pietro Parolin – nem alguns membros da Cúria cujo trabalho está relacionado com os países que o pontífice visita. A eles se unem os membros da gendarmaria e da guarda suíça, que fazem parte da segurança do papa.

Quando fez a sua primeira viagem rumo à Jornada Mundial da Juventude no Rio de Janeiro, Francisco entrou no avião levando na mão uma velha bolsa negra. Todos estavam intrigados. No voo de volta, um jornalista perguntou pelo seu conteúdo: "Claro que não levo as chaves das bombas atômicas! O que há dentro? O barbeador, o breviário, a agenda, um livro para ler... Estou surpreso que a foto tenha dado a volta ao mundo. Temos que ser normais. Temos que nos acostumar com a normalidade".[3]

O papa é assim: normal. Um qualificativo que honra as pessoas grandes. Nunca se sentiu líder de massas, embora o seja.

Em cada voo internacional não cumprimenta um a um só os jornalistas. Começa antes pelos pilotos, mecânicos, comissárias e auxiliares de voo. É fácil comprovar que já estiveram com ele, quando voltam à parte traseira do avião com um sorriso nos lábios e, inclusive, com o rímel escorrido pela emoção do encontro. Durante o voo para La Habana e México, uma comissária lhe fez esta pergunta: "Não gostaria de ser uma pessoa comum?".

"Eu sou uma pessoa comum", respondeu sorrindo o papa.

É precisamente essa normalidade que desconcerta e entusiasma nas viagens com Francisco.

Na parte dianteira do avião – dentro do qual não se faz nenhuma mudança de assentos nem de espaços –, ficam o papa e seus colaboradores mais próximos. Depois das cortinas, os gendarmes e os guardas suíços. Em seguida, e até o

---

[3] Em 29 de julho de 2013.

fim, os sessenta ou setenta jornalistas que o acompanham. Em muitas ocasiões, durante a decolagem, com as cortinas abertas, os que vão atrás levantam as cabeças para distinguir o solidéu branco do papa na primeira fila, que contrasta visivelmente com o vermelho dos cardeais. Diante do seu assento, costuma-se colocar uma imagem da Virgen de los Buenos Aires – ou de Bonaria, como é chamada em seu santuário de Sardenha –, cujo nome leva a capital da Argentina. Às vezes, é substituída por alguma advocação particular do país que vai ser visitado.

A normalidade também se manifesta no tipo de serviço e atenção ao papa durante o voo, idêntico ao que se oferece ao resto dos passageiros. O cardápio é o mesmo para todos.

Os jornalistas são sempre os primeiros a subir ao avião. Têm assentos reservados nas primeiras filas de seu setor apenas os câmeras, os fotógrafos e os repórteres de rádio que cobrem a viagem, para garantir que os cabos estejam bem conectados. Uma vez dentro do avião, é o momento do "salve-se quem puder". É preciso pôr em marcha uma autêntica coreografia técnica, na qual cabos, câmeras, tripés e gravadores devem ser instalados com a máxima celeridade possível, para que tudo esteja pronto antes da decolagem, incluídas as provas de som. Não se sabe muito bem como, mas, em menos de um quarto de hora, está tudo em seu lugar. A parte traseira do avião fica transformada numa sala de imprensa internacional na qual se possa trabalhar durante o voo.

Teoricamente, não existem normas escritas, mas o protocolo exige vestir-se de escuro; os homens sempre com terno e gravata, embora se viaje a um país com calor tropical.

O avião é um local de trabalho também para o papa. Além de rezar o breviário e o rosário, e, também, de estudar assuntos com os seus colaboradores, revisa os discursos da viagem. Sobre o texto escrito acrescenta algum comentário de última hora, embora, em muitas ocasiões, prefira deixar o texto de lado e improvise, porque considera que aqueles que o escutam nesse momento necessitam de outro tipo de palavras. O fato é que em Francisco nada fica ao acaso. A maior parte das vezes a sua "improvisação" é totalmente deliberada.

Quando o avião chega à velocidade de cruzeiro, Francisco se aproxima da parte traseira acompanhado pelo diretor da sala de imprensa do Vaticano e pelo sacerdote colombiano, Maurício Rueda, responsável por organizar as viagens do papa desde 2016.

A primeira coisa que sempre faz é agradecer o trabalho dos jornalistas, consciente de que a apertada agenda que tem por diante deixará sem fôlego também pessoas muito mais jovens que ele, que o seguirão para não perder nenhum detalhe.

Depois começa o seu percurso pelo corredor do avião. Um esforço notável para Francisco, que escuta e aperta a mão de sessenta ou setenta pessoas, dedicando a elas sempre o tempo que desejarem, por mais que se avise todas as vezes que será um percurso breve e rápido, numa tentativa de que o papa se canse o mínimo possível.

Inclusive, depois de muitos voos, não é fácil explicar a sensação que se tem ao apertar a mão do papa, receber o seu sorriso, poder ver de perto os seus olhos verdes e trocar umas breves palavras com a mesma confiança que empregaria com seu pai ou com alguém muito próximo.

É o momento de mostrar-lhe a fotografia da família, de entregar-lhe o desenho que os filhos fizeram, de mostrar-lhe algum livro escrito sobre ele ou de ficar muito surpreso quando o próprio papa pergunta por aquele familiar que está mal de saúde e pelo qual o jornalista pediu que ele rezasse em outra viagem. A memória de Francisco é prodigiosa.

Se fica sabendo que algum dos presentes está de aniversário, tem o prazer de felicitá-lo e normalmente lhe dá um rosário. Na volta da viagem a Manila, quis fazer uma surpresa a Valentina Alazraki, a correspondente da Televisa, do México, decana dos vaticanistas, que, em fevereiro de 2019, na viagem que Francisco realizou aos Emirados Árabes, tornou-se a primeira pessoa que cobriu cento e cinquenta voos papais. Naquele dia, Valentina celebrava uma cifra redonda. No final da habitual coletiva de imprensa a bordo, apareceu um enorme bolo de aniversário com as cores do vaticano e com uma única vela que representava o número zero: "Para manter o segredo da idade", acrescentou com cumplicidade o papa.

Não contente com a delicadeza, ele mesmo entoou o "Parabéns" e lhe presenteou com um belo presépio de cerâmica. Como o papa cuida de tudo, ao entregar o presente recomendou: "Não abra o embrulho agora, pois são coisas muito delicadas. Aqui tem esta foto para ver o que tem aí dentro".

Carece dizer que Valentina ficou sem palavras, enquanto todos os presentes romperam num aplauso.[4]

---

[4] Em 19 de janeiro de 2015.

O normal é que sejam os jornalistas a darem pequenos presentes ao papa. Muitas vezes se trata de livros. Na viagem ao Chile, um jornalista desse país lhe deu de presente uma biografia de São Martinho de Porres, porque sabia que tinha grande devoção ao santo. Francisco lhe respondeu, diante do sorriso geral: "Não tenho tanta devoção a ele como à sua vassoura. Quando é preciso limpar gente que incomoda, me encomendo à vassoura e ele os varre".

Cada vez se torna mais difícil surpreender o papa com um presente. Durante a sua viagem a Cuba, um jornalista da Telemundo lhe entregou encantado o Prêmio Emmy que tinha recebido a sua rede de notícias pela cobertura de sua eleição. A lista de presentes seria interminável, desde tênis esportivos para que ande "cômodo" na viagem, até uma coleção completa de filmes de Cantinflas, música clássica, bichinhos de pelúcia típicos do país, café colombiano, mate e empanadas argentinas ou doces típicos como as yemas de Santa Teresa de Ávila, com as quais Paloma García Ovejero tentava convencê-lo a se animar a viajar à Espanha...

Provavelmente um dos presentes mais inesperados que o papa recebeu em suas viagens ocorreu durante o trajeto para Havana e México.

O jornalista mexicano Noel Díaz esperava a sua vez para cumprimentá-lo com um objeto muito particular nas mãos: uma caixa de lustrador profissional de sapatos:

> Santo Padre, minha mãe era solteira e se dedicava à venda ambulante para poder me educar. Quando era pequeno, um dia escutei-a contar a uma vizinha que estava muito tris-

te porque não podia comprar-me uma roupa para fazer a comunhão. Então me ocorreu sair à rua e ganhar dinheiro como engraxate.

O papa olhava-o tão comovido que quase não teve tempo de reagir quando de repente Noel Díaz se pôs de joelhos em pleno corredor do avião com a escova na mão, enquanto pedia permissão para lustrar os seus sapatos negros: "Santo Padre, gostaria de ser o seu engraxate".

Dito e feito, colocou o pé do papa sobre a sua caixa e começou a escovar os seus sapatos, enquanto acrescentava que com esse presente queria homenagear todas as pessoas que com dignidade e esforço trabalham diariamente nas ruas de todo o mundo para manter suas famílias.[5]

Como tantos outros mexicanos, Noel Díaz cresceu em Tijuana e acabou emigrando para os Estados Unidos. Cruzou a fronteira com sua mãe como imigrante ilegal e foi deportado em duas ocasiões. Finalmente, depois de obter a residência e com muito esforço, conseguiu fazer fortuna fabricando lentes. Com esse dinheiro, fundou a radiotelevisão católica El Sembrador, muito popular entre os imigrantes latino-americanos.

Em outra das viagens, foi o papa que entregou aos jornalistas um presente simbólico. Queria fazer-nos pensar sobre o risco de uma guerra nuclear na Coreia do Norte. Tratava-se de uma foto feita no dia seguinte ao estouro da bomba atômica de Nagasaki. Ele mesmo quis explicar o motivo desse gesto:

---

[5] Em 12 de fevereiro de 2016.

A fotografia é de 1945. É de um menino que leva seu irmãozinho morto nas costas. Espera a vez no crematório. Comovi-me quando a vi. E atrevi-me a escrever atrás: "O fruto da guerra". Quis que fosse impressa para distribuí-la, porque uma imagem assim comove mais do que mil palavras. Por isso quis compartilhá-la convosco.[6]

Com o Papa Francisco é tudo tão natural, que até se pode manter com ele o que chamamos de *conversa de elevador*. É o que sucedeu a um jornalista espanhol. Nervoso por ver-se de repente diante do papa, só lhe ocorreu perguntar-lhe: "O que está achando do verão?". "Aqui em Roma faz muito calor. E você?", disse-lhe o papa. "Fico com a minha família na praia..."

Ao terminar a conversa, o jornalista, ainda atônito, me comentava: "Acabo de ter com o papa uma conversa de elevador".

Fiquei pensando que Francisco é assim, alguém com quem se pode manter conversas de elevador, sem que tenha a sensação de ter feito papel ridículo por falar de assuntos aparentemente irrelevantes.

Cada vez que o veterano vaticanista Antônio Pelayo embarca no avião papal, sabe que Francisco fará alguma referência aos artigos que escreve na revista *Vida Nueva*. Não é apenas para agradar. Lembra-se perfeitamente do escrito e faz o jornalista saber. Numa ocasião, Antônio se tinha expressado ironicamente sobre um comunicado da então Secretaria da Comunicação vaticana, agora

---

[6] Em 15 de janeiro de 2018.

Dicastério para a Comunicação. Em sua crônica, dizia que não havia quem entendesse o texto publicado por uma entidade que supostamente se dedicava a *comunicar* e, portanto, a explicar de forma clara as coisas: "Outro dia me fizeste rir com teu artigo. Na verdade, também não entendi nada desse comunicado".

Às vezes o próprio Francisco surpreende os jornalistas com alguma pergunta inesperada, como a que fez a uma correspondente estadunidense da agência Associated Press: "Qual a idade dos teus filhos?".

Feliz com a pergunta, ela foi dizendo os nomes e as idades de seus filhos. Quando concluiu, Francisco comentou em voz alta: "Gosto de perguntar a uma mãe por seus filhos, porque sempre sorri!".

Os olhos da jornalista brasileira Anna Ferreira ainda hoje brilham quando se lembra, como se fosse ontem, do momento em que o Papa Francisco abençoou a sua gravidez, durante o voo que os levava a Fátima.

O que mais lhe chamou a atenção é que se encontrou diante de um papa para quem as pessoas importam de verdade, e que não se dirige a você por simples educação ou cortesia.

Enquanto esperava a sua vez para cumprimentá-lo, Anna estava nervosa, repassando mentalmente tudo o que tinha previsto contar a ele, mas, quando se encontrou diante dele, ficou completamente desarmada ante o interesse com o qual Francisco, assim que a viu e percebeu seu avançado estado de gestação, lhe perguntou como estava indo a gravidez, se estava bem e quando a menina nasceria:

Fiquei desconcertada. Era como se meu pai estivesse me perguntado por sua futura neta. Além do mais, fazia tempo que desejava que algum sacerdote abençoasse *minha barriga*, mas, por distintas circunstâncias, não fora possível. E, de repente, sem que eu lhe dissesse nada, o papa pôs com grande delicadeza as suas duas mãos sobre minha barriga para abençoar a criança.

Durou só uns segundos, mas para Anna foram instantes únicos, intensos e inesquecíveis junto ao papa. É muito significativo que, para tantas pessoas, um simples encontro com Francisco possa ser tão marcante.

***

No dia em que me apresentaram Juan Vicente Boo, de certa forma conheci também Carmucha, sua mãe, pois me disse que lhe contaria sobre a minha chegada a Roma como substituta de Paloma García Ovejero, recentemente nomeada vice-porta-voz do papa. Carmucha sabia de cor o nome dos companheiros jornalistas de seu filho e o encarregava de nos trazer latas de fabulosas conservas galegas de pescado que compartilhava conosco.

A viagem do papa ao Chile e ao Peru ficará sempre unida, em minha memória, à lembrança dessa mulher.

Como de costume, tínhamos madrugado para tomar o voo de Santiago do Chile para Iquique, a caminho, depois, de Lima. Pouco antes de embarcarmos no ônibus rumo ao aeroporto, Juan Vicente chamou à parte a vaticanista da Agência EFE, Cristina Cabrejas, e a mim para comunicar-nos o choque: Carmucha tinha falecido inesperadamente a milhares de quilômetros de distância. Tinha noventa e três anos, mas não estava enferma.

Nós ficamos estáticas. O mais provável é que eu abrisse a boca e me pusesse a chorar, que é o que costuma acontecer comigo nessas situações. Enquanto tentávamos assimilar a notícia, perguntamos-lhe o que pensava em fazer e como podíamos ajudá-lo.

"A minha mãe estava muito orgulhosa de meu trabalho, acompanhando o papa em suas viagens, e me teria dito para ficar aqui, no meu lugar. Além disso, falei com meus irmãos e não terei tempo de chegar para o enterro." E tomou uma decisão ao estilo da gente de sua terra, banhada pelo Atlântico, tão própria de sua família de marinheiros: continuou navegando. Nós avisamos a Paloma García Ovejero, naquele momento vice-porta-voz vaticana. Do seu escritório em Roma, telefonou à Galícia para dar os pêsames a seu irmão, que lhe comentou que esse tipo de ausência dos filhos não é raro nas famílias de navegantes: "Juan Vicente é um marinheiro e o mar o pegou".

Como havia muita viagem pela frente, Juan Vicente preferiu que a notícia não se espalhasse entre os companheiros. Assim poderia manter a paz e continuar trabalhando.

Aquele voo a Iquique foi único, pois o papa celebrou de surpresa o matrimônio de Paula, a chefe de cabine, com Carlos, um assistente de voo.

Tinham a ilusão de que Francisco benzesse suas alianças de casamento. Ao cumprimentá-lo, explicaram que estavam casados há oito anos apenas civilmente, porque na véspera de seu matrimônio religioso a igreja foi destruída por um terremoto e foram deixando para mais tarde a cerimônia religiosa. O papa lhes perguntou se se amavam e, ao lhe garantirem que sim, ofereceu-se para celebrar a boda nesse mesmo instante. Mas deu-lhes indicações para que não se esquecessem de fazer o registro oportuno em sua paróquia.

No voo de regresso de Lima a Roma, depois da conferência de imprensa, reparei que uma das comissárias se aproximou de Juan Vicente por própria iniciativa. Contou-lhe que tinha sido carmelita e que agora era uma "carmelita dos ares", tentando tratar os passageiros o melhor possível e rezando por eles. Tinha dito isso ao papa e estava muito emocionada.

Quando apenas faltava uma hora para aterrissar, o então porta-voz vaticano, Greg Burke, aproximou-se discretamente de nosso companheiro para dizer-lhe ao ouvido que o papa queria vê-lo.

Francisco levava seis dias com um programa esgotante, tanto no Chile como no Peru. No entanto, apesar de seu cansaço, quando Juan Vicente chegou ao seu assento, fez menção imediata de se erguer. O jornalista o impediu, pedindo-lhe por favor que não se levantasse e indicando que ele se sentaria a seu lado.

O papa tirou, em seguida, os objetos que estavam sobre o assento e, após lhe perguntar como estava, foi levando a conversa de modo que lhe contasse coisas sobre sua mãe.

> Minha mãe era uma grande fã sua, Santo Padre, e estava muito orgulhosa de que meu trabalho consistisse em escrever sobre o

papa e acompanhá-lo nas viagens. Estou certo de que, quando se tiver encontrado com São Pedro, ao chegar à porta do céu, lhe terá dito: "Olá, sou Carmucha, e meu filho está viajando com Francisco".

O papa o escutava com um olhar sereno, como se estivesse rezando e ao mesmo tempo convidando-o a que continuasse contando lembranças gratas dessa mulher forte e doce. Sabia que necessitava de desabafar com um pai.

Num dado momento, deu a ele um rosário negro e pouco depois acrescentou outro branco, advertindo-lhe com carinho: "E este é para tua mãe". Após dar-lhe alguns conselhos simples, disse-lhe: "Hoje ainda não celebrei a missa. Farei isto hoje à tarde e a oferecerei também por tua mãe". Era mais do que Carmucha teria sonhado.

A ponto já de aterrissar, o papa não fazia nenhuma menção de terminar a conversa, nem mostrava nenhum sinal externo de cansaço, apesar de que deveria estar esgotado. Juan Vicente tomou a iniciativa. Despediu-se e agradeceu. Com seu sorriso e seu olhar carinhoso, parecia que era Francisco quem agradecia a ele.

Francisco é assim, uma pessoa profundamente humana, capaz de detectar o que num momento preciso pode aliviar ou encher de paz as pessoas.

É algo que só brota de corações que se movem na mesma frequência que a ternura de Deus.

EPÍLOGO

"Santo padre, encontrei um livro que compartilha a sua teoria sobre quem é o autêntico Mateus no quadro de Caravaggio" – foi a primeira coisa que disse ao papa no corredor do avião rumo à Irlanda, a caminho do Encontro Mundial das Famílias, em agosto de 2018.

Apenas algumas semanas antes tinha recebido o seu telefonema, no qual, ainda hoje, não sei como terminamos falando do quadro "A vocação de Mateus", de Caravaggio. Francisco me explicou a teoria de que, nessa tela, o apóstolo que Jesus chama não é o homem de barba, mas o rapaz de rosto velado pela sombra e que conta as moedas.

Durante as minhas férias, passeando por um sebo de Madri, fui atraída por um livro antigo dedicado a Caravaggio. Folheei-o avidamente para ver se tinha a sorte de topar com o quadro de que ele tanto gosta. Topei sim, escondida entre as páginas centrais amarelentas, aparecia essa obra mestra que tanto convida a meditar.

Alegrei-me por descobrir que já em 1954 os especialistas em história da arte discrepavam sobre a identidade de Mateus.

Não hesitei. Estava certa de que esse livro poderia interessar ao papa e, com sorte, fazê-lo passar um bom momento.

Enquanto lho entregava no avião, Francisco me surpreendeu com uma pergunta: "Conhece o quadro de 'Madona de Loreto', que Caravaggio pintou e que se encontra na igreja de Santo Agostinho de Roma?". "Não", respondi com desconcerto e curiosidade. "É belíssimo. Fui muitas vezes rezar ali, na capela de Loreto. A Virgem segura o Menino nos seus braços, enquanto atende os pedidos dos peregrinos. Por isso se chama também *Nossa Senhora dos Peregrinos*. Eu o recomendo. Vai vê-la. Vais gostar. E muito obrigado pelo livro!", acrescentou o papa, enquanto eu, mais uma vez, voltava a ficar perplexa pelo tipo de conversas tão normais com alguém que, horas depois, aborda temas de importância estratégica para o mundo.

Realmente, a basílica de Santo Agostinho se encontra também muito perto da Casa do Clero, a simples residência na Via della Scrofa, onde o Cardeal Bergoglio se alojava em suas viagens a Roma.

Ali está enterrada a paciente e perseverante mãe do santo de Hipona, Santa Mônica, diante da qual tantas vezes Francisco rezou, como cardeal e como papa. Numa dessas visitas, comentava com um dos frades agostinianos: "Padre, talvez Santa Mônica tenha se cansado até de minhas orações. Entrei muitíssimas vezes nessa igreja para rezar diante de sua tumba. Há tantas famílias no mundo que necessitam de sua intercessão".[1]

No regresso da viagem à Irlanda, Francisco foi diretamente, como sempre, à basílica de Santa Maria Maior para agradecer, perante a imagem *Salus Populi Romani* da Virgem Maria, os frutos do Encontro Mundial das Famílias. Mas, como era 27 de agosto, em vez de continuar até o Vaticano, pediu para dar uma volta e ir à basílica de Santo Agostinho para rezar diante dos restos de Santa Mônica no dia de sua festa e saudar a "Madona de Loreto" de Caravaggio.

Compreendi, então, que o comentário do papa sobre essa pintura no voo de ida para a Irlanda não tinha sido ao acaso. Tinha nas mãos "assuntos pendentes" com a protagonista dessa obra mestra.

Quando pude, fui à basílica de Santo Agostinho para conhecer a "Madona de Loreto", chamada também *Nossa Senhora dos Peregrinos*, porque de fato está recebendo dois deles, bastante maltratados pelo esforço e descalços como ela, na porta de sua casa, e entendi por que essa imagem entusiasma Francisco.

---

[1] Em 28 de agosto de 2013.

Madona de Loreto, por Caravaggio (1604)

Com seus jogos de luzes e sombras, Caravaggio conseguiu refletir como ninguém e deter no tempo esse instante no qual se sente a certeza de que uma Mãe acolhe sempre a oração de seus filhos.

Os primeiros seis anos de pontificado mostravam que Bergoglio tinha sido "fabricado" para ser papa. Aos seus oitenta e dois anos, continua tendo fome de briga. Porque só quem briga e "faz barulho" consegue mudar as coisas.

O seu pontificado não está sendo fácil. Acumula cicatrizes, mas não perde tempo respondendo às críticas, o que permite transcorrer o seu dia a dia com paz interior, apesar das resistências.

Paradoxalmente, as tormentas desatadas em seu redor serviram-lhe para redobrar os esforços e seguir adiante com mais decisão no caminho traçado para mudar o que for necessário.

É consciente de que o que está a construir requer mais de um pontificado, e por isso as crises não o assustam. Em todo esse percurso tentou cercar-se de quem pensava que o podia ajudar melhor. Escolher supõe assumir riscos e equivocar-se, mas o papa sabe que o seu objetivo não é ganhar uma partida, mas vencer o campeonato.

Francisco não trabalha na defensiva. Não julga nem condena. Prefere acompanhar, confortar e abrir portas que outros se empenham em manter sempre fechadas. Por isso é um papa incômodo.

Há, porém, algo especial em sua revolução da ternura. Ela é contagiosa. Ocorre com essas pessoas que, de tanto tratar de tu a tu com Deus, lhes basta um olhar, um sorriso ou um abraço para transmitir a sua vontade de mudar o mundo.

É a condensação misteriosa que se dá nos homens capazes de comover de um modo inapagável.

Num mundo próspero e tecnológico, mas ao mesmo tempo oprimido pelos conflitos, pela indiferença e pela solidão, a ternura cristã é uma verdadeira revolução.

POR ÒSCAR CAMPS

Quando se sofre muito por ver tantas pessoas em redor sofrerem injustamente, buscam-se aliados que compreendam a situação e se somem à causa humanitária que possa paliar ao máximo essa dor. No Papa Francisco encontrei esse aliado que soube entender desde o primeiro momento essa realidade de pobreza extrema e me acolheu como um pai que vela por seus filhos. As minhas palavras não conseguirão exprimir-lhe toda a minha gratidão, o que significa para mim a sua acolhida e o seu apoio nesta causa solidária, que só quer trazer humanidade.

A minha relação com o Papa Francisco remonta a 25 de maio de 2016, quando consegui chamar a sua atenção numa audiência pública na Praça de São Pedro, um mês depois de uma tentativa fracassada. Sabia que aquele homem era sensível à causa dos pobres, dos migrantes e refugiados, capaz de agir com firmeza diante de tantas situações de injustiça, marginalização e desamparo que essas pessoas padecem.

Estava certo de que entenderia o meu gesto. Na mesma Praça de São Pedro, ergui o colete salva-vidas que pertencera a uma menina síria, católica, de uns seis anos, que morrera em meus braços em 28 de outubro de 2015 no naufrágio mais terrível da história do Mar Egeu, causado, sem dúvida, pela inação deliberada da União Europeia. Ele me viu com o colete nas mãos, veio até mim, e tive a graça de falar com ele. Confiava que sucederia, e assim foi.

Naquele momento me dei conta de que o Papa Francisco era um homem próximo, um homem sensível, receptivo às minhas palavras, que não exprimiam algo pessoal, mas o enorme clamor do drama dos refugiados. Tomou a minha mão entre as suas e assim permaneceu enquanto durou a nossa conversa. Visivelmente comovido pelo relato, entreguei-lhe uma carta que explicava quem eu era e qual era minha missão no mar junto com um grupo de pessoas: procurar salvar quantos arriscam a sua vida no mar fugindo da miséria, da fome, da violência, dos maus-tratos, da escravidão e de tantas outras injustiças. Com isso, pedia o seu apoio para nossa causa. A União Europeia estava e está fazendo algo que clama ao céu: abandonar no mar as pessoas que fogem da guerra, da perseguição e da miséria.

Algumas semanas depois daquele primeiro encontro, concedeu-me uma audiência privada. Então, pude explicar-lhe durante quase uma hora o que sucedia no mar e adiantar-lhe o que mais tarde seria uma perseguição jurídica contra as organizações que defendem os direitos humanos ali. Coincidimos em que é desumano abandonar as pessoas que fogem de forma desesperada para outros lugares em busca de uma acolhida para construir uma vida digna, à qual tem direito todo ser humano.

Com o Papa Francisco e, consequentemente, com todos os que se sentem unidos nessa mesma causa humanitária, coincidimos na urgente necessidade de conjugar de forma prática os quatro verbos que ele indicara como roteiro para estar de forma real ao lado das pessoas que buscam desesperadamente refúgio: *acolher, proteger, promover* e *integrar*.

Do Papa Francisco aprendemos que acolher o outro exige um compromisso concreto, um desprendimento de interesses próprios, uma corrente de ajuda e generosidade, uma atenção vigilante e compreensiva, uma gestão responsável de novas e complexas situações nas quais temos uma parte de responsabilidade, como, por exemplo, no gasto escandaloso em armamento enviado a esses países pobres, que não conseguem levantar a cabeça, para que se matem entre eles.

Por tudo isso, não posso fazer mais que agradecer a sua compreensão, a sua atenção pessoal e a sua ajuda incondicional diante do desvio imposto por discursos contrários e atrozes como os de Trump, Putin, Bolsonaro, Salvini ou Kurtz, que não só tornaram ilegais essas pessoas, mas também os que tentam ajudá-las. O Papa Francisco, além de nos mostrar apoio, nos ensinou que, através da acolhida, procuramos equilibrar a preocupação pela segurança com a proteção dos direitos humanos; que com a proteção contemplamos a obrigação de reconhecer e garantir a dignidade inviolável dos que fogem de um perigo real e da exploração e buscam asilo e segurança; que com a integração favorecemos os migrantes e refugiados a participarem plenamente da vida da sociedade que os acolhe, numa dinâmica de enriquecimento mútuo e de colaboração, promovendo o desenvolvimento humano integral das comunidades locais.

O que chega a significar um colete salva-vidas!? É todo um símbolo de salvação, como diz a própria palavra. Um símbolo que se tornou para o Papa Francisco, para a Igreja, para nós – e para tantas pessoas de boa vontade –, uma chamada de atenção para a situação dos migrantes e refugiados, ao mesmo tempo que pede uma adesão solidária para a causa de sua libertação. Nesses momentos tão difíceis, meu total agradecimento ao Papa Francisco por estar do nosso lado na ajuda aos mais vulneráveis e confiar plenamente em nossa ação solidária.

Obrigado
Òscar Camps, dezembro de 2018.

ANEXOS

Seleção de textos de Francisco sobre a ternura

Experimentar a força da ternura

O rosto de Deus é o de um pai misericordioso que sempre tem paciência. Já pensaste na paciência de Deus, na paciência que ele tem com cada um de nós? É a sua misericórdia. Sempre tem paciência, tanta paciência conosco: compreende-nos, está à nossa espera; não se cansa de nos perdoar, se soubermos voltar para ele com o coração contrito. [...] Não esqueçamos esta verdade: Deus nunca se cansa de nos perdoar; nunca! O problema está em nós, que nos cansamos de pedir perdão. Ele nunca se cansa de perdoar, mas nós às vezes nos cansamos de pedir perdão. Não nos cansemos jamais, nunca nos cansemos! Ele é o Pai amoroso que sempre perdoa, cujo coração é cheio de misericórdia por todos nós. E, por nossa vez, aprendamos também a ser misericordiosos para com todos.

(Primeiro Ângelus, 17 de março de 2013)

Não podemos viver sozinhos, fechados em nós mesmos. Necessitamos amar e ser amados. Precisamos de ternura. Não são as estratégias comunicativas que garantem a beleza, a bondade e a verdade da comunicação. O próprio mundo dos meios de comunicação não pode alhear-se da solicitude pela humanidade, chamado como é a exprimir ternura. A rede digital pode ser um lugar rico de humanidade: não uma rede de fios, mas de pessoas humanas. A neutralidade dos meios de comunicação é só aparente: só pode constituir um ponto de referimento quem comunica colocando-se a si mesmo em jogo. O envolvimento pessoal é a própria raiz da fiabilidade de um comunicador. É por isso mesmo que o testemunho cristão pode, graças à rede, alcançar as periferias existenciais.

(Mensagem para a XLVIII Jornada Mundial das Comunicações Sociais, 1º de julho de 2014)

Maria mostra-nos também o modo de como estar junto dessas realidades; não é dar um passeio ou fazer uma breve visita, nem se trata sequer de "turismo solidário". É necessário que aqueles que padecem uma realidade dolorosa sintam que estamos a seu lado, de maneira firme, estável; todos os descartados da sociedade podem experimentar essa Mãe delicadamente próxima, porque, naqueles que sofrem, permanecem as chagas abertas do seu Filho Jesus. Ela aprendeu-o ao pé da cruz. Também nós somos chamados a "tocar" o sofrimento dos outros. Saiamos ao encontro do nosso povo para o consolar e fazer-lhe companhia; não tenhamos medo de experimentar a força da ternura e de nos envolvermos vendo a nossa vida complicada pelos outros. E, como Maria, permaneçamos firmes e de pé: com o coração voltado para Deus e corajosos, levantando os que caíram, erguendo o humilhado, ajudando a pôr fim a toda e qualquer situação de opressão que os faz viver como crucificados.

(Missa no Santuário da Mãe de Deus em Anglona, Letônia, 24 de setembro de 2018)

É uma resposta um pouco salesiana. Sai do meu coração: "Lembra-te que tens uma Mãe que te quer. Não deixes de amar a tua Mãe, a Virgem". Em segundo lugar, deixa Jesus olhar para ti. Terceiro: busca a carne sofredora de Jesus nos irmãos. Neles vais te encontrar com Jesus. É como uma base. Daí sai tudo. Se és um sacerdote órfão, que esqueceste que tens Mãe; se és um padre que se afastou de quem te chamou, que é Jesus, nunca vais poder levar o Evangelho. Qual é o caminho? A ternura. Tenham ternura. Não tenham vergonha, os padres, de ter ternura. Acariciem o sangue sofredor de Jesus. Hoje faz falta uma revolução da ternura neste mundo que padece da doença da cardioesclerose.

(Entrevista ao semanário católico belga *Tertio*, 7 de dezembro de 2016)

Deus conduzia o seu povo pela mão, perto, como um pai. E mais, prossegue o texto de Oseias: "Com cordas humanas os atraía, com laços de amor, e era para eles como os que levantam uma criança contra o seu rosto – quanta ternura – [e se] inclinava para ele e dava-lhe de comer. O meu coração está [...] transtornado, e ao mesmo tempo estremecem as minhas entranhas". A passagem de Oseias testemunha que Deus não manifesta o amor com as coisas grandes: ele se apequena, apequena-se com gestos de ternura, de bondade. É um Deus que se faz pequeno, aproxima-se, com este apequenamento. Ele nos faz entender a grandeza do amor.

(Missa na Casa Santa Marta, Roma,
8 de junho de 2018)

No que consiste a ternura? No amor que se torna próximo e concreto. É um movimento que brota do coração e chega aos olhos, aos ouvidos e às mãos. A ternura consiste em usar os olhos para ver o próximo, em utilizar os ouvidos para ouvir o outro, para prestar ouvidos ao grito dos pequeninos, dos pobres, de quantos têm medo do futuro, para ouvir também o clamor silencioso da nossa casa comum, da terra contaminada e doente. A ternura consiste em utilizar as mãos e o coração para acariciar o próximo, para cuidar dele.

A ternura é a linguagem dos mais pequeninos, daqueles que têm necessidade do outro: uma criança afeiçoa-se ao pai e à mãe, reconhece-os através das carícias, do olhar, da voz e da ternura. Eu gosto de ouvir quando o pai ou a mãe falam com o seu filho mais pequenino, quando também eles se fazem crianças e falam à maneira do próprio filho. É nisto que consiste a ternura: em abaixar-se ao nível do outro. Também Deus se abaixou, em Jesus, para estar ao nosso nível. Foi essa a estrada que o bom samaritano percorreu. Foi essa a estrada trilhada por Jesus, que se abaixou, que atravessou toda a vida do homem mediante a linguagem concreta do amor.

Sim, a ternura é o caminho que percorreram os homens e as mulheres mais corajosos e fortes. A ternura não é debilidade, mas fortaleza. É o caminho da solidariedade, a senda da humildade. Permita que o diga claramente: quanto mais poderoso fores, tanto mais as tuas ações terão um impacto sobre as pessoas, tanto mais serás chamado a ser humilde. Caso contrário, o poder arruína-te e tu arruinarás os outros. Na Argentina dizia-se que o poder é como beber gim em jejum: se não o unires à humildade e à ternura, causa-te torturas, embriaga-te, faz-te perder o equilíbrio e leva-te a fazer mal a ti mesmo e aos outros. Ao contrário, com a humildade e o amor concreto, o poder – o mais alto, o mais vigoroso – torna-se serviço e propaga o bem.

(Videomensagem para a Conferência TED 2017, Vancouver, Canadá, 26 de abril de 2017)

Maria deu-nos o calor materno, que nos envolve no meio das dificuldades; o calor materno que não deixa, nada e ninguém, apagar no seio da Igreja a revolução da ternura inaugurada pelo seu Filho. Onde há uma mãe, há ternura. E Maria, com a sua maternidade, mostra-nos que a humildade e a ternura não são virtudes dos fracos, mas dos fortes; ensina-nos que não há necessidade de maltratar os outros para sentir-se importante. E o santo povo fiel de Deus, desde sempre, a reconheceu e aclamou como a Santa Mãe de Deus. [...] As mães são o antídoto mais forte contra as nossas tendências individualistas e egoístas, contra os nossos isolamentos e apatias. Uma sociedade sem mães seria não apenas uma sociedade fria, mas também uma sociedade que perdeu o coração, que perdeu o "sabor de família". Uma sociedade sem mães seria uma sociedade sem piedade, com lugar apenas para o cálculo e a especulação. As mães, mesmo nos momentos piores, sabem testemunhar a ternura, a dedicação incondicional, a força da esperança.

(Missa da Jornada Mundial da Paz,
Basílica de São Pedro, 1º de janeiro de 2017)

A acolhida do filho que regressa é descrita de modo comovedor: "Ainda estava longe, quando o seu pai o viu e, movido de compaixão, correu ao seu encontro, lançou-se ao seu pescoço e beijou-o". Quanta ternura; viu-o de longe: o que significa isto? Que o pai subia continuamente ao terraço para perscrutar a estrada a ver se o filho voltava; aquele filho que tinha feito de tudo, mas o pai esperava-o. Como é bonita a ternura do pai! A misericórdia do pai é transbordante, incondicional e manifesta-se ainda antes que o filho fale. Sem dúvida, o filho sabe que errou e reconhece-o: "Pequei... Trata-me como a um dos teus servos". Mas estas palavras dissolvem-se diante do perdão do pai. O abraço e o beijo do seu pai levam-no a entender que foi sempre considerado filho, apesar de tudo. Esse ensinamento de Jesus é importante: a nossa condição de filhos de Deus é fruto do amor do coração do Pai; não depende dos nossos méritos, nem dos nossos gestos, e, portanto, ninguém no-la pode tirar, nem sequer o diabo! Ninguém nos pode privar dessa dignidade.

(Audiência Geral, Roma, 11 de maio de 2016)

Acolher com ternura

Nesta noite santa, na qual contemplamos o Menino Jesus recém-nascido e reclinado numa manjedoura, somos convidados a refletir. Como acolhemos a ternura de Deus? Deixo-me alcançar por ele, deixo-me abraçar, ou impeço-o de aproximar-se? "Sim, eu procuro o Senhor!" – poderíamos responder. Porém a coisa mais importante não é procurá-lo, mas deixar que seja ele a procurar-me, a encontrar-me e a cobrir-me amorosamente com suas carícias. Esta é a pergunta que o Menino nos coloca com a sua mera presença: permito a Deus que me queira bem?

E ainda: temos a coragem de acolher, com ternura, as situações difíceis e os problemas de quem vive ao nosso lado, ou preferimos as soluções impessoais, talvez eficientes, mas desprovidas do calor do Evangelho? Quão grande é a necessidade que o mundo tem hoje de ternura! Paciência de Deus, proximidade de Deus, ternura de Deus.

A resposta do cristão não pode ser diferente da que Deus dá à nossa pequenez. A vida deve ser enfrentada com bondade, com mansidão. Quando nos damos conta de que Deus se enamorou da nossa pequenez, de que ele mesmo se faz pequeno para melhor nos encontrar, não podemos deixar de lhe abrir o nosso coração pedindo-lhe: "Senhor, ajudai-me a ser como vós, concedei-me a graça da ternura nas circunstâncias mais duras da vida, dai-me a graça de me aproximar ao ver qualquer necessidade, a graça da mansidão em qualquer conflito".

(Missa do Galo, Roma, 24 de dezembro de 2014)

Jesus teve uma mãe e teve muitas amigas que o seguiram para ajudá-lo em seu ministério, para sustentá-lo. Jesus encontrou muitas mulheres desprezadas, marginalizadas, descartadas. E com quanta ternura, com quanto amor as aliviou, deu-lhes de novo a dignidade. Com esse espírito, rezemos por todas as mulheres desprezadas, marginalizadas, descartadas, e também façamos como Jesus: tratemos as mulheres como aquilo que falta a todos os homens para ser imagem e semelhança de Deus.

(Casa Santa Marta, Roma, 15 de junho de 2018)

A criatividade e a genialidade dos artistas, com suas obras, também com a música e o canto, são capazes de alcançar os registros mais íntimos da consciência. Formulo os melhores auspícios para que o concerto de Natal no Vaticano possa ser uma ocasião para semear a ternura – palavra esta tão esquecida hoje! Violência, guerra..., não, não, ternura –, para semear ternura, paz e acolhida que brotam da gruta de Belém.

(Discurso aos artistas e aos organizadores do concerto de Natal, Roma, 15 de dezembro de 2017)

Ao dom de Jesus corresponde a tarefa da Igreja, bem ciente de que deve pousar, sobre os doentes, o mesmo olhar cheio de ternura e compaixão do seu Senhor. A pastoral da saúde permanece e sempre permanecerá uma missão necessária e essencial, que se há de viver com um ímpeto renovado, começando pelas comunidades paroquiais até os centros de tratamento de excelência. Não podemos esquecer aqui a ternura e a perseverança com que muitas famílias acompanham os seus filhos, pais e parentes, doentes crônicos ou gravemente incapacitados. Os cuidados prestados em família são um testemunho extraordinário de amor pela pessoa humana e devem ser apoiados com o reconhecimento devido e políticas adequadas. Portanto, médicos e enfermeiros, sacerdotes, consagrados e voluntários, familiares e todos aqueles que se empenham no cuidado dos doentes, participam nessa missão eclesial. É uma responsabilidade compartilhada, que enriquece o valor do serviço diário de cada um. A Maria, Mãe da ternura, queremos confiar todos os doentes no corpo e no espírito, para que os sustente na esperança.

(Mensagem para a XXVI Jornada Mundial do Enfermo, Roma, 11 de fevereiro de 2018)

Este hospital, conhecido e apreciado na Itália e no mundo inteiro, desempenha um papel especial: continuar a ser símbolo de generosidade e de solidariedade. Nós sabemos que a fé age sobretudo através da caridade e que, sem ela, morre. Portanto, encorajo todos vós a desempenhar o vosso delicado trabalho impelidos pela caridade, pensando com frequência no bom samaritano do Evangelho: atentos às necessidades dos vossos pequenos pacientes, inclinando-vos com ternura sobre as suas fragilidades, e vendo neles o Senhor. Quem serve os doentes com amor serve Jesus que nos abre o Reino dos céus.

(Encontro com as crianças internadas no Hospital Pediátrico Giannina Gaslini, Gênova, 27 de maio de 2017)

Servir com amor e ternura as pessoas que precisam de ajuda faz-nos crescer, a todos, em humanidade; e abre-nos a passagem para a vida eterna: quem cumpre obras de misericórdia não tem medo da morte. Desejo encorajar a todos aqueles que fizeram, do convite evangélico a visitar os doentes, uma opção pessoal de vida: médicos, enfermeiros, todos os profissionais de saúde, assim como os capelães e os voluntários. Que o Senhor vos ajude a bem realizar o vosso trabalho, tanto neste como em qualquer outro hospital do mundo. Não quero esquecer aqui o trabalho das irmãs, e são tantas irmãs, que gastam a vida nos hospitais. Que o Senhor vos recompense dando-vos a serenidade interior e um coração sempre capaz de ternura.

(Visita ao Hospital Pediátrico Universitário de Prokocim, Cracóvia, Polónia, 29 de julho de 2016)

A teologia da ternura

Custodiar, guardar, quer dizer vigiar sobre os nossos sentimentos, o nosso coração, porque é dele que saem as boas intenções e as más: aquelas que edificam e as que destroem. Não devemos ter medo de bondade, ou mesmo de ternura. A propósito, deixai-me acrescentar mais uma observação: cuidar, guardar, requer bondade, requer ser praticado com ternura. Nos Evangelhos, São José aparece como um homem forte, corajoso, trabalhador, mas, no seu íntimo, sobressai uma grande ternura, que não é a virtude dos fracos, antes, pelo contrário, denota fortaleza de ânimo e capacidade de solicitude, de compaixão, de verdadeira abertura ao outro, de amor. Não devemos ter medo da bondade, da ternura.

(Homilia do Papa Francisco na Missa Inaugural, Roma, 19 de março de 2013)

Deus fala como o pai ao filho. Quando o pai quer falar ao filho, abaixa a voz e até procura torná-la mais semelhante à da criança. Mais ainda, quando o pai fala com o filho parece ser ridículo, porque se faz criança: esta é a ternura. [...] Deus nos fala assim, acaricia-nos assim. De tal modo que parece que nosso Deus quer cantar-nos uma canção de ninar. Nosso Deus é capaz disso, sua ternura é assim: é pai e mãe. [...] Como é bonito fazer essa contemplação da ternura de Deus! Quando nós queremos pensar só no Deus grande, mas esquecemos o mistério da encarnação, essa aceitação de Deus entre nós vem ao nosso encontro: o Deus que não é apenas o Pai, mas é o papai. [...] Alguém, porém, pode dizer, pode perguntar: "Mas qual é o lugar teológico da ternura de Deus? Onde se pode encontrar a ternura de Deus? Qual é o lugar onde se manifesta melhor a ternura de Deus?". A resposta é [...] a chaga: minhas chagas, tuas chagas, quando a minha chaga se encontra com a sua chaga. Em suas chagas fomos curados.

(Casa Santa Marta, Roma, 14 de dezembro de 2017)

Grande injustiça fazemos a Deus e à sua graça, quando se afirma em primeiro lugar que os pecados são punidos pelo seu julgamento, sem antepor – como mostra o Evangelho – que são perdoados pela sua misericórdia! Devemos antepor a misericórdia ao julgamento e, em todo o caso, o julgamento de Deus será sempre feito à luz da sua misericórdia. Naturalmente a misericórdia de Deus não nega a justiça, porque Jesus tomou sobre si as consequências do nosso pecado juntamente com a justa pena. Não negou o pecado, mas pagou por nós na cruz. Assim, na fé que nos une à cruz de Cristo, ficamos livres dos nossos pecados; ponhamos de lado qualquer forma de medo e temor, porque não se coaduna em quem é amado sempre que olhamos para Maria, voltamos a acreditar na força revolucionária da ternura e do carinho. Nela vemos que a humildade e a ternura não são virtudes dos fracos, mas dos fortes, que não precisam maltratar os outros para se sentirem importantes (…). Essa dinâmica de justiça e de ternura, de contemplação e de caminho ao encontro dos outros, é aquilo que faz dela um modelo eclesial para a evangelização.

(Bênção das velas,
Fátima, Portugal, 12 de maio de 2017)

O amor de Deus é ilimitado: podemos descobrir sinais sempre novos que indicam a sua atenção por nós e, sobretudo, a sua vontade de nos alcançar e de nos preceder. Não obstante seja marcada pela fragilidade do pecado, a nossa vida inteira encontra-se sob o olhar de Deus que nos ama. Quantas páginas da Sagrada Escritura nos falam da presença, da proximidade e da ternura de Deus por cada homem, de forma particular pelos mais pequeninos, pobres e atribulados! Deus tem uma grande ternura, um amor profundo pelos mais pequeninos, pelos mais frágeis, pelos descartados da sociedade. Quanto mais carências temos, tanto mais o seu olhar sobre nós se enche de misericórdia. Ele sente uma compaixão piedosa por nós, porque conhece as nossas fraquezas. Conhece os nossos pecados e perdoa-nos; perdoa-nos sempre! Ele é deveras bom, o nosso Pai é muito bom!

(Audiência Jubilar, Praça de São Pedro, 10 de setembro de 2016)

E depois, a outra palavra-chave que disseste, além do individualismo, do medo da liberdade e da afeição ao prazer, disseste outra palavra: a *ternura*. É a carícia de Deus, a ternura. Uma vez, num sínodo, disseram isto: "Devemos fazer a revolução da ternura". E alguns padres – há anos – disseram: "Mas não se pode dizer isso, não soa bem". Mas hoje podemos dizê-lo: falta ternura, falta ternura. Acariciar não só as crianças, os doentes, acariciar todos, os pecadores... E há bons exemplos de ternura... A ternura é uma linguagem válida para os pequeninos, para quantos nada possuem: uma criança conhece o pai e a mãe pelas carícias, depois pela voz, mas é sempre a ternura. E gosto de ouvir quando o pai ou a mãe se dirigem ao filho que começa a falar, também o pai e a mãe se tornam crianças, falam assim... Todos o vimos, é verdade. Isso é ternura. É abaixar-se ao nível do outro. Foi o caminho que Jesus percorreu. Jesus não considerou um privilégio ser Deus: abaixou-se. E falou a nossa língua, falou com os nossos gestos. E o caminho de Jesus é o da ternura. [...] É preciso sair pela vereda da ternura, da escuta, do acompanhamento, sem perguntar.

(Discurso na abertura do Congresso Eclesial da diocese de Roma, 16 de junho de 2016)

Gostaria de vos propor simplesmente três aspetos.

O primeiro refere-se à expressão *teologia da ternura*. Teologia e ternura parecem duas palavras distantes: a primeira aparenta evocar o âmbito acadêmico, a segunda as relações interpessoais. Na realidade, a nossa fé une-as indissoluvelmente. Com efeito, a teologia não pode ser abstrata – se fosse abstrata seria ideologia – porque nasce de um conhecimento existencial, nasce do encontro com o Verbo feito carne! Por isso, a teologia está chamada a comunicar que Deus amor é concreto. E ternura é um bem "existencial concreto", para traduzir para os nossos tempos o afeto que o Senhor sente por nós.

Sentir-nos amados é uma mensagem que nos últimos tempos chega até nós mais forte: do Sagrado Coração, de Jesus misericordioso, da misericórdia como propriedade essencial da Trindade e da vida cristã. Hoje a liturgia recordou-nos a palavra de Jesus: "Sede misericordiosos como o vosso Pai é misericordioso". A ternura pode indicar precisamente o nosso modo de acolher hoje a misericórdia divina. A ternura revela-nos, ao lado do rosto paterno, o rosto materno de Deus, de um Deus apaixonado pelo homem, que nos ama com um amor infinitamente maior do que o de uma mãe pelo próprio filho. Independentemente do que acontece, do que fazemos, temos a certeza que Deus está próximo, compassivo, pronto para se comover por nós. Ternura é uma palavra benéfica, é o antídoto ao medo em relação a Deus, porque no amor não há temor, porque a confiança vence o medo. Portanto, sentir-nos amados significa aprender a confiar em Deus, a dizer-lhe, como ele quer: "Jesus, confio em ti".

Essas e outras considerações podem aprofundar a busca: para dar à Igreja uma teologia "saborosa"; para nos ajudar a viver uma fé consciente, fervorosa de amor e de esperança; para nos exortar a dobrar os joelhos, tocados e feridos pelo amor divino. Nesse sentido, a ternura remete para a Paixão. Com efeito, a cruz é o selo da ternura divina, que se obtém das chagas do Senhor. As suas feridas visíveis são as janelas que escancaram o seu amor invisível. A sua Paixão nos convida a transformar o nosso coração de pedra em coração de carne, a apaixonarmo-nos por Deus. E pelo homem, por amor de Deus.

Eis então o último aspecto: sentir que amamos. Quando o homem se sente deveras amado, sente-se estimulado a amar. Por outro lado, se Deus é ternura infinita, também o homem, criado à sua imagem, é capaz de ternura. Então a ternura, longe de ser apenas sentimentalismo, é o primeiro passo para superar o fechamento em si mesmo, para sair do egocentrismo que deturpa a liberdade humana. A ternura de Deus leva-nos a compreender que o amor é o sentido da vida. Compreendemos, assim, que a raiz da nossa liberdade nunca é autorreferencial. E sentimo-nos chamados a verter no mundo o amor recebido do Senhor, a decliná-lo na Igreja, na família, na sociedade, a conjugá-lo no servir e no doar-nos. Tudo isso não por dever, mas por amor, por amor daquele pelo qual somos ternamente amados.

(Audiência aos participantes do Congresso "A teologia da ternura no Papa Francisco", 13 de setembro de 2018)

Mostrar a ternura de Deus ao mundo

Uma aldeia que discute todos os dias não cresce, não se constrói; assusta as pessoas. É uma aldeia doentia e triste. Ao contrário, uma aldeia onde se procura a paz, onde todos se amam – mais ou menos, mas amam-se –, onde não se deseja o mal uns aos outros, essa aldeia, embora seja pequena, cresce, cresce, cresce, alarga-se e torna-se forte. Por favor, não gasteis tempo e forças para discutir entre vós. Isso não dá resultado algum. Não vos faz crescer! Não vos faz caminhar. Pensemos numa criança que chora, chora, chora e não quer sair do seu berço, e continua a chorar. Quando a mãe a põe no chão, para que comece a gatinhar, chora, chora... e volta para o berço. Pergunto-vos: aquela criança será capaz de caminhar? Não, porque está sempre no berço! Se um povoado discute, discute, discute, conseguirá crescer? Não, porque todo o tempo, todas as forças são usadas para discutir! [...] A população envelhece, mas é um tesouro; os idosos são um tesouro! Por favor, não marginalizeis os idosos. Não se pode marginalizar os velhos, não. Os idosos são a sabedoria. E que os idosos aprendam a falar com os jovens, e os jovens com os velhos. Os idosos têm em si a sabedoria de uma aldeia. [...] Que não falte uma atenção solícita e cheia de ternura aos idosos, que são um patrimônio incomparável das nossas comunidades. Gostaria que um dia se atribuísse o prêmio Nobel aos idosos, que são a memória da humanidade.

(Encontro com os fiéis de Pietrelcina, Itália, 17 de março de 2018)

Permiti-me contar-vos um episódio pessoal: há pouco mais de um mês tive um diálogo com um camponês. Ele narrou-me como podava as oliveiras. Um agricultor simples, que cultivava azeitonas. E, quando me descreveu o modo como o fazia, asseguro-vos que ali vi a ternura; ele mantinha uma relação com a natureza. E podava as árvores como se fosse o seu pai, com ternura. Que não se perca esta relação com a natureza, com a criação! Isso garante dignidade a todos nós.

(Discurso aos participantes na reunião da Associação Internacional Rural Católica, 10 de dezembro de 2016)

E, depois de ter ouvido esses testemunhos desafiadores, que nos fazem pensar na nossa vida e no modo como respondemos às situações de necessidade que existem ao nosso lado, quero agradecer a todos os governos que prestam assistência aos refugiados, a todos os governos que prestam assistência aos deslocados e àqueles que pedem asilo, porque cada ação em favor dessas pessoas que precisam de proteção constitui um grande gesto de solidariedade e reconhecimento da sua dignidade. Para nós, cristãos, é uma prioridade sair ao encontro dos descartados – porque são descartados pela sua pátria – e marginalizados do nosso mundo, tornando palpável a ternura e o amor misericordioso de Deus, que não descarta ninguém, mas acolhe a todos. Hoje se pede, a nós cristãos, que sejamos protagonistas da revolução da ternura.

(Encontro ecumênico na Arena Malmö, Suécia, 31 de outubro de 2016)

As obras de misericórdia despertam em nós a exigência e a capacidade de tornar viva e operante a fé com a caridade. Estou convicto de que através desses simples gestos diários podemos realizar uma verdadeira revolução cultural, como aconteceu no passado. Se cada um de nós, todos os dias, realizar uma delas, isto será uma revolução no mundo! Mas todos, cada um de nós! Quantos santos ainda hoje são recordados não pelas grandes obras que realizaram, mas pela caridade que souberam transmitir! Pensemos na Madre Teresa de Calcutá, que foi canonizada recentemente: não nos lembramos dela por tantas casas que abriu no mundo, mas porque se inclinava sobre cada pessoa que encontrava no meio da rua para lhe restituir a dignidade. Quantas crianças abandonadas abraçou; quantos moribundos acompanhou até o limiar da eternidade, segurando-os pela mão! Essas obras de misericórdia são os traços do rosto de Jesus Cristo que cuida dos seus irmãos mais débeis para levar a cada um a ternura e a proximidade de Deus.

(Audiência Geral, Roma, 12 de outubro de 2016)

Ao ver Deus agir assim, pode ocorrer-nos o que aconteceu ao filho mais velho da parábola do pai misericordioso: escandalizamo-nos pelo tratamento que o pai reserva ao filho mais novo que volta. Escandalizamo-nos porque o acolheu de braços abertos, porque o tratou com ternura e lhe deu roupa limpa, visto que estava sujo. Escandalizamo-nos porque, vendo-o voltar, o beijou e fez festa. Escandalizamo-nos porque não o puniu, mas tratou-o pelo que ele era: um filho.

Iniciamos a escandalizar-nos – acontece a todos nós, é como um processo, não? –, quando surge o Alzheimer espiritual, quando nos esquecemos do modo como o Senhor nos tratou, quando começamos a julgar e a dividir a sociedade. Invade-nos uma lógica separatista que, sem nos darmos conta, nos leva a fraturar ainda mais a nossa realidade social e comunitária. Fraturamos o presente construindo "facções". Há a facção dos bons e dos maus, dos santos e dos pecadores. Essa perda de memória faz-nos esquecer aos poucos a realidade mais rica que temos e a doutrina mais clara a defender. A realidade mais rica e a doutrina mais clara. Embora sejamos pecadores, o Senhor não deixou de nos tratar com misericórdia. [...] Estamos inseridos numa cultura fraturada, numa cultura que respira descartes. Uma cultura viciada pela exclusão de tudo o que pode atentar contra o interesse de poucos. Uma cultura que deixa ao longo do caminho rostos de idosos, crianças, minorias étnicas que são vistas como ameaças. Uma cultura que aos poucos promove a comodidade de poucos com o aumento do sofrimento de muitos. Uma cultura que não sabe acompanhar os jovens nos seus sonhos, narcotizando-os com promessas de felicidade etérea, e que esconde a memória viva dos idosos. Uma cultura que desperdiçou a sabedoria dos povos indígenas e não soube preservar a riqueza das suas terras.

(Videomensagem por ocasião do Jubileu Extraordinário da Misericórdia em continente americano, 27 de agosto de 2016)

Uma sociedade sem mães seria uma sociedade desumana, porque as mães sabem testemunhar sempre, mesmo nos piores momentos, a ternura, a dedicação, a força moral. As mães transmitem, muitas vezes, também o sentido mais profundo da prática religiosa: nas primeiras orações, nos primeiros gestos de devoção que uma criança aprende (...). Sem as mães, não somente não haveria novos fiéis, mas a fé perderia boa parte do seu calor simples e profundo. (...) Queridas mães, obrigado, obrigado por aquilo que sois na família e pelo que dais à Igreja e ao mundo.

(*Amoris laetitia*, 19 de março de 2016, n. 174)

Quis celebrar o quinto aniversário da minha visita a Lampedusa convosco, que representais os socorristas e os resgatados no Mar Mediterrâneo. Aos primeiros, quero expressar a minha gratidão por encarnarem hoje a parábola do bom samaritano, que parou para salvar a vida daquele pobre homem espancado pelos ladrões, sem lhe perguntar pela sua proveniência, pelos motivos da sua viagem ou pelos seus documentos: simplesmente decidiu cuidar dele e salvar a sua vida. Aos resgatados, quero reiterar a minha solidariedade e encorajamento, pois conheço bem as tragédias de que estais a fugir. Peço-vos que continueis a ser testemunhas da esperança num mundo cada vez mais preocupado com o próprio presente, com reduzida visão de futuro e relutante a partilhar, e que elaboreis conjuntamente, no respeito pela cultura e pelas leis do país de acolhimento, o caminho da integração.

(Missa pelos Migrantes, Basílica de São Pedro, 6 de julho de 2018)

A Igreja precisa da ternura de seus pastores.

Quantas vezes penso que temos medo da ternura de Deus, e dado que tememos a ternura de Deus, impedimos a sua experiência em nós mesmos. E por isso, muitas vezes somos duros, severos, castigadores... Somos pastores sem ternura! O que nos diz Jesus, no capítulo 15 de Lucas, sobre aquele pastor que se deu conta de que tinha noventa e nove ovelhas e que lhe faltava uma? Deixou-as bem protegidas, fechou-as à chave e foi à procura daquela que estava presa no meio dos arbustos... E não a espancou, nem a repreendeu: tomou-a em seus braços, nos seus ombros, abraçou-a e curou-a, porque estava ferida. Quanto a vós, fazeis o mesmo com os vossos fiéis, quando vos dais conta de que falta um deles no rebanho? Ou estamos habituados a ser uma Igreja com uma única ovelha na grei, deixando que as outras noventa e nove se percam nos montes? Comove-te toda essa ternura? És um pastor de ovelhas ou te tornaste um pastor que permanece a "pentear" a única ovelha que não se afastou? Porque só procuras a ti mesmo, esquecendo-te da ternura que te concedeu o teu Pai, como no-lo narra aqui, no capítulo 11 de Oseias. E esqueceste o modo como se concede a ternura. O coração de Cristo é a ternura de Deus. "Como posso deixar que esmoreças? Como posso abandonar-te? Quando estás sozinho, desnorteado, perdido, vem ter comigo e eu salvar-te-ei, consolar-te-ei!".

Hoje, durante este retiro, peço-vos que sejais pastores com a ternura de Deus, que deixeis o "chicote" pendurado na sacristia e que sejais pastores com ternura, inclusive para com aqueles que vos criam problemas. É uma graça! É uma graça divina! Não cremos num Deus etéreo, mas num Deus que se fez carne, que tem um coração e que este coração nos fala assim: "Vinde a mim, se estiverdes cansados e oprimidos, e eu vos aliviarei. Mas tratai os mais pequeninos com ternura, com a mesma ternura com a qual eu os trato!". É isto que nos diz hoje o coração de Jesus Cristo, e é isto que peço nesta Missa, tanto para vós como para mim mesmo.

(Homilia por ocasião do 3º Retiro Mundial de Sacerdotes, Basílica de São João do Latrão, Roma, 12 de junho de 2015)

As chagas de Jesus permanecem visíveis em muitos homens e mulheres que vivem à margem da sociedade, inclusive nas crianças: marcados pelo sofrimento, pelo desconforto, pelo abandono e pela pobreza. Pessoas feridas pelas duras provações da vida, que são humilhadas, que se encontram na prisão ou no hospital. Aproximando-nos e curando com ternura essas chagas, muitas vezes não só corporais, mas também espirituais, somos precisamente nós a ser purificados e transformados pela misericórdia de Deus. E juntos, pastores e fiéis leigos, experimentamos a graça de ser portadores humildes e generosos da luz e da força do Evangelho. [...] Enquanto o impulso apostólico nos leva a sair, sentimos a necessidade profunda de permanecer firmemente unidos no centro da fé e da missão: o coração de Cristo, cheio de misericórdia e de amor. No encontro com ele, somos contagiados pelo seu olhar, aquele que pousava com compaixão sobre as pessoas que encontrava nas estradas da Galileia. Trata-se de recuperar a capacidade de "olhar", a capacidade de olhar! Hoje, através dos meios de comunicação, é possível ver muitos rostos, mas há o risco de fitar sempre menos nos olhos dos outros. É olhando com respeito e amor para as pessoas que podemos fazer também nós a revolução da ternura. E eu convido-vos a fazê-la, a fazer essa revolução da ternura.

> (Discurso no Encontro com o Clero, os Consagrados e Leigos dos Conselhos Pastorais, Membros da Cúria e Representantes das Paróquias, Cesena, Itália, 1º de dezembro de 2017)

A semente não é tua nem minha: a semente, semeia-a Deus, e é Deus que a faz crescer. Cada um de nós pode dizer: "Eu sou um rebento". Sim, mas não por teu mérito: é mérito da semente que te faz crescer. E eu, que devo fazer? Regá-la, regá-la para te fazer crescer e chegar à plenitude do espírito. Tal é o testemunho que deves dar. Como se pode regar essa semente? Cuidando dela. Cuidando da semente e cuidando do rebento que começa a crescer! Cuidar da vocação que recebemos. Como se cuida de uma criança, como se cuida de um doente, como se cuida de uma pessoa idosa. A vocação cuida-se com ternura humana. Se falta essa dimensão de ternura humana nas nossas comunidades, nos nossos presbitérios, o rebento fica raquítico, não cresce e pode até secar. É preciso cuidar dela com ternura, porque cada irmão do presbitério, cada irmão da Conferência Episcopal, cada irmão e irmã da minha comunidade religiosa, cada irmão seminarista é uma semente de Deus. E Deus olha-a com ternura de pai. [...] Rezar é pedir ao Senhor que cuide de nós, que nos dê a ternura que temos de dar aos outros. Essa é a primeira ideia que gostaria de vos dar: a ideia de cuidar da semente, para que o rebento cresça até à plenitude da sabedoria de Deus. Cuidá-la com solicitude, cuidá-la com a oração, cuidá-la com discernimento. Cuidá-la com ternura. Porque é assim que Deus cuida de nós: com ternura de pai.

> (Encontro com Sacerdotes, Religiosos, Consagrados, Seminaristas e Noviços, Igreja do Santo Rosário, Daca, Bangladesh, 2 de dezembro de 2017)

Somos chamados a sair para dar testemunho, a anunciar a todos a ternura de Deus, também no ofício e nas tarefas da Cúria, sim; mas com atitude de saída, de ir ter com o irmão. Aquele secretário de Cúria que – num momento de crise da Igreja com a sociedade, quando chega uma vaga de apostasia, várias abjurações – recebeu do bispo a ordem de se ocupar disso. Então, senta-te... De onde vens? Quantos filhos tens? Um café? E mais da metade diz: vou pensar... é preciso oferecer calor humano às pessoas, não ser somente um trâmite.

Nesse momento, devo agradecer-vos tudo o que fazeis nessa arquidiocese em prol dos mais necessitados, em particular a generosidade e a grandeza de coração no acolhimento dos migrantes. Fiquei muito contente quando vi que acolhestes aquele navio... Todos eles encontram em vós uma mão amiga e um lugar onde pode sentir a proximidade e o amor. Obrigado pelo exemplo e testemunho que ofereceis, muitas vezes com escassez de meios e de ajudas, mas sempre com a mais alta recompensa, que não é o reconhecimento por parte dos poderosos nem da opinião pública, mas o sorriso de gratidão no rosto de tantas pessoas às quais restituístes a esperança.

(Discurso a Sacerdotes e Membros da Cúria da Arquidiocese de Valência, Espanha, Sala do Consistório, 21 de setembro de 2018)

A ciência das carícias

Num hospital corre-se o risco de se esquecer do medicamento mais importante que só uma família pode dar: as carícias! É um medicamento demasiado caro, porque para tê-las todas, para dá-las, tens que pôr todas as tuas forças, todo o teu coração, todo o amor. E há carícias onde vós estais! As carícias dos médicos, das enfermeiras, da diretora, de todos.

(Às crianças internadas no hospital Bambino Gesù, Roma, 11 de abril de 2017)

A "ciência da carícia" manifesta dois pilares do amor: a proximidade e a ternura. E Jesus conhece bem essa ciência. O amor de Deus se mostra na figura do pastor. Jesus nos diz: "Eu conheço as minhas ovelhas". É conhecer uma por uma, com o seu nome. Assim nos conhece Deus: não nos conhece em grupo, mas um a um. Porque o amor não é um amor abstrato, ou geral, para todos; é um amor para cada um. E assim nos ama Deus. E tudo isso se traduz em proximidade. [...] O Senhor nos ama com ternura. O Senhor sabe a bela ciência das carícias. A ternura de Deus: não nos ama de palavra; ele se aproxima e, estando perto, nos dá o seu amor com toda a ternura possível. Proximidade e ternura são as duas maneiras do amor do Senhor, que se faz próximo e dá todo o seu amor, também nas coisas mais pequenas, com ternura. No entanto, trata-se de um "amor forte", porque proximidade e ternura nos fazem ver a força do amor de Deus.

(Missa na Casa Santa Marta, 7 de junho de 2013)

Há alguns meses, dizia-me alguém que estamos a perder a nossa capacidade de amar. Lenta mas decisivamente estamos a esquecer a linguagem direta duma carícia, a força da ternura. Parece que a palavra ternura tenha sido arrancada do dicionário. Não poderá haver uma revolução de amor, sem a revolução da ternura! Com o vosso exemplo, possam os vossos filhos ser guiados para se tornarem uma geração mais solícita, amorosa, rica de fé, para a renovação da Igreja e de toda a sociedade irlandesa.

(Discurso na pró-catedral de Santa Maria, Dublin, Irlanda, 25 de agosto de 2018)

Deu à luz o seu filho primogênito, envolveu-o em panos e o pôs numa manjedoura. Uma imagem na qual se encontra precisamente a ternura, para que não se fira, para que esteja bem coberto. E a ternura por isso é também a atitude da Igreja que se sente mulher e se sente mãe. [...] E uma Igreja que é mãe vai pelo caminho da ternura; conhece a linguagem de tanta sabedoria das carícias, do silêncio, do olhar que sabe de compaixão, que sabe de silêncio. Também uma alma, uma pessoa que vive essa pertença à Igreja, sabendo que também é mãe, deve ir pelo mesmo caminho: uma pessoa mansa, terna, sorridente, cheia de amor.

(Missa na Casa Santa Marta, Roma, 21 de maio de 2018)

Periferia é cada homem e mulher que vive uma condição de marginalização; periferia é cada pessoa obrigada a estar nas margens da sociedade e das relações, sobretudo quando a doença impede os ritmos habituais, como é o caso das patologias oncológicas. A periferia chama em causa a responsabilidade de cada um de nós, porque cada cristão, e cada homem animado pelo desejo de verdade e de bem, constitui um instrumento consciente da graça. A ação de "cuidar", testemunhada no dia a dia, partilhada com tantos doentes, é uma riqueza inestimável para a sociedade; recorda a toda a comunidade civil e eclesial que não tenha medo da proximidade, da ternura, de "perder tempo" com vínculos que ofereçam e recebem apoio e alívio mútuo, espaços de solidariedade genuínos e informais.

(Discurso aos membros da Liga Italiana para a Luta contra os Tumores, Sala Clementina, Vaticano, 26 de junho de 2017)

Mãos que curam. Eu gosto de abençoar as mãos dos enfermeiros e dos médicos, porque elas servem para curar. As mãos de tantas pessoas que ajudaram a sair desse pesadelo, dessa dor; as mãos dos bombeiros, tão bons, tão bons... E as mãos de todos aqueles que disseram: "Não, eu dou o que é meu, dou o melhor". E a mão de Deus é pergunta "por quê?" – mas são interrogações que não têm uma resposta, aconteceu assim. Outra palavra que sobressaiu foi *ferida*, *ferir*: "Nós permanecemos ali para não ferir ulteriormente a nossa terra", disse o pároco. É bonito! Não ferir mais o que já está ferido. E não ferir muitas vezes com palavras vazias, nem com notícias que não respeitam, sem ternura diante do sofrimento. Não ferir! Todos sofreram de algum modo. Alguns perderam muito, não sei, a casa, também os filhos ou os pais, o cônjuge... Mas não ferir! O silêncio, a carícia e a ternura do coração ajudam-nos a não ferir. Além disso, na hora da dor realizam-se milagres: "Houve reconciliações", disse o pároco. Deixam-se de lado antigas histórias e encontramo-nos unidos numa outra situação. Reencontrar-se: com um beijo, com um abraço, com a ajuda mútua... até com o pranto. Chorar sozinho faz bem, é uma expressão diante de nós mesmos e de Deus; mas chorar juntos é melhor, encontramo-nos em lágrimas, juntos.

(Discurso às populações vítimas do terremoto no centro da Itália, Sala Paulo VI, 5 de janeiro de 2017)

No exame de consciência considerai isto: "Hoje fui funcionário ou mediador? Guardei a mim mesmo, busquei a mim mesmo, a minha comodidade, a minha ordem, ou deixei que o dia transcorresse a serviço dos outros?". A atitude justa é a de ter sempre a porta aberta e sorrir inclusive com muitas dificuldades: o mediador sorri, é terno; o mediador tem ternura, sabe acariciar uma criança. Uma vez alguém me disse que reconhecia os sacerdotes pela atitude que tinham com as crianças: se sabem acariciar uma criança, sorrir a uma criança, brincar com uma criança.

O intermediário é triste, sempre com esse semblante triste ou sério demais, escuro; o intermediário tem o olhar escuro, muito escuro. Ao contrário, o mediador é aberto: o sorriso, a acolhida, a compreensão, as carícias, e, no meio das dificuldades, tem alegria. Porque o mediador é alguém alegre, inclusive na cruz.

(Missa na Casa Santa Marta, Roma,
9 de dezembro de 2016)

Aqui eu abençoo a vós, os médicos vos abençoam, sempre que as enfermeiras vos fazem os tratamentos e todo o pessoal, todos os que trabalham aqui vos abençoam, as crianças, mas vós tendes também que aprender a abençoá-los e pedir a Jesus que cuide deles, porque eles cuidam de vós. [...] É muito importante sentirem-se cuidados e acompanhados, sentirem-se amados e saberem que estão procurando a melhor maneira de cuidar de nós. Por todas essas pessoas, digo obrigado, obrigado! E, ao mesmo tempo, quero abençoar-vos. Quero pedir a Deus que vos abençoe, que acompanhe a vós e aos vossos familiares, a todas as pessoas que trabalham nesta casa e procuram que esses sorrisos continuem a crescer cada dia; a todas as pessoas que, não só com medicamentos, mas com a "carinhoterapia", ajudam para que este tempo seja vivido com maior alegria. Muito importante a "carinhoterapia"! Muito importante! Às vezes, uma carícia ajuda muito a restabelecer-se.

(Visita ao Hospital Pediátrico Federico Gómez,
Cidade do México, 14 de fevereiro de 2016)

Para a Igreja, os enfermos são pessoas nas quais Jesus está presente de modo especial, o qual se identifica com eles quando diz: "Estava doente e visitastes-me". Em todo o seu ministério, Jesus esteve próximo dos doentes, aproximou-se deles com ternura e curou a muitos. Ao encontrar-se com o leproso que lhe pede para ser curado, estende a mão e toca nele. Não deve passar despercebida a importância desse gesto simples: a lei mosaica proibia que se tocasse nos leprosos e impedia-lhes que se aproximassem de lugares habitados. Mas Jesus vai ao coração da lei, que tem o seu compêndio no amor ao próximo, e tocando o leproso reduz a distância dele, para que não continue e estar separado da comunidade dos homens e sinta, através de um simples gesto, a proximidade do próprio Deus. Assim, a cura que Jesus lhe concede não é só física, mas chega ao coração, porque o leproso não só foi curado, mas sentiu-se também amado. Não vos esqueçais do "remédio das carícias": é muito importante! Uma carícia, um sorriso, têm muito significado para o doente. O gesto é simples, mas anima-o, sente-se acompanhado, sente próxima a cura, sente-se pessoa, não um número. Não vos esqueçais disso.

Estando com os doentes e praticando a vossa profissão, vós mesmos tocais os doentes e, mais do que qualquer outro, vos ocupais do corpo deles. Quando o fazeis, recordai-vos de como Jesus tocou o leproso: de modo não distraído, indiferente ou incomodado, mas atento e terno, fazendo-o sentir-se respeitado e cuidado. Desse modo, o contato que se estabelece com os doentes dá-lhes uma espécie de reverberação da proximidade de Deus Pai, da sua ternura por cada um dos seus filhos. Precisamente a ternura: a ternura é a chave para compreender o doente. Com a indiferença não se compreende o doente. A ternura é a chave para o compreender, e é também um medicamento precioso para a sua cura. E a ternura passa do coração às mãos, passa através de um "tocar" as feridas cheio de respeito e de amor.

(Discurso aos membros da Federação Italiana das Ordens das Profissões de Enfermagem, Sala Paulo VI, 3 de março de 2018)

BIBLIOGRAFIA

Biografias

HIMITIAN, Evangelina. *Francisco. El papa de la gente*. Madrid, Aguilar, 2013.

IVEREIGH, Austen. *El gran reformador*. Barcelona, Ediciones B, 2015.

PIQUÉ, Elisabetta. *Francisco: vida y revolución*. Madrid, La Esfera de los Libros, 2014.

RUBIN, Sergio; AMBROGETTI, Francesca. *El jesuíta*. Buenos Aires, Vergara, 2010.

Suas raízes

FIGUEROA, Marcelo Armando; SKORKA, Abraham. *Biblia, diálogo vigente*. Barcelona, Planeta, 2013.

SKORKA, Abraham. *Sobre el cielo y la tierra*. Barcelona, Debate, 2013.

Sobre seu pontificado

BOO, Juan Vicente. *El papa de la alegría*. Madrid, Espasa, 2016.

MARTÍNEZ-BROCAL, Javier. *El papa de la misericórdia*. Barcelona, Planeta, 2015.

TORNIELLI, Andrea. *El nombre de Dios es misericórdia*. Barcelona, Planeta, 2016.

TORRALBA, Francesc. *La revolución de la ternura*. Barcelona, Milenio, 2014.

Entrevistas com Francisco

PRADO, Fernando. *La fuerza de la vocación*. Madrid, Publicaciones Claretianas, 2018.

SPADARO, Antonio. *Mi puerta siempre está aberta*. Planeta, Barcelona, 2014.

V.V.A.A. *El papa Francisco responde: todas sus entrevistas y ruedas de prensa*. Madrid, Cristiandad, 2016.

Entrevistas em outros meios

ALAZRAKI, Valentina. Entrevista à Televisa, 12 de março de 2015.

FALASCA, Stefania. Papa Francesco: "Non svendo la dottrina, seguo il Concilio". *Avvenire*, 17 de novembro de 2016.

FIGUEROA, Marcelo. Entrevista à Radio Milenium, 13 de setembro de 2015.

GIANSOLDATI, Franca. Papa Francesco: "Il comunismo ci há rubato la bandiera". *Il Messaggero*, 29 de junho de 2014.

ORDAZ, Pablo; CAÑO, Antonio. El peligro en tiempos de crisis es buscar un salvador que nos devuelva la identidad y nos defienda con muros. *El País*, 22 de janeiro de 2017.

PIQUÉ, Elisabetta. Francisco: "Dios me da una sana dosis de inconsciencia". *La Nación*, 4 de dezembro de 2014.

Rua Dona Inácia Uchoa, 62
04110-020 – São Paulo – SP (Brasil)
Tel.: (11) 2125-3500
http://www.paulinas.com.br – editora@paulinas.com.br
Telemarketing e SAC: 0800-7010081